내 주위에는 왜
멍청이가 많을까

세상을 위협하는 멍청함을 연구하다

Psychologie de la Connerie

내 주위에는 왜 멍청이가 많을까

장 프랑수아 마르미옹 지음
이주영 옮김

시공사

경고의 글

이 글을 읽는 사람들은 희망 따위는 전부 버려야 할 것이다.

데카르트는 이렇게 말했다. "세상사람 누구나가 공유하는 것을 상식이라고 한다." 그렇다면 멍청함은 어떤가? 멍청함도 졸졸 흐르냐 세차게 흐르냐처럼 정도의 차이만 있을 뿐 어디에든 존재한다. 멍청함에는 국경도, 한계도 없다. 애교로 봐줄 수 있을 정도로 적당한 멍청함이 있는가 하면 고인 구정물처럼 진저리 날 정도로 참기 힘든 멍청함도 있고, 닥치는 대로 모든 것을 파괴하는 지진이나 태풍, 해일처럼 주변 사람들을 힘들게 하는 멍청함도 있다. 그러나 종류와 관계없이 멍청함은 모든 사람들에게 폐를 끼친다는 공통점이 있다. 더구나 우리 인간은 누구나 멍청함에서 자유롭지 못하다. 나도 예외는 아니라서 마음이 편하지는 않다.

참을 수 없는 존재의
무거움

누구나 다른 사람의 멍청함을 눈으로 목격하거나 귀로 듣거나 글로 접한다. 그것도 매일! 동시에 누구나 멍청하게 행동하거나 생각하거나 상상하거나 말한다. 우리 모두 자신도 모르게 멍청한 짓을 할 때가 있다.

우리는 늘 다른 사람의 멍청함은 잘도 보면서 정작 자신의 멍청함은 제대로 보지 못한다. 그래도 일상에서 마주하는 가벼운 수준의 멍청함은 대충 넘어갈 수 있지만, 누가 더 어리석은지 경쟁하듯 목소리를 높이는 멍청한 인간들이야말로 강적이다. 특히 직장이나 가정에서 마주하는 멍청한 인간들은 남의 일로 넘길 수가 없다. 이들은 바보 같은 짓과 근거 없는 자신감을 고집하기 때문에 만나면 신기하면서도 내가 괴롭다. 멍청한 인간들은 우기는 데 선수이며 당신의 의견, 감정, 자존감을 단번에 없애려 한다. 멍청한 인간들은 당신의 사기를 꺾을 뿐 아니라, 이 혼탁한 세상에 과연 정의란 존재하는지 의심하게 만든다.

멍청한 인간은 지성과 신뢰의 약속을 깬다. 멍청한 인간은 인간의 따뜻한 마음을 배신한다. 멍청한 인간은 길들지 않은 야수와 같다! 우리가 아무리 아껴주며 친구로 삼고 싶어 해도 멍청한 인간은 이런 우리의 마음을 배신한다. 멍청한 인간은 불치의 병을 앓고 있다. 하지만 스스로 병을 치료하려 하지 않는다. 눈먼 사람들이 사는 세상에서, 오직 자신만이 한쪽 눈이나마 뜨고 있다고 확신하기 때문이다. 웃기면서 슬픈 상황이다.

좀비는 겉으로 보면 살아 있는 것 같지만 머리가 텅텅 비어 생각 자체를 못 하고 움직이기만 하는 존재다. 좀비는 살아 있는 사람들, 주인공들, 친절한 사람들을 전부 자신처럼 만들려고 한다. 마찬가지로 멍청한 인간도 당신의 사고력을 마비시키고 싶어 한다. 멍청한 인간은 당신도 자신처럼 낙오자로 만들려고 할 것이다.

똑똑하고 교양 있는 척 하는 멍청이는 더 답이 없다. 이런 종류의 멍청이는 책은 열심히 읽는데 작가들의 사상이나 대가들(대가도 멍청한 사람이 있고 그렇지 않은 사람이 있다)의 말을 곧이곧대로 받아들인다. 멍청한 인간은 책으로 읽은 내용이 전부인 줄 알며 마치 책이 새장인 양 그 속에 갇혀버리는 재주가 있다.

의심하면 돌아버릴 것 같고
확신하면 멍청해진다

진짜 멍청한 인간은 무턱대고 당신 탓을 한다. 멍청한 인간은 자신과 비슷한 부류들을 모아 미덕, 조화, 존중이라는 이름으로 생각이 다른 사람들을 집단 공격하려고 한다. 멍청한 인간일수록 무리지어 다니고 생각한다. "인간은 여럿이 모여 봐야 좋을 것이 없다. 인간은 네 명 이상만 돼도 멍청해진다." 프랑스의 상송 가수 조르주 브라상Georges Brassens의 한 노래 가사에 나오는 구절이다. 브라상은 이런 선언도 했다. "고매한 이상이 없어 주변 사람들을 귀찮게 구는 일밖에 못 하는 인간에게 영광을."

하지만 안타깝게도 주변 사람들이 언제나 멍청한 인간에게서 해방될 수 있는 건 아니다!

멍청한 인간은 당신을 귀찮게 하고 괴롭히기도 하지만, 자아도취도 강하다. 멍청한 인간은 생각하지 않고 설득당하지 않으며 고민하지도 않는다. 자신의 생각이 맞는다고 확신할 뿐이다. 행복한 바보는 특별히 머리를 쓰지 않고도 당신을 기운 빠지게 한다. 지식이란 모래성과도 같지만 멍청한 인간은 자신의 신념을 변치 않는 진실처럼 굳게 믿는다. 의심하면 돌아버릴 것 같고, 확신하면 멍청해진다. 둘 중 하나를 선택해야 한다.

멍청한 인간은 자신이 당신에 대해 속속들이 잘 안다고 생각한다. 당신이 어떻게 생각하고 느껴야 하는지, 어디에 표를 던져야 하는지 알려준다. 멍청한 인간은 당신이 어떤 사람이고 당신에게 무엇이 좋을지 당신 본인보다 더 아는 체를 한다. 만일 당신이 동의하지 않으면 멍청한 인간은 당신을 위한다는 명목으로 당신의 생각을 묵살하고 당신에게 모욕감과 상처를 준다. 멍청한 인간은 고귀한 이상이라는 이름으로 이런 짓을 서슴지 않고 한다. 이렇게 해도 손해 보는 것이 없어 괜찮다는 생각이 들면 당신의 인생에 더욱 끼어들 것이다. 그러면 당신의 삶은 걷잡을 수 없이 망가진다.

　　'이런 멍청이가 있어도 정당하게 방어하면 되겠지'라고 생각해서는 안 된다. 그것이야말로 덫에 빠지는 길이다. 씁쓸하지만 현실이다. 멍청한 인간을 설득해서 바꾸려고 노력하겠다고? 한참 잘못 생각하고 있다! 멍청한 인간에게 어떻게 생각하고 행동해야 하는지 알려줄 수 있다고 생각한다면 착각이다. 더구나 그를 바꿀 수 있다고 믿는다면 순진한 것이다. 멍청한 인간을 바꾸기 위해 노력할수록 멍청한 인간은 더욱 강해진다는 점을 명심하자. 그럴수록 그는 자신의 생각과 행동이 맞지만 세상에 도전했기 때문에 피해를 입는다고 생각할 것이다.

　　당신의 무모한 노력 때문에, 오히려 멍청한 인간은 '나야말로 세상에 순응하지 않는 대단한 영웅'이라고 착각할 수 있다. 이런 황당한 상황이 와서는 안 된다. 당신이 멍청한 인간을 좋은 길로 이끌려고 애쓸수록 그는 굴복하기는커녕 더 강하게 저항한다. 결국 당신도 멍청한 인간처럼 변하고, 이렇게 해서 멍청한 인간이 둘로 늘어나버린다!

세상의 종말을 가져올
멍청이

멍청함의 황금기는 언제일까? 문자가 발명된 시대까지 거슬러 올라가보면, 당대의 최고 지식인들도 멍청함에 대해 생각했다. 그러다 현대에 와서 새로운 일이 일어났다. 멍청한 인간 한 명이 붉은색 버튼을 한 번 잘못 누르면 세상이 모두 날아갈 수 있는 상황이 되었다. 소들이 멍청이 하나를 담당 도살자로 골라놓고, 자신들을 죽일 인간을 직접 선택했다는 뿌듯함에 어깨를 으쓱대는 상황과 비슷하다.

현대에는 또 다른 특징이 있다. 그 어느 때보다도 멍청한 짓을 하는 사람들이 눈에 잘 띄고 부끄러운 줄도 모른 채 거리를 활보하며 확신에 차 있다는 것이다. 대체 타락한 멍청이들이 절망을 느끼려면, 그래서 마지못해 철학을 받아들이려면 무엇이 필요할까?

똑똑한 사람들은 서로 교류하지만 멍청한 인간들은 서로 싸운다. 멍청한 인간은 행동하지 않고 구경꾼으로 남아 있으면서 목소리를 높이고 날카롭게 비판한다. 그리고 슬프고 불안해하는 동시대 사람들에 비해 자신은 멍청함에 당하지 않았다고 착각한다. 정확히 말하면 멍청한 인간은 근거 없는 자신감에 취해 있다! 차라리 멍청해도 겸손한 사람이 낫다. 이런 사람은 당신이 진흙탕 싸움을 외면하면 쓴 소리라도 한다.

멍청한 인간은 가축이라 생각하고 피하자. 안 그러면 당신마저 멍청한 인간에게 이끌려 도살장으로 갈 수 있다. 늑대들과 함께 외치든 양들과 함께 울음소리를 내든 혼자 떨어져 있지는 말자. 멍청이들의 목표물이 될지도 모르니까.

멍청한 인간은 자신이 멍청한지도 모르고 다른 사람이 멍청하다고 비난한다. 당신도 자신이 보통 사람보다 똑똑하고 모범적이라고 생각하는가? 그렇다면 진단은 정해져 있다. 당신도 자기 자신을 모르는 멍청이가 될 가능성이 있다.

멍청함을 연구하는 일은 엄청난 작업이다. 따라서 멍청함이라는 방대한 주제를 이 책 한 권으로 탐구해보겠다고 나서는 일은 한층 더 멍청한 짓일지도 모르겠다. 그래서 용감한 멍청이가 이 작업에 뛰어들어야 한다. 운이 따라주지 않는다면 멍청함을 연구하겠다는 시도는 우스운 짓이 될 수도 있다. 그러나 우스운 짓보다 멍청한 짓이 더 위험하다. 정말로!

아마 우리보다 멍청함이 더 오래 살아남을 것이다. 멍청함이 살아남아 우리 모두를 땅에 묻어줄 것이다. 멍청함이 우리를 무덤까지 따라오지 않는 이상….

끝으로 정리를 해보겠다. 자기 자신을 모르는 멍청이에는 남녀가 따로 없다. 멍청한 남자든, 멍청한 여자든, 그들이 저지르는 멍청한 짓은 종류가 한도 끝도 없어서 일일이 나열하기 힘들다. 단순한 멍청함부터 사악한 멍청함, 순진한 멍청함까지 다양하다. 멍청한 인간은 바보, 얼간이, 미련퉁이, 맹추, 좀생이, 등신, 고지식한 인간, 짜증나는 인간 등 다양한 모습으로 나타난다.

바야흐로 멍청한 당신의 영광스러운 시대가 펼쳐진다. 당신도 멍청함에서는 자유롭지 않기 때문이다. 이 책은 당신의 이야기라고 할 수 있다. 다만 당신이 아직 눈치를 못 챘을 뿐이다….

당신의 충직한 멍청이,
장 프랑수아 마르미옹

경고의 글 ——————————————————————————— 5

멍청한 인간에 관하여 • 세르주 시코티 ————————————— 15

멍청이에는 어떤 종류가 있을까 • 장 프랑수아 도르티에 ——— 29

어떤 사람이 멍청이일까 • 에런 제임스와의 만남 —————— 41

인간, 크게 착각하다 • 장 프랑수아 마르미옹 ——————— 53

멍청함과 인지 오류 • 에바 드로즈다 센코프스카 —————— 71

생각은 두 가지 속도로 움직인다 • 대니얼 카너먼과의 만남 —— 81

바보 같은 짓에서 쓸데없는 짓까지 • 파스칼 앙젤 ————— 95

뇌 속의 멍청함 • 피에르 르마르키 ———————————— 105

알고도 하는 멍청한 짓 • 이브 알렉상드르 탈만 —————— 117

왜 똑똑한 사람들이 이상한 것을 믿을까 • 브리지트 악셀라드 —— 129

왜 우리는 우연에서 의미를 찾을까 • 니콜라 고브리와의 만남 —— 145

멍청함은 논리적 착각일 뿐이다 • 보리스 시륄니크 ————— 155

왜 우리는 멍청이처럼 소비하는가? • 댄 애리얼리와의 만남 —— 163

모든 것에 겁 없이 도전하는 동물, 인간 • 로랑 베그 ———— 173

멍청함의 언어 • 파트리크 모로 ————————————— 189

멍청함이 꼭 감정 때문일까 • 안토니오 다마지오와의 만남 ——————— 201

멍청함과 자기도취 • 장 코트로 ——————————————————— 209

멍청함은 지혜의 배경음이다 • 토비 나탕과의 만남 ———————— 223

최악의 미디어 조종자는 누구인가 • 라이언 홀리데이와의 만남 ——— 237

멍청하고 못된 SNS • 프랑수아 조스트 ———————————————— 253

우리는 인터넷 때문에 멍청해질까 • 하워드 가드너와의 만남 ——— 271

멍청함과 탈진실 • 세바스티앙 디게 —————————————————— 279

국수주의라는 멍청함의 변신 • 피에르 드 세나르클랑 ——————— 299

집단의 멍청함을 어떻게 예방할 수 있을까 • 클로디 베르 —————— 313

멍청한 놈들과 맞서려면 어떻게 해야 할까 • 에마뉘엘 피케 ———— 321

아이들의 눈으로 본 멍청함 • 앨리슨 고프닉과의 만남 ——————— 335

우리는 멍청함을 꿈꾸는가 • 델핀 우디에트 ———————————— 345

내가 지적이라는 망상이야말로 가장 멍청하다 • 장 클로드 카리에르 — 357

멍청함과 평화롭게 공존하기 • 스타세 칼라앙 ——————————— 369

주 ————————————————————————————————————— 383

이 책에 참여한 학자들 —————————————————————————— 393

Serge Ciccotti

세르주 시코티

심리학자, 프랑스 남브르타뉴대학 객원연구원

멍청한 인간에 관하여

"멍청한 인간은 한 치의 의심도 없다. 많이 아는 사람은 의심한다. 그러나 현명한 사람은 생각한다."

_아리스토텔레스, 그리고 세르주 시코티

뜬금없는 질문처럼 들릴 수 있겠지만, 멍청한 인간들을 학술적으로 연구할 수 있을까? 실제로 심리학 분야의 연구를 관심 있게 살펴보면 멍청함을 주제로 한 연구가 전반적으로 잘 되어 있다는 사실을 알 수 있다. 그렇다! 멍청한 인간들은 분석할 수 있다. 멍청한 인간들에 관한 연구는 거의 인간 전반에 관한 연구만큼 이루어졌다.

다양한 연구를 몇 가지 범주로 나눠보면 멍청이가 전형적으로 어떤 이미지인지 알 수 있다. 민폐 끼치는 인간, 맹한 인간, 집중력이나 지식이 부족한 인간, 자존심만 강하고 공격적이며 건방진 인간…. 우리는 이런 멍청이들을 바라보며 건전하지 못한 우월감, 나아가 동정심을 느낀다.

주의력이 부족한
멍청이

하지만 심리학은 멍청한 인간들을 연구하기보다는 사람들이 대체 왜 멍청한 행동을 하는지 이해할 수 있게 돕는다. 대본에 관한 연구[1]가 좋은 예다. 연구에 따르면 사람들은 대부분 주변 환경을 깊이 분석하지 않고 행동부터 한다.

대부분의 사람들에게는 심적으로 혹은 환경적으로 익숙한 기준에 따라 아무렇지도 않게 습관적이고 자동적으로 하는 행동이 있다. 여러분이 울고 있는데 눈치 없이 "안녕, 별일 없지?"라고 말하는 멍청이가 늘 있는 이유다.

아까 본 손목시계를 또 보는 멍청이도 마찬가지다. 현재 몇 시인지 아는데도 손목시계를 보는 것은 무의식적으로 대본대로 행동하는 일과 같다. 대본에 따라 기계적으로 행동할 때는 특별히 주의를 기울일 필요가 없다. 별로 주의를 기울이지 않아도 일을 해낼 수 있기 때문이다. 그러나 이렇게 주의를 집중하지 않고 딴 생각을 하면서 일을 하면 정보를 제대로 인식하지 못한다. 결국 아까 본 시계를 또 보게 된다. 멍청하지 않은가?

주의력을 연구하는 심리학자들은 사람들이 변화를 제대로 감지하지 못할 때가 생각보다 많으며, 중요한 변화조차도 인식하지 못할 때가 있다는 사실을 알아냈다.[2] 여러분도 이런 핀잔을 들은 적이 있을 것이다. "다이어트를 해서 10킬로나 뺐는데, 차이를 모르겠다는 거야?" 또한 '통제의 환상'에 관한 연구는[3] 사람이 바쁘면 왜 미친 듯이 엘리베이터의 버튼을 마구 누르게 되는지 알려준다. 사회적인 영향에 관한 연구도 있다. 멍청한 운전자는 도대체 왜 늘 통행금지 도로로 다니는지, 멍청한 시청자는 텔레비전 퀴즈 쇼를 보다가 지구 주변을 도는 것이 달인지 태양인지 묻는 질문이 나오면 왜 주변 사람들의 의견을 묻는 건지 연구하는 학문이다. 인간은 종종 완전한 합리성이나 당연한 가치에서 멀어질 때가 있지만 그중에서도 멍청한 인간은 연구 결과의 평균과 아예 동떨어진 사람이라고 할 수 있다.

멍청한 인간의 세계관은 매우 단순한 편이다. 큰 숫자단위, 제곱근, 복잡한 것에 익숙하지 않고 가우스 곡선(오차곡선)에서도 끝부분만 볼 때가 많다. 스탈린은 이런 말을 한 적이 있다. "병사 천 명의 사망은 통계이지만 병사 한 명의 사망은 비극이다." 이렇게 평범한 사람들은 통계로 이루어진 객관적인 보고서보다 개인적인 사연에 마음이 좀 더 움직이는 정도이지만, 멍청한 인간은 오직 특정한 사례에만 관심을 보인다. 멍청한 인간은 어떤 방송사의 어떤 채널에서 봤는데 40층에서 떨어져도 사람이 죽지 않을 수 있다며 호들갑을 떤다.

멍청한 인간들이
믿는 것

믿음에 관한 연구 덕분에 세상의 정의[4]에 관한 믿음도 자세히 밝혀졌다. 이것은 아마도 세상이 가장 널리 공유하는 믿음일 것이다. 그러나 멍청한 인간은 딴소리를 한다. "그 여자가 폭행을 당했대. 그런데 그 여자 옷차림 봤어?" 멍청한 인간일수록 피해자가 그럴만한 이유가 있어서 당했다고 생각한다. 그뿐 아니라 가난한 사람들을 상대할 가치가 없다며 매우 무시한다.

멍청한 인간은 음모론부터 개에게도 효과가 있다는 유사요법, 달이 우리 행동에 미치는 영향까지 무엇이든 믿는 능력이 있다. 우리에게는 증거도 있다! 2017년 5월 28일 고속도로에서 운전자 없이 수 킬로미터를 달린 오토바이가 촬영된 적이 있다. 운전자는 이미 오토바이에서 떨어진 상태였다.[5] 최고로 멍청한 인간들은 '하얀 옷의 귀신' 때문이라고 생각하고 철저하게 분석하는 사람들은 자이로스코프 효과 때문이라고 생각한다. 신비한 것을 믿을수록 노벨상

멍청한 인간에 관하여

을 수상할 가능성은 멀어지는 것 같다.[6]

오늘날에도 믿음에 관한 연구는 현재만 생각하는 멍청이와 과거의 추억에 갇혀 있는 멍청이[7]가 어떻게 다른지 보여주기도 한다.[8] 연구에 따르면 시간이 지날수록 부정적인 기억은 사라지고 긍정적인 기억만 남는다. 그래서 사람은 나이가 들수록 과거를 긍정적으로 바라보는 경향이 있다. 과거에 사로잡힌 멍청한 인간들이 "예전이 더 좋았지"라고 말하는 이유다.

인간이 보여주는 다양한 비합리주의를 철저하게 분석하는 연구도 많은데, 연구원들은 인간이 비합리적으로 행동하는 이유가 주변 환경을 통제하고 싶기 때문이라고 설명한다. 점쟁이를 찾아가는 것이 대표적인 사례. 프랑스에는 점쟁이를 자처하는 사람이 약 10만 명이고 이들이 올리는 연매출은 30억 유로(약 4조 원) 정도다. 연구원들이 보기에 이 점쟁이들은 실제로 뛰어난 예언능력도 없어 보이는데도 막대한 수입을 올린다. 여성 20퍼센트, 남성 10퍼센트가 살면서 점을 최소한 한 번은 보러 간 적이 있다고 답했다. 일반적으로 점쟁이들은 먹고살기 위해 속임수를 사용하는 것에 죄책감이 없다. 그들은 멍청하게 속는 사람들을 돈줄로 삼는다.

통제하고 싶은 욕구가 생기면 통제하고 있다는 착각을 한다.[9] 멍청한 인간은 보통 사람보다 유독 착각을 잘 한다. 차를 탔을 때도 자신이 운전자일 때보다는 승객일 때 사고가 날지도 모른다는 착각을 많이 한다. 그래서 차를 타면 잠을 제대로 못 잔다. 대신 멍청하게도 차를 직접 운전하면 졸음이 온다!

멍청한 인간은 주사위를 높이 던져야 6이 나온다고 생각한다. 복권 숫자를 고르는 자신만의 기준도 있다. 걷다가 개똥 밟는 건 아무렇지 않게 생각하면서 사다리 아래로 지나가고 싶어 하지는 않는다. 멍청이는 자신만의 착각에 사로잡혀 있다. 복권에 당첨되었다면 그것은 6일 동안 밤에 숫자 6을 꿈에서 봤기 때문이라고 본다. 6 곱하기 6은 42니까 42에 걸었더니 당첨되었다는 식이다. 어떻게 보면 멍청이는 정신적으로 건강한 것이라고 보아야 한다. 우울한 사람들은 이렇게 착각하는 정도가 낮기 때문이다.[10]

남의 일도 아는 척을 하며
설명하는 멍청이

멍청이가 자존심을 지키기 위해 자주 사용하는 전략도 연구가 많이 되어 있다. 그중에는 자기만 그런 것이 아니라고 우기는 멍청한 행위를 연구한 내용이 있다. 이 내용에 따르면 멍청한 인간은 다른 사람들도 자신과 비슷한 잘못을 한다고 부풀려 이야기한다.[11] 예를 들어 왜 차를 멈추지 않았냐고 지적하면 그들은 이렇게 변명한다. "하지만 여기서 차를 세우는 사람은 아무도 없잖아요!"

또는 자신도 이미 그런 생각을 했다며 기억을 왜곡하기도 한

멍청한 인간에 관하여

다(사후 과잉 확신 편향). 멍청한 이들은 산부인과에서 "아들일 줄 알았어"라고 말하거나 "마크롱이 대통령이 될 줄 알았다니까"라고 말한다. 심지어는 여러분에게 "네가 그렇게 말할 줄 알았어!"라고 여러 번 강조해서 말할 것이다. 멍청한 인간은 일부러 이러는 것인가? 아니면 정말 뭐든 미리 알고 있는 신 같은 존재인가?

이들은 그저 "알고 있었다니까"라는 말을 전략적으로 사용할 뿐이다. 자신이 많이 알고 있다는 것을 과장해 떠벌리기 위해서다. "알아, 알고 있어…." 물론 이러한 연구 결과를 들려줘 봐야 발끈하며 아니라고 부정할 것이다. 사실 자존심을 지키기 위해 자신의 능력을 과장하는 사람들은 많다. 이미 심리학 실험에서도 증명된 사실이다. 심리학 실험에 참여한 다양한 분야의 사람들 중 많은 수가 자신이 평균보다 똑똑하다고 생각하는 것으로 나타났다.

멍청한 인간은 두 종류로 나뉜다. 하나는 자신감이 없어서 남의 쓴 소리를 그대로 듣고만 있는 멍청한 인간이다. 현실에서는 얌전함, 겸손함, 신중함 같은 미덕을 쌓으면 다른 사람들에게 이용당하는 호구 멍청이 취급을 받을 때가 많다. 또 하나는 자신에게 매우 관대한 멍청이들, 즉 근거 없는 자신감이 넘치는 멍청이들이다. 활강 코스 밖에서도 스키를 잘 탄다고 떠벌리고 다니다가 바다에 빠지거나 산에서 굴러떨어지는 멍청이, 자동차 속도를 조절하는 능력을 과신하는 멍청이 등이 있다.

왜곡된 자기중심적 성향을 가진 멍청이도 있다.[12] 이런 성향의 멍청한 인간은 자신이 왜 멍청한 짓을 하는지도 모른다. 멍청한 남자니까 세 번이나 멍청한 여자에게 빠져 전부 이혼한 것이다. 멍청하니까 멍청한 동료들과 일해서 실패한다. 멍청한 인간은 이미 10대 때부터 냄새가 나는 것은 자신의 발이 아니라 양말이라고 생각할 정도로 싹이 노랗다. 멍청한 인간은 과속을 하다가 걸리면 운이 없어서라고 생각한다. 멍청한 인간은 운을 아무데나 갖다 붙일 뿐, 운이 무엇인지도 모른다.

데이비드 더닝David Dunning 교수와 대학원생 저스틴 크루거Justin Kruger는 자신들의 연구를 실은 출판물의 제목을 차마 《여러분의 일을 되레 여러분에게 설명하는 멍청한 인간》이라고 붙일 수 없었다. 이런 제목을 붙이면 과학 잡지의 독자위원회로부터 승인을 받지 못해 글이 실릴 수 없기 때문이다. 그러나 더닝과 크루거는 연구를 통해 능력 없는 사람일수록 자신의 능력을 지나치게 높게 생각한다는 사실을 발견했다. 멍청한 인간은 개를 길러본 적도 없으면서 개를 기르는 여러분에게 개를 훈육하는 법을 설명한다. 또한 이들의 연구는 능력 없는 사람일수록 자신의 능력이 진짜 어떤지 모르며, 심지어 능력 없는 사람일수록 자신의 능력을 과대평가하면서 능력 있는 사람들을 인정하지 않는다고 밝혔다.[13]

두 심리학자의 연구 덕분에 알게 된 내용이 많다. 왜 멍청한 인간은 전문가에게 해당 분야에 대해 아는 척하며 설명을 하는지, 또 왜 무언가를 잃어버린 사람에게 "잠깐, 네가 그걸 마지막으로 본 곳이 어디야?"라고 묻는지, 그리고 왜 "변호사 되기는 쉬워. 법만 달달 외우면 되잖아", "비행기 조종사? 버스 운전사와 다를 게 없지" 같은 말을 하는지 이해할 수 있다. 멍청한 인간은 전혀 이해가 안 되는 양자물리학 강연을 다 듣고 나서 전문가를 뚫어지게 바라보며 "상황에 따라 다른 거 아닌가요?"라고 말할 것이다.

더닝과 크루거는 겸손한 사람일수록 투표에 신중하다고 본다. 경제, 지정학, 공공기관의 현실을 잘 모르고서는 후보자의 공약을 평가할 수준이 안 된다고 생각하거나, 더 나은 국가를 위해 무엇이 필요한지 잘 모른다고 생각하는 사람은 투표에 대해 함부로 이야기하지 않는다. 반면 멍청한 인간은 식당에서 "어떻게 하면 이 위기를 끝낼 수 있을지 난 알지!"라고 말할 것이다. 그러나 아시아인을 대상으로 한 다양한 연구는 더닝-크루거 효과와는 반대 결과를 보여준다.[14] 겸손을 중시하는 동아시아(극동) 문화권에서는 자신이 모든 주제에 대해 잘 알고 있음을 보여주려는 사람이 많지 않다. 자만심이 그다지 좋은 이미지가 아니기 때문이다.

멍청함을 포착하는
레이더

멍청함은 어떻게 정의할 수 있을까? 여러 가지가 있겠지만 간단하게 말하자면 멍청함이란 '비꼬는 불신'이다. 실제로 멍청한 인간은 비꼬는 성향에 남을 잘 믿지 못한다.[15] 비꼬는 성향이란 인간의 본성과 동기를 무조건 부정적으로 생각하는 것이다. 멍청한 인간은 사회와 정치를 배배 꼬인 시각으로 보는 편이다.

질문을 해보면 상대방이 멍청한 인간인지 단번에 알 수 있다. 멍청한 인간은 평소 자신의 생각을 단정적으로 말하기 때문이다. 예를 들어 "다 썩어빠졌군", "전부 장사꾼들일 뿐이야", "심리학자? 하나같이 사기꾼이지, 뭐", "기자? 비굴한 인간들이잖아" 같은 식이다. 멍청한 인간은 사람들이 거짓말하다 들킬까 봐 두렵기 때문에 정직하게 행동하는 것이라고 생각한다.

또한 멍청한 인간은 현재 사는 세상이 쓸모없고 사악하다고 생각한다. 성격이 꼬여 있어서 비협조적인 편이고, 의심만 하다가 직장에서의 기회를 놓치는 일이 많아 다른 사람들보다 돈도 잘 벌지 못한다는 연구 결과가 나왔다. 더불어 연구원들은 멍청한 인간일수록 심리적으로 과장하는 모습을 보인다고 설명한다. 감정을 매번 과장하는 인간이라면 진짜로 멍청이 중의 멍청이, 이 지구상에 존재한 인간 중 가장 멍청이라고 할 수 있다.

자, 멍청하게 들리면서도 중요한 질문을 해야겠다. "멍청한 인간들을 연구 대상으로 삼을 수 있을까?" 바꿔 질문하면 "세상에 왜 이토록 멍청한 인간들이 많을까?"라고 할 수 있을지도 모르겠다. 세상에는 정말로 멍청한 인간들이 많다. 길거리에서 "이 멍청아!"라

멍청한 인간에 관하여

고 외치기만 해도 모두가 돌아본다!

이번에도 우리는 학술 연구에서 여러 가지 답을 얻을 수 있다. 연구자들은 우리가 명청이에 이토록 민감한 이유를 두 가지로 파악했다.

먼저 우리에게는 명청함을 포착하는 레이더가 있다. 바로 '부정 편향negativity bias'이다.[16] 우리 인간은 긍정적인 것보다 부정적인 것에 더 무게를 두고 주목하는 성향이 있다. 이러한 부정 편향은 인간의 의견, 편견, 낙인, 차별, 미신에 막대한 영향을 끼친다. 집안일을 할 때조차 끝마친 일보다는 아직 마치지 못한 일이 먼저 눈에 띈다. 마찬가지로, 아무리 복잡한 사회에서도 우리는 천재보다는 명청이를 더 빨리 알아본다. 뿐만 아니라 긍정적인 사건보다 부정적인 사건을 더 먼저 알아본다. 집에서 잃어버린 물건을 찾을 때, 내가 물건을 잃어버린 게 아니고 누군가 물건을 치웠다고 생각한다. '누가 내 물건에 손을 댄 거지?' 그리고 일이 제대로 안 풀리면 누군가가 방해했기 때문이라고, 모든 것을 엉망으로 만든 명청한 누구 때문이라며 외부 탓을 할 때가 많다.

두 번째로 연구진은 '귀인attribution'의 근본적인 오류를 밝혀냈다.[17] 우리는 누군가를 관찰할 때 그 사람이 그렇게 행동하는 원인은 외부 환경이 아니라 타고난 성향에 있다고 생각한다. 그래서 많은 사례에서 결론이 무척 명확해 보인다. 명청이 때문인 것이다. 자동차 한 대가 우리 곁을 위험할 정도로 빠르게 앞질러 지나가면, 우리는 운전자의 아이가 학교에서 부상을 입어 서두르는 것일지도 모른다고 생각하지 않는다. 그냥 운전자가 멍청이라서 저런다고 생각한다. 친구가 두 시간이 지나도 메신저에 답장을 하지 않으면 인터넷 연결에 문제가 있어서일지도 모른다고 생각하지 않는다. 그냥 친구가 속이 좁은 멍청이라 삐졌나 보다고 생각한다. 동료가 서류를 돌려주지 않으면 그가 바빠서일지도 모른다고 생각하지 않는다. 그냥 동료가 게으른 멍청이라 그렇다고 생각한다. 교수가 무뚝뚝하게 대답하면, 내가 바보 같은 질문을 해서 그런 것이라고 생각하지 않는다. 그냥 교수가 멍청해서 질문에 제대로 대답을 하지 못한다고 생각한다. 이런 식으로 생각하다 보면, 주변 사람들 대부분이 멍청한 인간으로 보이는 것이다.

JEAN FRANÇOIS DORTIER

장 프랑수아 도르티에

잡지 <심리학 서클Cercle Psy>, <인문학Sciences Humaines> 창립자이자 대표

멍청이에는 어떤 종류가 있을까

심리학자들이 말하듯, 똑똑함의 형태가 다양한 것처럼 멍청함의 형태도 다양하다. 멍청함을 자세히 다룬 연구도 없고 멍청함을 학문적으로 다루려는 시도도 없지만(그러나 이 책에서는 멍청함의 획기적인 기준을 몇 개 제시해본다) 멍청한 인간의 대표적인 종류부터 살펴보겠다.

칠푼이

칠푼이 같은, 덜떨어진, 어리석은, 바보 같은, 제정신이 아닌, 골이 빈…. 멍청함을 나타내는 형용사는 끝이 없다. 이처럼 멍청함을 묘사하는 형용사가 풍부한 이유는 멍청함에도 다양한 뉘앙스가 있기 때문일 것이다.

그러나 멍청하다는 말에 담긴 뜻은 언제나 똑같다. 아무리 표현이 다양해도 멍청이란 지적 능력이 떨어지고 정신 연령이 낮은 사람을 나타낸다. 그러니까 멍청함은 상대적인 평가다. 그 자체로 멍청이인 사람은 없다(모두가 멍청이라면 누가 멍청한지 구분하지 못할 것이다). 결국 어느 정해진 기준점보다 떨어질 때 멍청하다고 한다. 그리고 그 기준점보다 높은 사람은 우월감을 느낀다.

속 좁은 멍청이

멍청한 인간은 속이 좁고 어리석으며 사악하고 인종차별주의자에 이기적이다. 프랑스 풍자 만화가 카뷔Cabu는 멍청한 인간이란 속이 좁다고 못 박았다. 속 좁은 사람들은 정치에 대한 주관도 없고 단편적인 시각과 경직된 사고에 매몰되어 있어서 포퓰리즘을 내세우는 정당을 지지한다. 이들은 흑백논리로 생각하며 고집불통에 융통성이 없다. 논리적인 사고를 하지 않기 때문에 자기 생각만 옳다고 밀고 나간다. 타협 자체를 모르는 인간들이다.

속 좁은 멍청이들은 모든 문제를 애꿎은 아랍인, 흑인, 이민자 탓으로 돌리며 공격하기 때문에 매우 사악하다. 이들은 자신의 안위만 중시하기에 이기적이며 돈에 혈안이 되어 있다.

나 빼고 다 멍청이

"하나같이 멍청한 놈들!" 술집 바에 팔을 괴고 있는 사람이 흔히 이렇게 외친다. 그렇다면 여기서 이 사람이 말하는 '하나같이'란 누구인가? 정치인들과 유권자들, 공무원들, 나아가 능력 없는 사람들일 것이다. 이렇게 계속 범위를 넓히다 보면 자기 자신 빼고 멍청하지 않은 사람이 없다.

데카르트는 이렇게 썼다. "잘못을 인정하지 않는 것이 잘못이다." 멍청함도 마찬가지다. 멍청한 인간일수록 자신의 멍청함을 인정하기는커녕 오만한 태도로 되레 주변 사람들을 멍청하다고 단정 짓는다. 혹여 어디선가 "전부 멍청이야!"라고 말하며 비하하는 사람을 본다면 바로 그 사람이 멍청한 인간이라고 생각해도 된다.

인공지능도 멍청이

"컴퓨터는 멍텅구리다."[1] 이렇게 주장한 사람은 다름 아니라 콜레주 드 프랑스Collège de France에서 정보학을 가르치는 제라르 베리Gérard Berry다. 인공지능 전문가인 베리는 기계가 인간의 지능을 뛰어넘을 수 있다는 이론에 즉각 반박한다.

물론 인공지능은 지난 60년 동안 엄청나게 발전해 이미지를 인식하고 글을 번역하며 의학 처방을 내리기도 한다. 2016년에는 딥마인드의 소프트웨어 '알파고AlphaGo'가 세계 최고에 속하는 바둑 기사 이세돌을 이겼다. 그러나 사람들이 알파고의 활약에만 정신이 팔려 제대로 보지 못한 것이 있다. 바로 알파고가 할 수 있는 것이라고는 바둑뿐이라는 사실이다.

20년 전인 1997년에도 딥블루의 프로그램이 체스 게임에서 체스 세계 챔피언 개리 카스파로프Garry Kasparov를 이긴 적이 있다. 스마트 기계는 주인인 인간이 가르쳐준 특별한 한 가지 능력밖에 기르지 못한다. 기계가 혼자서 척척 배울 것이라는 생각은 신화에 가깝다. 기계는 인간과 달리 분야 간에 지식을 응용하지 못한다.

딥러닝 원리에 따라 작동하는 '학습 기계(차세대 AI)'는 자신이 무엇을 하고 있는지 이해하지 못하기 때문에 똑똑하다고 할 수 없다. 구글 자동번역기는 문맥에 맞는 단어를 사용할 수 있게 도움을 줄 뿐(수많은 예시에서 단어 하나를 고른다) 자신이 사용하는 단어의 의미가 무엇인지 전혀 이해하지 못하기 때문에 멍청이다. 그러니 베리가 "컴퓨터는 멍텅구리다"라고 자신 있게 말한 것이다.

집단적인 멍청이

개미나 뉴런은 혼자서는 큰일을 못하지만 집단을 이루면 대단한 성과를 내기 때문에 집단 지능 성향이라고 할 수 있다. 개미들은 놀라운 조직력을 보이며 여왕개미의 신혼방, 먹이 창고, 알 부화실, 통풍 시스템까지 갖춘 개미집을 만들어낸다. 재배(버섯)를 맡거나 목축(진딧물)을 맡는 개미들도 있다.

집단 지능이 어떻게 작동하는지는 여전히 미스터리다. 하지만 집단 지능은 단시간 내에 매우 바람직한 모델이 되기도 하며, 그 모델은 '집단은 개인보다 강하다'라는 분명한 생각에서 출발한다.

집단이 개인보다 더 나은 결정을 내리고 창조물을 내놓기도 하지만, 집단이 개인보다 못할 때도 있다. 집단적인 지능이 있으면 집

멍청이에는 어떤 종류가 있을까

단적인 멍청함도 있는 법이다. 심리학자 솔로몬 아시Solomon Asch가 한 유명한 실험[2]이 있다. 이 실험은 집단적인 멍청함을 밝혔으며, 다수의 사람들이 잘못된 이론을 멍청하게 믿으면 나머지 사람들도 이를 따라간다는 사실을 알아냈다.

또 다른 사례도 있다. 브레인스토밍의 거짓 미덕이다. 열 명으로 이루어진 그룹에게 한 프로젝트를 맡기고(예를 들어 관광객들에게 도시를 홍보하는 문구 만들기) 30분의 시간 내에 하나의 문구를 제출하라고 한다. 그리고 또 다른 그룹에게는 각자 문구를 제출하라고 하자. 이렇게 두 그룹에서 각각 나온 홍보 문구를 비교해보면 두 번째 그룹의 결과물이 훨씬 풍부하고 다양할 것이다. 집단이 개인보다 못한 경우다.

집단적인 멍청함을 발견하기 위해 수많은 사람들을 모아놓고 심리 실험을 할 필요도 없다. 이미 여러분이 직장에서 매일 하는 회의에서도 같은 사실을 증명할 수 있을 테니까.

어수룩한 멍청이

아이보다 어수룩한 사람이 있을까? 아이는 무엇이든 믿는다. 하늘나라에서 사슴들이 끄는 썰매를 타고 여행하는 흰 수염의 산타 할아버지가 착한 아이들에게 선물을 준다는 이야기, 까치가 헌 이를 가져가고 새 이를 준다는 이야기를 곧이곧대로 믿는다.

심리학자 장 피아제Jean Piaget는 어수룩함이 어릴 때나 보이는 종류의 멍청함이라고 생각했다. 철학자 뤼시앵 레비 브륄Lucien Lévy-Bruhl은 원시인들이 애니미즘을 믿고 마법의 힘을 가진 숲에 영혼이 있다고 믿는 등 어리숙했다고 생각했다. 원시인들도 어린아이들처럼 이성이 발달하지 못했다고 생각했다는 의미다(물론 레비 브륄은 말년에 자신이 원시인들의 정신을 잘못 생각했다고 고백했다).

하지만 심리학 실험을 통해 아이들이 우리가 생각하는 것만큼 순진하지 않다는 사실이 밝혀졌다. 아이들은 사슴이 상상의 나라에서만 날 수 있으며 실제 세상에서는 날지 않는다고 생각했다. 우리 어른들도 물리학자들이 그렇다고 하면 희한한 행동(유비쿼터스 능력, 원격 통신)을 하는 분자들이 있다고 믿을 준비가 되어 있는데 말이다. 심지어 종교가 있는 과학자들은 예수의 부활도 믿는다.

이 때문에 물리학자와 사회학자 들은 '어리숙하다'라는 말의 의미를 다시 생각하게 되었다. 어리숙하다는 것은 단순한 논리 부족, 즉 어린아이 같은 어리석음이라고 할 수만은 없다. 말도 안 되는 것을 믿는 행위는 순진함이나 분별력 부족이라기보다는 기준에 문제가 있기 때문이다.

지능이 떨어지는 멍청이

19세기 말, 쥘 페리Jules Ferry가 프랑스에 의무 교육을 도입한 후 정상적인 교육을 따라가지 못하는 아이들이 발견되었다. 그래서 두 심리학자 알프레드 비네Alfred Binet와 테오도르 시몽Théodore Simon은 의

멍청이에는 어떤 종류가 있을까

뢰를 받아 지능이 떨어지는 아이들을 찾아내 적절한 교육을 할 수 있게 해주는 지능 테스트를 고안했다. 이 지능 테스트가 훗날 그 유명한 IQ 테스트의 기본이 된다.

보통 사람의 평균 IQ는 100이다. IQ 테스트를 통해 지능이 떨어지는 사람들을 정도별로 분류할 수 있다. IQ가 65~80이면 약간 지능이 떨어지는 정도, 50~65면 지능이 떨어지는 정도, 20~34면 지능이 많이 떨어지는 정도(예전에는 바보라고 불렸다)로 분류된다. IQ가 20이하면 완전히 덜 떨어진 정도다.

요즘 심리학에서는 '지능이 떨어짐'이라는 말을 쓰지 않고 좀 더 완화해 '장애', '이해력 부족', '행동 장애', '학습에 어려움을 겪음', '무심한 성향'이라는 말을 쓴다('천재'라는 말 대신 '조숙한 아이'나 '잠재력이 높은 아이'라는 말을 사용하는 것처럼 말이다). 그래도 실제로는 아이들을 지능 발달 정도에 따라 분류하는 데 IQ 테스트가 사용된다. 그래야 아이들에게 지능 수준에 맞는 교육을 제공할 수 있기 때문이다.

얼간이와 멍청이

얼간이나 멍청이 같은 용어는 정신의학이 발달한 초기에 사용되었다. 지능 수준이 아주 낮아 읽기, 쓰기, 말하기가 제대로 되지 않는 사람들이 얼간이나 멍청이로 불렸다. 정신과 의사 필립 피넬 Philippe Pinel은 아베롱의 야생 소년 빅토르 Victor de l'Aveyron를 가리켜 '멍청이'라고 생각했다. 요즘으로 치면 빅토르는 '자폐아'라고 할 수 있다. "아무것도 모르고, 아무것도 할 줄 모르고, 아무것도 원하지 않는 사람이 멍청이다. 멍청한 인간은 모두 무능함의 극치를 보여준다." 프랑스의 정신과 의사 장 에티엔 에스키롤Jean-Étienne Esquirol이 쓴 글이다.

폴 솔리에Paul Sollier 박사는 《바보와 얼간이의 심리학: 병적인 심리학의 에세이Psychologie de l'idiot et de l'imbécile: essai de psychologie morbide》에서 한 장章에 걸쳐 얼간이와 바보를 다루었다. 솔리에는 프랑스가 심리학 분야에서 영국과 미국보다 뒤떨어진 사실을 안타까워하며, 얼간이 혹은 멍청이를 정하는 합의점이란 존재하지 않는다고 주장했다. 얼간이나 멍청이를 고를 때 지능 평가를 기준으로 하는 사람들이 있는가 하면 언어를 기준으로 하는 사람들도 있고(말을 똑바로 못하는 사람을 멍청하다고 평가), 도덕을 기준으로 하는 사람들도 있다(절제력이 부족한 사람을 멍청하다고 평가)는 것이다.

어리석은 사람과 보통 사람은 어디가 어떻게 다른가? _뷔퐁

심리학자들은 점점 '멍청이'라는 용어를 사용하지 않는다. 간혹 '특수한 재능을 가진 지적 장애인'(하지만 '서번트 증후군Savant syndrome'이라는 용어가 더 선호된다)이라는 용어를 쓴다. 자폐증이 있는 사람들, 혹은 윌리엄스 증후군을 앓고 있는 사람들은 언어 등 종합

멍청이에는 어떤 종류가 있을까

적인 능력에서는 뒤떨어지지만 계산, 그림, 혹은 음악 같은 특정 분야에서는 남다른 재능을 보여주는 것이 특징이다.

또라이도 멍청이로 볼 수 있을까

또라이는 사이코패스가 아니라, 4차원적인 생각을 하는 사람을 가리키는 정감어린 단어다. 또라이는 남다르게 행동하지만 이상하거나 기괴한 짓을 하는 정신병자와는 다르다. 또라이란 프랑스 국립 어휘 센터의 엄격한 기준에 따르면 '행동이 특이한 4차원 인간'에 가깝다. '또라이 같은 행동을 한다'는 '튀는 행동을 한다', '괴짜 같은 행동을 한다'는 뜻이다. 물론 또라이든 괴짜든, 지능이 떨어지는 멍청이는 아니라도 머리가 이상한 사람에 포함되기는 한다.

AARON JAMES

에런 제임스와의 만남

심리학 교수, 《멍청한 놈들Assholes》 저자

어떤 사람이 멍청이일까

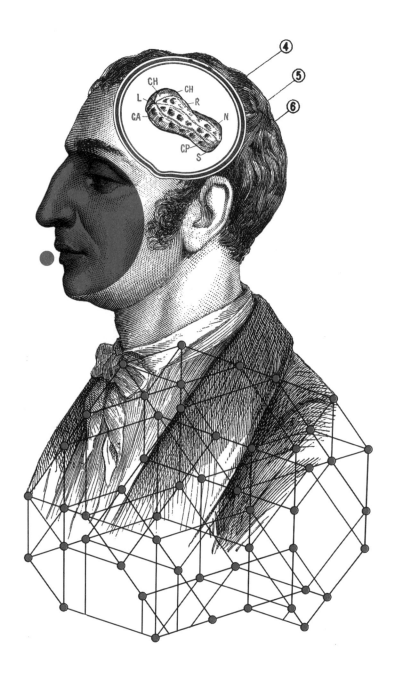

Q. —— **선생님의 이론에 따르면 멍청한 인간이란 어떤 사람입니까?**

A. —— 주변의 비난에도 아랑곳하지 않고 뻔뻔하게 사회생활을 하는 사람입니다. 이런 성향은 여성보다 남성에게 더 많습니다. 우체국에서 새치기를 하거나, 지하철에서 교통약자 또는 임신부에게 자리를 양보하지 않는 사람이 대표적인 멍청한 인간이지요. 멍청한 인간은 자신이 부유하거나 잘생겼거나 똑똑하다고 생각해서 거칠 것이 없습니다.

멍청한 인간은 자기중심적이라 자신의 시간이 더 소중합니다. 그래서 멍청한 인간은 다른 사람들과 똑같이 줄 서라는 소리를 들으면 무시하거나 오히려 자신의 행동을 지적한 사람에게 꺼지라며 적반하장으로 나옵니다. 멍청한 인간은 다른 사람들을 무시한다기보다는 다른 사람들에게 신경 쓸 필요가 없다고 생각합니다. 자신을 특별하게 생각하지 않는 사람에게는 관심을 둘 필요가 없다고 생각하지요.

Q. —— 멍청한 인간은 항상 멍청한 짓을 합니까?

A. —— 꼭 그렇지만은 않습니다. 험난한 인생을 살아오거나 청소년기를 제대로 보내지 못해 멍청한 인간이 되는 경우가 있습니다. 그리고 멍청한 인간은 모든 상황에서가 아니라 몇몇 상황에서 멍청하게 행동하는 것 같습니다. 예를 들어 일할 때나 운전대를 잡을 때는 멍청하게 굴다가도 집에서는 멍청하게 굴지 않는 사람이 있습니다. 그 반대의 경우도 있고요. 매번 모든 상황에서 멍청하게 구는 사람은 드뭅니다.

Q. —— 교양과 지성이 넘치는 사람도 최악의 멍청이처럼 굴수 있습니까?

A. —— 최악의 멍청이는 아니겠지만 평범한 멍청이는 될 수 있는 것 같습니다. 똑똑한 사람도 어이없을 정도로 멍청한 인간처럼 행동할 수 있거든요. 돈이 많거나 잘생겼거나 똑똑한 사람은 다른 사람들로부터 호감을 받기 때문에 쉽게 자만심에 빠집니다. 자신이 특별한 사람이라는 생각을 계속하다 보면 충분히 멍청한 인간이 될 수 있습니다.

어떤 사람이 멍청이일까

Q. —— 그렇다면 멍청한 짓은 머리와 가슴의 문제가 아니라 사회에서 보여주는 행동과 관계있는 겁니까?

A. —— 그렇습니다. 사회적인 행동과 관계된 문제입니다. 하지만 근본적으로 따져보면 남을 제대로 배려하지 못하는 사람이 멍청한 짓을 하게 됩니다. 멍청한 인간은 현실과 관계없이 다른 사람이 자신에게 맞춰야 한다고 생각합니다. 그런 멍청이의 비위를 맞춰주는 주변 친구들도 있고요. 따라서 멍청한 짓은 사회적인 행동이기도 하지만 고치기 힘든 개인적 성향이기도 합니다.

Q. —— 자신이 멍청한 짓을 하고 있는 것을 알고 있어도 멍청한 인간인가요?

A. —— 자신이 누구인지 아주 잘 알면서 뿌듯함을 느끼는 멍청한 인간이 진짜로 문제입니다. "그래, 나 멍청해. 근데 당신 때문에 그래!"라고 말하는 멍청한 인간이 대표적이지요. 사람은 인식만 한다고 변하지 않습니다.

멍청한 인간은 멍청한 짓을 너무나 오랫동안 해왔기 때문에 갑자기 자신의 행동을 돌아보기가 쉽지 않습니다. 그래도 희망은 있습니다. 아무리 멍청한 인간도 살면서 위기를 겪거나 자동차 사고를 당하거나 가까운 사람이 세상을 떠나면 조금이나마 정신을 차리기도 합니다. 혹은 나이가 들어가면서 변하기도 하지만, 이는 기운이 빠졌거나 테스토스테론 호르몬이 부족해서입니다! 그러나 현실적으로 멍청한 인간이 자신을 돌아보는 일은 극히 드물기 때문에 지나친 기대는 안 하는 편이 좋습니다. 멍청한 인간은 단순히 의식한다고 해서 심리적으로 큰 영향을 받지는 않습니다. 이것이 현실이지요.

Q. ── 멍청한 아이들도 있습니까?

A. ── 아이들이 자기중심적인 편이니 멍청하다고 생각할 수 있지만, 멍청한 짓을 계속하는 것 같지는 않습니다. 대신 아이들은 단기간 동안 이런저런 멍청한 행동을 합니다. 10대가 되면 멍청한 짓을 하다가 좀 더 크면 대부분 여기서 벗어나지요. 그보다 어른이 되어서도 하는 멍청한 짓은 계속 가기 때문에 고치기가 힘듭니다.

Q. ── 우리 사회에 멍청한 어른들의 비율은 어느 정도일까요? 10명 중 1명? 2명 중 1명?

A. ── 문화권, 계층에 따라 다릅니다. 캐나다, 이탈리아, 브라질보다는 미국에 멍청한 어른들이 더 많습니다. 일본보다는 캐나다, 이탈리아, 혹은 브라질에 멍청한 어른들이 더 많습니다. 다른 나라에 비해 일본은 멍청한 어른들의 비율이 낮은 편입니다. 물론 이러한 비율은 늘 달라집니다. 미국은 과거보다 요즘 멍청한 어른들이 더 많아졌고 미디어에도 자주 보이는 것 같습니다. 어느 나라든 멍청한 어른의 비율이 2명 중 1명이면 매우 높은 편입니다. 어떤 사회

든 구성원의 시민의식과 협력이 있어야 정상적으로 살아남습니다. 멍청한 인간은 시민의식과 협력 앞에서 맥을 추지 못하거든요.

Q. —— 멍청한 인간이 계속 생기는 이유는 무엇입니까? 사회 진화론의 관점에서 멍청한 인간일수록 더 살아남았나요?

A. —— 영장류의 행동과 남성(수컷)의 지배 행동을 살펴보면 권력 추구가 중요한 역할을 하는 것 같습니다. 멍청한 인간은 권력의 꼭대기에 오를수록 자신이 우월하다고 생각합니다. 멍청한 인간들이 계속 존재하는 이유지요. 하지만 권력 추구가 문명과 체제의 발전에 생각만큼 결정적인 역할을 하지는 않는다고 생각합니다. 집단주의 문화권에서는 멍청한 인간들이 처벌을 받습니다. 오히려 미국처럼 개인주의가 발달한 문화권일수록 멍청한 인간들이 문제를 많이 일으키지요.

Q. —— 멍청한 인간들과 맞서려면 어떻게 해야 할까요? 멍청한 인간들을 변화시킬 수 있을까요?

A. —— 멍청한 인간도 달라질 수 있긴 하지만, 가능한 한 멍청한 인간과는 엮이지 않는 것이 제일 좋습니다. 그러나 멍청한 인간이어도 돈을 벌어다 주거나 학문적인 명예를 가져다주면 회사나 기관은 그를 그대로 두기도 합니다. 로버트 서튼Robert Sutton은《또라이 제로 조직No Asshole Rule》[1]이라는 책을 쓰기도 했지만 이것이 언제나

이룰 수 있는 목표는 아닙니다.

멍청한 인간들과 맞서려면 멍청한 인간들을 배제할 수 있는 다양한 방법을 찾아야 합니다. 사람들이 힘을 합해 대항해야 멍청한 인간들이 몰락합니다. 정치권보다는 소규모 집단에서 더 쉽게 실천할 수 있는 일이지요. 멍청한 인간은 제대로 된 사람들이 가는 길을 방해하기 때문에 아무리 힘든 일이어도 사회가 나서서 멍청한 인간들의 수를 줄이기 위해 노력해야 합니다.

Q. —— 그러면 가족 안에도 멍청한 인간이 있나요?

A. —— 가족 중에도 멍청한 인간이 있지만, 가족이기 때문에 조심스럽습니다. 가족 중에 멍청한 인간이 있다면 주로 따돌리는 경우가 많지요. 멍청한 남편과 이혼할 수 없는 처지의 여성이거나 굳이 이혼까지는 하고 싶지 않은 여성이라면 남편과 최대한 마주치지 않으려고 애쓸 겁니다. 정신 건강을 위해서도 멍청한 인간이 가족 안에 있다면 피하는 것이 최선입니다.

Q. —— **멍청한 인간일수록 행복합니까?**

A. —— 좋은 질문입니다! 플라톤과 아리스토텔레스는 행복을 객관적으로 보는 시각을 가졌습니다. 올바르게 행동하면 행복하다고 본 것이지요. 그런데 멍청한 인간이 절대로 하지 않는 일이 바로 올바르게 행동하는 것입니다! 더구나 현실에서는 올바르게 행동한

다고 반드시 행복해지는 것도 아니라서 안타깝습니다.

주관적 기준으로 보면 멍청한 인간은 보통 사람보다 만족감이 크고 행복합니다. 굳이 말로 표현하든 아니든 말이지요. 멍청한 인간은 원하는 것(관심, 유명세, 돈, 권력, 명성, 자신이 가질 만하다고 생각하는 것)을 손에 얻으면 만족합니다. 그러나 멍청한 인간은 매사 우월감을 유지하기 위해 늘 불안감에 시달려야 합니다. 언제나 더 뛰어난 존재가 있기 때문에 멍청한 인간은 늘 자신이 더 영리하다고 믿고 혼자 모든 사람과 맞서야 하니 일상이 경쟁입니다. 개나 고릴라의 알파 수컷은 매번 경쟁자들을 감시하느라 스트레스에 시달리다 보니 일찍 죽는 편입니다. 멍청한 인간이 아무리 삶이 행복하다고 주장해도 이런 말을 들려주고 싶을 것 같네요. "이봐, 마음 좀 편히 가져봐. 그래야 스트레스가 줄어든다고!"

Q. —— 우리는 혹시 마음속으로 멍청한 인간들을 질투하고 있는 걸까요?

A. —— 꼭 그렇지만은 않습니다. 혐오스러울 정도로 멍청한 인간이 눈앞에 있으면 그저 허탈하고 당혹스러워 화가 날 뿐입니다. '어떻게 인간이 저럴 수 있지?'라는 생각으로 우울해지는 것이지 멍청한 인간에게 경쟁심을 느끼는 것이 아닙니다. 하지만 멍청한 인간이 성공한다면 질투심을 느낄지도 모르지요. '저런 멍청한 인간이 유명해지다니, 어떻게 저럴 수 있지? 나도 저렇게 멍청하게

행동했어야 했나! 어쩌면 저 멍청함이 삶의 지혜일지도 몰라.'

Q.────2016년 도널드 트럼프Donald Trump가 미국 대통령에 당선되면서 나타날 수 있는 위험을 경고하는 책을 쓰셨는데요. 트럼프를 멍청이라고 생각하실까요, 아니면 머리가 좋은 인간이라고 생각하실까요?

A.──── 트럼프는 대단한 멍청이이자 꼴통이라고 생각합니다. 그런데 그는 멍청하긴 해도 보통은 아닙니다. 멍청한 짓을 교묘하게 잘 포장해 경쟁자들을 제치고 인기를 얻은 인물이기 때문입니다. 일반적으로 멍청한 인간들은 서로 누가 더 멍청한 짓을 하는지 경쟁하지만, 멍청한 짓을 쉴 새 없이 하는 것으로 트럼프를 따라갈 인간은 없습니다(북한의 김정은 정도면 트럼프의 상대가 될 것 같지만요).

Q.──── 유명한 철학자 중에서도 멍청한 인간이 있었을까요?

A.──── 저는 장 자크 루소Jean-Jacques Rousseau에 대해 글을 쓴 적이 있습니다. 루소는 자존심을 통해 멍청한 인간들의 감정과 그 감정이 지닌 파괴력을 동시에 이해할 수 있다고 봤습니다. 그러나 정작 루소 본인은 자기 아이들을 많이 버렸습니다. 심지어 돈을 주고 열두 살 소녀를 사서 어느 작은 집에 가둬놓고 성적으로 착취했다는 소문도 있습니다. 아무리 천재라 해도, 그도 어떤 면에서는 멍청한 인간이라고 할 수 있지요.

어떤 사람이 멍청이일까

Q. —— 멍청한 인간에 관해 책을 쓰신 후 멍청한 인간들로부터 축하의 인사를 들으셨습니까?

A. —— 그렇습니다. 제게 이런 글을 보낸 독자도 있었습니다. "이런 책을 써주셔서 감사합니다. 자녀들에게 이 책을 선물받았지요. 어쩌면 제가 멍청한 인간일지도 모르겠네요."

독자들의 평가는 언제나 친절했습니다. "멋진 책입니다!" 하지만 이런 책을 읽으면 독자들이 이전과는 다르게 행동하고 살 것이라고 기대했으나 전혀 그렇지 않았습니다. 제가 알고 지내는 멍청한 인간들은 저의 책을 읽었는지 모르겠네요. 전 가능한 멍청한 사람들과는 엮이지 않으려고 하거든요!

인터뷰어: 장 프랑수아 마르미옹

JEAN
FRANÇOIS
MARMION

———

장 프랑수아 마르미옹

심리학자, <심리학 서클> 잡지 편집장

———

인간, 크게 착각하다

혹시 경제적 인간, 즉 호모 에코노미쿠스에 대해 모르시는지? 그렇다면 서둘러 만나보자. 경제적 인간은 고정되어 있지 않고 늘 변화한다. 20세기 초까지 경제적 인간이란 자율적이고 효용성을 바탕으로 선택하며 금전적 이익에 따라 행동하는 주체를 상징했다. 경제적 인간은 신고전주의 경제의 산물이었다. 단순하고 세련되었지만 동시에 가식적인 인간을 가리켰다.

경제적 인간이여,
물러가라!

경제적 인간을 바라보는 심리학자들의 시각은 오랫동안 엇갈렸다. 심리분석 학자들은 주로 충동, 무의식적 동기, 인간의 어두운

부분을 연구하기 때문에 약아빠지고 미래지향적으로 보이는 경제적 인간을 좋지 않게 보았다. 그러나 인지학자들은 달랐다. 인지학자들은 인간이 알고리즘을 이어가며 정보를 처리하는 컴퓨터처럼 생각을 한다고 보았기에 경제적 인간에 기대를 걸었다.

자, 사람들에게 카드 네 장을 보여준다. 카드마다 문자 혹은 숫자가 하나씩 적혀 있다. 예를 들어 D, F, 7, 5가 적혀 있다고 하자. 그리고 이런 질문을 한다. "카드 앞면에 D가 있다면 뒷면에는 7이 있을까? 이를 확인하려면 어떤 카드를 뒤집어봐야 할까?"

모든 방향으로 문제를 생각할 수 있으나 논리적으로 따졌을 때 정답은 오직 하나다. D와 5가 적혀 있는 카드를 뒤집어야 한다. 그러니까 규칙을 확인하는 것이 아니라 규칙에서 벗어날 수 있는 것을 찾아야 한다. 그렇지 않으면 내가 보고 싶은 것만 보려는 확증 편향에 빠진다! 물론 우리 가운데 80퍼센트는 이를 전혀 눈치 채지 못한다. 감정에 휘둘릴 새도 없이 속는 셈이다. 경제적 인간 이론이 주장하는 것과 달리, 우리는 그냥 이런 존재다.

경제적 인간 이론은 2002년에 맹렬한 공격을 받았다. 당시 유대계 미국인 철학자 대니얼 카너먼Daniel Kahneman은 노벨경제학상을 받았다. 카너먼은 1970년대 초 동료 아모스 트버스키Amos Tversky(1996년에 사망)와 함께 한 연구에서 우리가 일상에서 사용하는 직관적인 추론을 밝혀냈다. 직관적인 추론은 논리와 비슷하지만, 그럴 듯한 착각에 더 가깝다. 그러나 일상에서 잘못된 직관의 예는 수도 없이

인간, 크게 착각하다

많다. 직관적인 추론에 특별히 문제가 있지는 않으며 오히려 의식적인 추론에서 벗어나고자 할 때 도움이 된다. 의식적인 추론은 정확할지 몰라도 지루해서 피곤해지니까.

공개적으로 비판을 받아온 경제적 인간의 개념은 카너먼이 노벨상을 받으면서 다시 주목을 받았고 지금까지도 인기가 많다. 이 개념은 전통적인 경제 모델(행동 경제)이 비판받는 요즘 시대에 각광을 받는다. 그러나 추론과 의지에 관한 실험을 통해 뜻밖의 결과가 나왔다. 우리 인간은 지속적이고 계획적인 존재가 아니라 그날그날 생각하고 결정하는 존재였던 것이다.

인간에게 논리가 부족하다는 것을 밝히는 학문인 사회심리학, 인지심리학, 신경과학은 여러 실험을 통해 인간이 합리적인 존재라는 신화를 보기 좋게 깨버린다. 심리사회학자 솔로몬 아시는 인간이 다른 사람들에게 맞춰가기 위해 자신의 생각도 부정할 때가 있다는 사실을 증명했다. 예를 들어, 여러 개의 줄이 있는데 집단 구성원들은 모두 줄의 길이가 서로 다르다고 생각하는 반면 나 혼자만 줄의 길이가 모두 똑같다고 생각한다고 해보자. 내 의견을 끝까지 관철할 수 있을까? 결국 다른 사람들의 의견에 맞춰가는 것이 편해서 원래 나의 생각을 접을 수도 있다.

하지만 2005년 애틀랜타 에머리대학교의 연구원 그레고리 번스Gregory Berns는 MRI를 이용해 아시의 실험을 새롭게 해봤다. 번스가 본 것은 무엇일까? 믿기 힘들지만 위 실험을 진행하자 인지충돌

처리를 담당하는 두뇌의 부분은 작동하지 않고 오직 공간인식과 관련된 두뇌 부분만 작동했다. 즉 처음에는 다른 사람들이 틀렸다고 생각했지만 내 의견을 다른 사람들에게 맞추다 보니 그 오류가 이제는 진실로 둔갑해버렸다는 것이다. 여기서 얻을 수 있는 교훈이 있다. 오류는 단순히 의견뿐만 아니라 현실을 바라보는 인식까지도 바꾼다. 인간은 오류에 빠지는 순간 맹목적이 된다. 그렇기 때문에 오류인지 알면서도 쉽게 버리지 못한다!

실수하라,
그러면 하늘이 도울 것이다

저널리스트 캐스린 슐츠Kathryn Schulz는 저서 《틀린다는 것Being Wrong》에서 오히려 실수를 하라고 주장한다.[1] 인간은 실수로부터 창의력과 정보를 배울 수 있기 때문이다. 그렇다면 슐츠는 어떤 이야기를 하고 싶었던 것일까? 우리가 합리적으로 행동할 필요가 없다는 것? 멍청한 짓을 한다고 절망할 필요가 없다는 것? 아니면 우리의 약점을 기회로 생각해 축복하라는 것? 아마 이 전부에 해당할지도 모르겠다.

카너먼은 저서 《생각에 관한 생각Thinking, Fast and Slow》에서 우리의 생각 방식은 시스템 1과 2라는 두 가지 속도로 이루어진다고 주장한다.[2] 카너먼은 시스템 1을 가리켜 직관적 생각이라고 부른다. 시스템 1은 자동적이고 빠른 속도로 이루어지며, 눈에 보이는 것과 감각으로 느끼는 것을 최대로 동원하는 단계다. 그다음에는 모든 사람을 큰 단위로 분류해 편견을 갖고 본다. 이것이 통할 때도 있고 안 통할 때도 있다.

이어서 시스템 2가 작동한다. 정확하고 세밀한 이 단계에서는 고차원적인 정신적 활동이 이루어진다. 시스템 2에서는 함부로 쉽게 분류해 단정하지 않으므로 편견이 통하지 않는다. 귀찮아도 세밀하게 생각한다. 한 가지 단점이라면 너무 태평하다는 것이다. 시스템 1이 작동하면 사건이 터졌을 때 작은 행동이라도 하지만, 시스템 2에서는 그저 사건에 이끌려 간다. 혼란이 발생하면 시스템 2는 빗장을 걸어 잠그고 하나에 집중하며 에너지를 많이 소비한다. 대신 그만큼 얻는 것이 있다! 한마디로 우리가 제대로 생각해 결론을 도출할 마음만 있으면 시스템 2 덕분에 목표를 이룰 수 있다. 다만 우리가 이를 원하지 않을 뿐이다. 의지가 없으면 절대로 합리적인 생각을 할 수 없는 것이다.

1978년 노벨 경제학상을 받은 허버트 사이먼Herbert Simon도 인간은 합리성이 있지만 그 합리성은 제한적이라고 했다. 인간은 이런 식으로 살아남아 진화했기 때문이다. 우리 조상들이 포식자나 적과 마주쳤을 때 로댕의 〈생각하는 사람〉처럼 고민한 후 도망쳤다면 인류는 오래전에 멸종했을 것이다! 그래서 실수가 발생한다고 해도 순식간에 생각하고 판단하는 시스템 1이 필요했다. 만일 시스템 1로 생각해서 행동한 결과가 만족스럽지 못해 후회된다면, 이것은 우리가 보충적인 수단으로 가끔 사용할 만한 시스템 2를 함께 가지고 있기 때문이다.

엄격한 논리적 사고는 인간의 본성이 아니다. 그렇기 때문에 인간의 사고방식은 완전하지 않다. 대신 인간은 상황에 따라 생각하면서 복잡하고 불완전하며 불확실한 환경에서 살아남을 수 있었다. 인간이기 때문에 실수한다는 것이다. 실수도 인간의 한 부분으로 받아들여야 하지 않을까….

사법관이 제대로 (소화하는)
일을 할 수 있게 놔두자

형사법 법관들이 점심을 먹고 휴식을 취하거나 휴가를 보내고 나면 가석방 요청 중 65퍼센트가 통과된다. 그러다가 시간이 지나고 법관들이 다시 바빠지면, 모든 가석방 요청을 기각한다. 그다음에 휴식을 취하면 법관들 가운데 65퍼센트는 다시 관대한 판결을 내린다. 이스라엘 법관 여덟 명이 내리는 1,000건 정도의 판결을 분석한 결과다.[3] 판사들이 스트레스를 받거나 피곤하면 누구에게라도 엄격한 판결을 내린다는 것이다.

장 프랑수아 마르미옹

뇌의 자연적 논리

우리는 문제가 생길 때 그 요인을 명제논리로 해석한다. 즉 우리의 경험과 상관없이 추상적인 공식으로 해석하는 것이다. 예를 들어 "만일 a이면 b이다; a, 그러므로 b이다."(전건 긍정 논리) 혹은 "만일 a이면 b이다; 그러나 b가 아니다, 그러므로 a가 아니다."(후건 부정 논리)

쳉Patricia W. Cheng과 홀리오크Keith J. Holyoak의 실용적 추론 도식 이론

인간은 경험을 통해 얻은 지식을 조건 형식으로 생각한다(만일 ~하다면). 이 같은 사고에서는 앞의 조건에 따라 이후의 조건이 결정된다(예를 들어 자동차가 빨리 오면 위험하니까 길을 건너지 않는다).

존슨 레어드Philip Johnson-Laird의 정신 모델 이론

우리는 단순한 논리 규칙이 아니라 예시나 반례로 나타나는 상징으로 사고한다.

순수한 논리로
생각하는 사람을 비판하며

경제적 인간이라는 신화는 순수한 논리를 이용할 수 있다는 환상에서 나왔다. 경제적 인간은 확실한 몇 가지 전제로부터 믿을 만한 결론을 이끌어내는 귀납법으로 사고한다는 환상이었다.

귀납법 이론가들은 불확실한 상황에서 부분적인 관찰을 통해 하나의 일반 법칙을 이끌어내는 귀납법 이외의 추론 방법은 완전히 무시했다. 툴루즈 경제대학교의 연구소장 장 프랑수아 보네퐁 Jean-François Bonnefon은 이렇게 설명했다. "인간의 추론 방식은 각종 변수가 있어 복잡하다. 귀납법은 추론 방식의 일부분이다. 우리가 선호하는 것, 우리가 일어나기를 바라는 일, 우리가 되고 싶은 이상적인 모습이 전부 변수에 속한다. 오랫동안 우리의 추론 방식은 별개의 사례 위주로 연구되어 왔다. 그러면서 우리의 추론 방식이 바람직한지, 누구에게 이익인지에 대해서는 연구가 이루어지지 않았다. 마치 실용적인 목적 없이 생각을 위한 생각을 해온 것 같다."[4]

인간은 늘 귀납법으로 생각하고 싶어도 그럴 수가 없다. 이유는 간단하다. 생각을 전개할 수 있을 정도로 확실한 전제가 드물기 때문이다. "인간은 불확실한 상황에서 우왕좌왕할 수 있다. 우리는 이 사실을 익히 알고 있음에도, 이런 상황이 많지 않다고 생각한다." 보네퐁의 설명이다. "인간은 원래 불확실한 것을 다루는 능력이 있다. 귀납법이 작동하지 않을 때도 있다. 인간은 불확실한 생각도 할 수 있고 확실한 생각도 할 수 있다. 가장 많은 것을 해내는 사람이라면 가장 적은 것도 할 수 있다. 따라서 현재 이론가들은 가장 적은 것보다 가장 많은 것을 설명하려고 한다." 비현실적인 이론일수록 인간을 특별한 존재로 보며 인간의 실수와 사고 오류에 관심을 두지 않는다. 이상적인 세상이라면 인간의 합리성을 기준으로 세운 가정도 완벽했을 것이다. 그러나 현실에서는, 인간이 세우는 가정이란 정글을 감추고 있는 숲처럼 변수가 많다.

장 프랑수아 마르미옹

　　　　　　　　　　　　　　인간, 크게 착각하다

판단의 오류를
보여주는 예시들

인간이 아무렇게나 생각하는 법은 셀 수도 없이 많다. 하지만 여기서는 판단의 오류의 사례를 몇 가지 살펴보려고 한다.

○ 일반화의 오류

파트너로 활동한 카너먼과 트버스키의 유명한 고전 이론이다. 대표적인 사례가 '린다 문제'이다. 린다는 똑똑하고 사회 정의에 적극적인 30대 독신녀. 린다의 직업은 과연 무엇일까? 은행원? 여성운동가? 아니면 은행원이자 여성운동가?

우리는 대부분 린다가 은행원이자 여성운동가라고 생각할 가능성이 크다. 하지만 여기에 비논리적인 일반화가 있다. 린다의 특징과 관계없이, 통계적으로 생각하면 그녀는 은행원이자 여성운동가일 가능성보다 은행원이거나 여성운동가이거나 둘 중 하나일 가능성이 크기 때문이다.

◯ 기준점과 조정의 오류

제비뽑기로 번호 하나를 뽑고 나서 유엔의 회원국은 몇 개국인지 생각해보자. 제비뽑기로 뽑은 숫자가 올라갈수록 유엔 회원국의 예상 개수도 올라간다(정말이다. 실험으로 밝혀진 사실이다!). 어쩌면 우리는 우연히 발견한 기준점 하나를 가지고 예상하는 건지도 모르겠다. 그러나 우연히 발견한 기준점은 우리가 다루려고 하는 문제와는 관계가 없고 오히려 진실로 가지 못하게 방해하는 역할을 하기도 한다.

◯ 가용성의 오류

우리는 상상력을 최고로 자극하는 기억이나 가장 최근의 기억을 통해 예측한다. 즉 가장 떠올리기 쉬운 정보로 판단하는 것이다. 정신분열증 환자가 살인을 저질렀다는 뉴스를 들으면 그 정보가 머릿속에 각인된다. 정신분열증에 대해 잘 몰라도 정신분열증 환자는 모두 위험하다고 결론을 내린다. 기차는 제 시간에 도착한다는 일반적인 믿음도 마찬가지다. 이것만 믿다가 자칫 늦을 수 있다!

◯ 손해에 대한 거부감

우리는 10만 원을 번다는 생각보다 10만 원을 잃는다는 생각을 할 때 두 배나 강하게 마음이 동요한다. 손해에 대한 거부감으로 판단이 흐려지는 것이다. 카너먼과 트버스키의 이론에 나오는 사례가 대표적이다. 주식 투자가들은 주식을 오래 가지고 있다가 밑지고 되파는 일이 많다. 우리는 "더 많이 구입하세요"보다는 "구입을 줄이지 마세요" 같은 주장에 쉽게 동요된다. 마찬가지로 "돈을 더 벌려면 일하세요"보다는 "돈을 더 잃지 않으려면 일하세요"라는 주장에 쉽게 움직인다.

○ 틀짜기 효과

두 대의 비행기 중 하나를 선택해야 한다고 해보자. 첫 번째 비행기는 목적지에 무사히 도착할 가능성이 97퍼센트이고 두 번째 비행기는 추락할 가능성이 3퍼센트다. 여러분이라면 어떤 비행기를 탈까? 생각할 필요 없이 첫 번째 비행기를 타려고 할 것이다. 그런데 사실 두 비행기의 사고율은 똑같다. 형식만 바꿔서 말해주었을 뿐이다. 형식만 바꾸어도 우리의 판단력은 달라진다.

○ 확증 편향

흔히 저지르는 오류다. 우리가 지닌 세계관을 밝혀주는 요소에 집착하고, 우리가 지닌 세계관이 틀렸다고 하는 요소는 축소하거나 부정한다. 예를 들어보자. 당신이 우파라면? 〈르 피가로Le Figaro〉를 읽는다. 좌파라면? 〈리베라시옹Libération〉을 읽는다. 그리고 2001년 미국에서 9.11테러가 일어났을 때 이를 예견한 점성술사 세 명은 의기양양해하며, 예지력이 없는 수천만 명의 보통 사람들을 무시했다. 더 이상 선택지가 없거나 정말로 내가 틀렸다는 것을 과학적으로 증명해주는 근거가 나오지 않는 한 인간은 자신의 믿음을 쉽게 버리지 않는다.

○ 사후 과잉 확신 편향

"재판 결과가 놀랍습니까?"

"전혀요!" 정치분석학자가 대답한다. "애초에 다른 판결은 나올 수가 없죠!"

그리고 정치분석학자는 전반적인 사실과 경향을 하나씩 나열해 이런 상황이 발생한 이유를 논리적으로 증명하려고 할 것이다. 하지만 정치분석학자는 이전에 이런 말을 한 적이 없다. 그런데도 그는 마치 자신이 이미 예상했던 내용인데 미처 말로 표현하지 못했고, 다른 사람이 선수를 쳐서 먼저 말했다고 착각한다.

○ 권위에 호소하는 오류

어느 날 아침, 나폴레옹처럼 옷을 입은 사람이 행인들에게 방금 외계 비행 물체가 지나갔다고 경고하며 독성 외계 물질로부터 몸을 보호해줄 마스크를 건넸다. 같은 날 오후, 아침과 똑같은 사람이 똑같은 행동과 말을 하지만 이번에는 흰색 가운을 입었다. 행인들은 언제 더 진지하게 귀를 기울였을까?

사람들은 전문가의 말이라면 귀를 기울인다. 사회심리학자가

1960년대에 했던 가장 유명한 실험도 있다. 실험에 참가한 사람들은 과학자로 보이는 사람의 지시를 맹목적으로 따르며 한 번도 본 적 없는 사람들에게 전기 충격을 가했다.

○ 이기적 편향

성공하면 내가 잘해서라고 생각한다. 하지만 실패하면 다른 사람들이나 환경 탓이라고 생각한다. 단 기본적 귀인 오류와 혼동해서는 안 된다. 기본적 귀인 오류에 따르면 우리는 다른 사람들의 행동을 평가할 때 외부 요소가 무엇이든 그 사람들의 탓이라고 생각한다. 예를 들어 피델 카스트로Fidel Castro의 연설문을 읽는 사람을 본다면, 그 사람이 연설문을 읽어야만 하는 상황에 처했을 수 있는데도 그냥 그가 피델 카스트로의 연설문에 동조한다고 생각한다(이 내용으로 실험도 이루어졌다).

○ 잘못된 인과관계의 오류(혹은 착각적 상관)

서로 직접적인 관계가 없는 두 사건이라도 우연히 동시에 일어날 수 있다. 황새의 수와 아기의 수가 동시에 증가하는 현상이 대표적이다. 두 사건 사이에는 직접적인 관계가 없지만, 착각 때문에 관계가 있다고 보일 수 있다. 비슷한 사례도 있다. 20년 전 자폐증 환자가 급증했는데, 그 시기에는 마침 인터넷도 발달했다. 그러자 인터넷이 자폐증을 부추긴다는 주장이 나왔다. 옥스퍼드대학의 연구

원 수전 그린필드Susan Greenfield가 이렇게 주장했는데, 훗날 그린필드
는 이 잘못된 주장 때문에 비아냥을 꽤 많이 들었다.

○ 후광 효과

"당신, 눈이 정말 아름다워요…. 분명 당신은 다정하고 지적이
고 솔직한 성격일 겁니다. 심지어 겨드랑이에서도 좋은 향기가 날
것 같아요."

말도 안 되는 소리처럼 들리는가? 우리는 누군가를 볼 때 장점
하나가 크면 나머지 장점도 많을 것이라고 착각한다. 외모가 준수
한 학생이 점수도 쉽게 받는다. 외모가 단정한 학생은 좀 더 뛰어나
고 모범적일 것이라는 편견이 작용해서다. 씁쓸해도 현실이다. 외
모가 떨어지는 사람이 얼마나 부당한 대우를 많이 받겠는지 상상해
보라.

장 프랑수아 마르미옹

인간, 크게 착각하다

EWA DROZDA SENKOWSKA

에바 드로즈다 센코프스카

파리 데카르트대학교 사회심리학과 교수

멍청함과 인지 오류

이 책에 멍청함과 관련된 글을 쓴 학자 대부분과 마찬가지로, 나도 고백부터 하려고 한다. 나는 친구들과 열띤 토론을 벌이고 있을 때 글을 써달라는 부탁을 받아 단번에 그러겠다고 했다. 하지만 당시 제시된 제목인 '멍청함과 인지 오류'가 마음에 들지 않았다. 제목에 '멍청함'과 '인지 오류'를 나란히 두면 마치 멍청함과 인지 오류가 연결되어 있는 것 같은 오해를 불러일으키기 때문이다.

당시 머릿속에 뚜렷하게 떠오른 생각은 두 가지였다. 하나는 멍청함이 어리석음에 비해 부정적인 뉘앙스가 강한 표현이라는 생각이다. 멍청함은 그 자체로 상대방을 제어하는 강력한 힘이 있으며(다른 사람들에게 사용할 때) 자신을 억제하는 강력한 힘도 있는(우리 자신에게 사용할 때) 표현이다. 만일 "내가 멍청한 짓을 했어!"라고 말한다면 다시는 그런 멍청한 짓을 하지 않겠다는 뜻이다. 즉, 부끄럽다는 뜻이다!

다른 하나는 인지 오류가 분명 멍청함과는 다르다는 생각이다. 여러 변수 때문에 정보처리와 사고방식에 비논리적인 문제가 생기는 현상을 인지 오류라고 한다. 정보처리와 사고과정이 급속하게 축약되면서 오류가 생겨나는 것이다. 그러나 오류가 생겼다고 지성이 부족한 것은 아니다. 정보처리 과정에 오류가 생기면 생각과 행동이 따로 논다. 지혜나 지식, 능력을 오랫동안 제대로 사용하지 않으면 이런 오류가 생긴다. 연구진에 따르면 인간은 의심 자체를 할 줄 몰라서가 아니라 의심을 제대로 하지 않아서 판단에 실수가 생긴다.

멍청함과
예상 판단

예상 판단은 중요하다. 이것이 없다면 우리는 거의 살아갈 수 없을 것이다. 그러나 예상 판단 때문에 우리는 적절한 정보를 무시하고 이론적으로 맞지 않는 정보를 따르기도 한다. 무엇보다도 예상 판단 때문에 우리는 자신이 잘 모른다는 사실을 애써 무시한다. 즉, 우리가 맞다고 믿다가 실수한다는 뜻이다. 이렇게 보면 인간이란 멍청이에 가깝다.

흥미로운 이야기가 하나 있다. 변호사와 엔지니어 이야기다. 심

멍청함과 인지 오류

리학자들이 엔지니어 70명과 변호사 30명을 인터뷰했다는 이야기를 들었다고 상상해보자. 심리학자들은 인터뷰한 100명에 대해 각각 한 사람씩 특징을 요약한 파일을 작성했다. 그리고 여러분이 그 파일 중 하나를 뽑아 읽어본다. "장은 39세의 남성으로, 결혼했고 두 아이가 있다. 지역 정치 일을 열심히 한다. 취미는 희귀 도서 수집이다. 경쟁과 토론을 좋아하고 자기표현을 잘한다." 이 글을 듣고 사람들이 장을 엔지니어가 아니라 변호사라고 생각할 확률은 90퍼센트일 것이다. 그러나 사실 장이 변호사일 확률은 30퍼센트다. 왜 이런 현상이 나타날까?

장이 변호사일 확률을 예상하기 위해서는 두 가지의 정보가 필요하다. 하나는 표본에서 변호사가 나올 확률에 대해 우리가 이미 알고 있는 정보, 또 하나는 파일에 나온 장의 특징이 변호사의 특징일 확률과 관련된 정보다. 인터뷰한 100명 가운데 변호사가 30명이라는 정보가 제시되었으니 첫 번째 정보는 가지고 있는 셈이다. 따라서 장이 변호사일 확률이 30퍼센트다. 두 번째 정보는 제시된 적이 없다. 이론적으로 우리는 이 잘 모르는 정보를 만나 다음 두 가지 가정 중 하나를 선택할 수 있다.

1) 제시되지 않은 정보이니 이 사례와 관련이 없다.
2) 이것은 변하지 않는 '상수'다. 그러니 파일에 언급된 특징이 변호사의 특징일 확률과 엔지니어의 특징일 확률은 같다. 이 정보를 알든

모르든 확률은 변하지 않는다.

물론 위와 같이 생각하는 사람은 거의 없다. 이미 장의 특징은 변호사의 대체적인 특징과 비슷해서다. 장의 특징에는 우리가 엔지니어에게서 예상하는 특징이 없다. 이런 확신이 있기 때문에 장이 잘 모르는 사람인데도 왠지 그에 대해 잘 안다는 확신이 든다.

실제로 트버스키와 카너먼은 장을 변호사처럼 생각하도록 유도하는 특징들만 골라서 썼다. 파일에 적힌 장의 특징은 변호사의 이미지와 많이 겹친다. 그래서 우리 대부분이 쉽게 덫에 걸려, 주어진 묘사에만 집중하다가 결론을 내린다. 이를 '개별화'라고 부른다. 더 자세히 설명하지 않더라도 우리가 이미 알고 있는 변호사의 특징이 정확하다는 믿음이 관련되어 있다는 사실을 알아챘을 것이다.

우리는 전혀 의심치 않고 변호사들의 특징과 장의 특징을 비교해, 그가 전형적인 변호사의 특징을 보이며 변호사라는 사람들을 대표한다고 생각한다. 그러니 인터뷰한 대상의 비율을 보면 변호사일 확률이 엔지니어일 확률보다 적은데도 사람들은 장이 엔지니어라기보다 변호사일 가능성이 높다고 거의 확신한다. 심리학 용어로 '대표성의 오류'가 작용해서, 미리 주어진 확률 정보를 무시하고 개별화된 정보(묘사)만 받아들여 장을 변호사로 생각한 것이다.

다른 오류들처럼 대표성의 오류도 정신 활동을 경제적으로 하려는 지름길이다. 이것은 이론적으로 틀린 예상 결과를 내놓지만,

멍청함과 인지 오류

우리 중 많은 사람들이 그렇게 하고 있기 때문에 이상해 보이지 않는다. 우리가 깨닫지도 못한 채 저지르는 이런 오류들은 문제를 단순화해서 그 문제를 특정짓는 불확실성을 제거한다. 하지만 우리가 방금 보았듯, 편리함에는 대가가 따른다!

멍청함과
가설연역적 추리

앞에서 살펴본 예상 판단의 오류는 지성이 부족해 생기는 멍청함이라고 할 수 있을까? 그렇지 않다. 우리가 꼼꼼하게 의심을 하지 않고 성급히 확신을 할 때 생기는 오류일 뿐이다. 피터 웨이슨 Peter Wason의 '2, 4, 6' 이론을 살펴보면 더 명확히 이해가 될 것이다. 이 이론은 엄청나게 쉽다. 하지만 이 이론에 따르면, 여러분의 판단이 모두 틀렸다는 말을 듣기 전까지는 함정이 숨어 있다는 자체를 눈치 채지 못한다. '2, 4, 6' 이론도 잘 알려진 판단의 오류 중 하나이며, 이렇게 요약될 수 있다. "더 복잡하게 할 수 있는데, 뭣 하러 간단하게 하겠어?"

숫자 2, 4, 6이라는 나열을 만든 규칙을 찾아보는 실험에 참가했다고 상상해보자. 여러분이 생각하는 규칙이 맞는지 확인하려면 그 규칙에 해당될 다른 세 개의 숫자 조합을 제시할 수 있다. 여러분이 규칙을 생각해 말할 때마다 정답인지 아닌지 그 자리에서 듣는다.

대다수의 사람들과 마찬가지로 여러분이 우선 생각하는 규칙은 앞의 값에서 2씩 증가한 값을 나열하는 것이다. 그래서 이 생각에 맞춰 '8, 10, 12'라는 조합을 내놓는다. 하지만 정답이 아니라는 소리를 듣는다. 이번에는 점점 커지는 짝수라는 규칙을 생각해 '8, 42, 56'을 내놓는다. 이번에도 정답이 아니다. 서너 번 더 시도한 후, 여러분은 단순히 점점 커지는 숫자라는 규칙에 맞춰 '7, 36, 673'을 내놓는다. 그리고 기다리던 답변을 듣는다.

자, 마침내 정답을 찾았다! 하지만 정답을 빨리 찾지는 못했을 것이다. 이것을 빨리 맞추는 사람은 드물다. 여러분의 생각을 확신하지 않고 부정하다가 이런 일이 생기는 것이다. 만약 '증가하는 수' 법칙을 떠올렸다면 우선 '3, 5, 7'이라는 간단한 조합부터 생각해야 했다. 그런데 의외로 우리는 복잡하게 생각하며 원래 떠오른 생각을 부정하고 다른 복잡한 답을 찾는다. 그렇게 복잡한 생각을 밀고 나간다.

앞에서 예로 든 변호사와 엔지니어 맞추기 실험도 마찬가지다. 우리가 갖고 있는 선입관을 의심해보았다면 전형적인 변호사의 특징으로 알려진 것이 사실과 다를 수도 있다는 생각을 했을 것이다. 그러면 엔지니어도 지역 정치에 관심을 가질 수 있고 자기표현을 잘 하고 책을 모으는 취미를 가질 수도 있다는 생각을 했을 것이다.

멍청함과 인지 오류

위에서 살펴본 두 가지 실험을 통해 우리가 의외로 논리와 관계없이 한번 박힌 생각을 그대로 밀고 나가려는 성향이 있다는 것을 알 수 있다. 특히 '2, 4, 6' 실험은 일반적이기보다는 특수한 가정을 생각하려는 우리의 성향을 그대로 보여주기도 한다. 일반적인 가정은 지나치게 단순해 보여

무지는 지식을 흡수하는 강력한 원동력이다.

서 특별히 주목하지 않는 것이다. 바로 떠오르는 이 단순한 법칙을 정답으로 제시했다가는 나 자신이 멍청이처럼 보일 것이라 생각한다. 그래서 애써 어려운 답을 찾는다.

멍청함은
유익한 표현

무지하다고 멍청한 것은 아니다. 오히려 무지는 지식을 흡수하는 강력한 원동력이다. 단, 우리가 스스로 무지하다는 사실을 알고 인정해야 한다. 우리는 정보처리 오류 혹은 사고의 오류를 대부분 눈치 채지 못한다. 이런 오류는 밝혀진다고 해도 계속 작동한다.

그러나 자신이 충분히 안다고 확신하는 사람은 진정으로 멍청한 인간이다. 해리 프랑크푸르트Harry Frankfurt가《헛소리에 대하여On

Bullshit》에서 상세히 설명한 것처럼, 멍청함은 거짓말보다 끔찍하다. 멍청한 이야기를 하는 사람들은 진실 따위에는 관심이 없기 때문이다.

멍청함과 맞서려면 멍청함을 비난하고, 멍청한 것을 향해 멍청하다고 해야 한다. 자신에 대해서도 멍청하다는 말을 서슴지 않고 사용해야 한다. 제대로 생각하지 못한 자신의 무능력함이 창피하다고 고백해야 스스로 말과 행동을 절제하게 된다. 상대방이 멍청한 말과 행동을 하면 멍청하다고 해야 한다.

하지만 멍청하다고 할 때는 반드시 농담조로 해야 한다! 그래야 그 말이 경고의 역할을 하고, 우리의 결함을 알아보게 해주며, 행동을 조심하게 해줄 테니까.

멍청함과 인지 오류

DANIEL KAHNEMAN

───

대니얼 카너먼과의 만남

프린스턴대학교 심리학과 명예교수, 노벨경제학상 수상

───

생각은 두 가지 속도로 움직인다

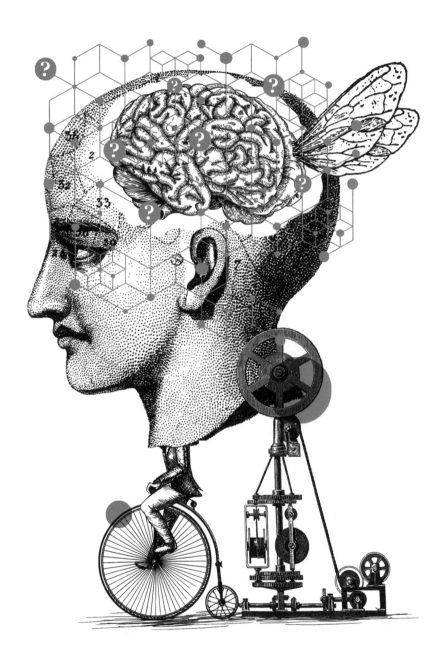

Q. ───── 인간에게는 정보를 처리하는 방법이 두 가지가 있다고 하셨습니다. 하나는 빠른 속도로 움직이는 시스템 1, 또 하나는 느린 속도로 움직이는 시스템 2라고 하셨지요. 시스템 1과 시스템 2의 특징은 무엇입니까?

A. ───── 두 가지 시스템은 서로 보완하는 관계입니다. 영국의 수도는 어디냐는 질문을 받으면 시스템 1 덕분에 특별한 노력을 하지 않아도 자동적으로 단어가 떠오릅니다. 시스템 1에서 세상, 욕망, 인상에 대한 해석이 이루어지고 이 해석이 시스템 2를 거쳐 신념과 결정으로 바뀝니다.

시스템 2는 상대적으로 복잡합니다. 시스템 2는 생각과 행동을 통제합니다. 시스템 1과 달리 시스템 2는 기억에 직접적, 자동적으로 접근하지 않으며 지나치게 느립니다. 일반적으로 시스템 2에서는 복잡한 곱셈식을 풀기 위해 꼼꼼하게 생각합니다. 시스템 2에서는 노력이 필요합니다. 여기서 우리는 행동의 주체가 된 것 같다는 생각이 들지요. '행동하는 것은 나야, 생각하는 것은 나야….'

주관적으로 보면 우리는 시스템 2와 잘 맞습니다. 즉 정신이 실제로 어떻게 움직이는가와 상관없이, 우리는 우리의 신념이 논리와 증거를 통해 정해졌다고 생각합니다.

Q. —— 시스템 1로 현실이 단순해지면 삶도 단순해질 수 있을까요?

A. —— 시스템 1을 통해 현실은 분명히 단순해집니다. 이것이 삶을 단순하게 만드는 과정인지는 모르겠습니다만, 이 과정에서 인지 오류가 나타나기는 합니다. 시스템 2에서 실수가 일어나기도 하지요. 만일 잘못된 무엇인가를 믿거나 상대성 이론이 이해가 안 된다면 시스템 2에 문제가 생겼기 때문입니다.

시스템 1은 어떠한 의도도 없이 자동적으로 생겨나므로, 감정의 문제이며 순수한 주관성과 관련됩니다. 이것이 시스템 2에서 받아들여지기도 하고 아니기도 하지요. 하지만 시스템 1은 단순히 감정을 드러내는 것보다 더 큰 역할을 하기도 합니다. 시스템 1은 인생에 대한 해석, 인식, 행동을 관장합니다. 그리고 시스템 2는 단순히 이성적으로 생각하는 것보다 더 큰 역할을 합니다. 마찬가지로 중요한 통제 기능을 하기 때문이지요.

생각은 두 가지 속도로 움직인다

Q. —— 만약 시스템 2가 시스템 1을 압도해야 하는 상황이 있다면 어떤 것일까요?

A. —— 문제의 해결책을 찾을 수 없거나, 두 가지 모순된 상황에서 갈등하거나, 논리 또는 행동 규칙에서 벗어나고 있거나, 심지어 무언가에 놀라는 상황도 그에 해당됩니다. 집중을 하면 머릿속에서 활발하게 활동이 이루어지거든요. 갈등을 해결하는 데 특화된 두뇌의 어떤 영역 덕분이지요.

Q. —— 그렇다면 시스템 1, 시스템 2와 관련된 두뇌의 영역은 정확히 어디입니까?

A. —— 시스템 2가 전두엽과 관련 있기는 하지만 두뇌의 어느 특정 부분에 해당한다고 딱 꼬집어 말할 수 없습니다. 제가 잘 모르는 이야기를 성급하게 하고 싶지는 않군요.

Q. —— 현재 제 질문에 정확히 답변하시기 위해 시스템 2를 사용하고 계십니까? 동시에 익숙한 분야에서 답변이 빨리 이루어지도록 시스템 1도 사용하고 계십니까?

A. —— 시스템 1은 대답을 빨리 내놓고 시스템 2는 이 대답을 확인합니다. 이 순간 시스템 2는 저의 프랑스어를 검사하기 위해 열심히 움직이고 있지요!

Q. ── 시스템 1과 시스템 2 가운데 하나만 가지고 산다면 일상은 어떻게 될까요?

A. ── 시스템 1만 가지고 산다면 훨씬 충동적이 되어 마치 어린아이처럼 머릿속에 있는 말을 그대로 내뱉을 것입니다. 술에 취한 상태와 비슷하다고 보시면 됩니다. 하지만 사회생활에는 지장이 없을 것입니다. 시스템 1만 있는 동물들도 고도의 사회생활을 할 때가 있으니까요.

반면 시스템 2만 가지고 살아간다면 어떻게 될지 모르겠습니다. 그때 인간은 열등한 컴퓨터가 되어버릴 테니까요.

Q. ── 꿈을 꾸고 있을 때는 완전히 시스템 1 상태입니까?

A. ── 솔직히 잘 모르겠습니다. 꿈 자체가 복잡한 문제라서요. 물론 어떤 의미에서는 시스템 1 상태지요. 의도 없이 그냥 자유롭게 꿈을 꾸니까요. 하지만 또 한편으로는 꼼꼼히 생각해서 꿈을 꾸겠다는 희망도 품을 수 있지요!

Q. ── 그렇다면 예술적 영감이나 직감은요?

A. ── 시스템 1의 결과로 나타나는 현상이지만 의도의 영향도 받습니다. 시스템 2는 의도적으로 기억 탐구를 할 수 있는데, 탐구를 하다 보면 의도하지 않았지만 자연스럽게 영감과 직감이 나올 때가 있습니다. 수학자 앙리 푸앵카레Henri Poincaré가 버스를 타다가

갑자기 문제의 해답을 찾은 것처럼요.

Q. —— 우리는 시스템 1로 삶의 의미를 끊임없이 찾는다고 하셨습니다. 인간은 우연을 별로 안 좋아하나요?

A. —— 어쨌든 인간은 불확실한 것을 싫어하지요. 사실 우리는 우연을 잘 식별하지 못합니다. 우리는 계속해서 이야기를 만들어내고 주변 환경을 해석합니다. 주변 환경 해석은 시스템 1이 작동한 결과입니다. 시스템 2를 통해 시스템 1이 포착되어 채택이 되기도 합니다.

Q. ─── 우리가 두 시스템 중 하나만 지나치게 사용하면 균형이 깨져버리고, 결국 정신질환이 생기나요?

A. ─── 물론입니다. 오랫동안 자기비판을 하면 우리는 스스로 굳어져버려서, 마침내 시스템 2가 시스템 1을 통제하지 못하게 됩니다. 물론 시스템 1만 지나치게 사용해도 강박증 같은 정신질환이 생길 수 있습니다. 시스템 1은 이미 여러 번 해보았기 때문에 모든 것을 빠르게 처리합니다. 우리는 시스템 2가 아니라 시스템 1 덕분에 운전을 할 수 있고, 생각을 표현하기 위해 단어를 선택할 수 있으며, 이를 통해 자기 자신을 향한 시각을 결정할 수 있습니다. 이것은 우리의 이야기나 기억에 꼭 필요하지요.

Q. ─── 선생님께서는 인지 편향을 연구하시면서 경제적 인간에 대한 우리의 이미지가 대체로 잘못되었다는 사실을 보여주셨는데요. 하지만 민주주의도 기본적으로는 시민이 합리적으로 찬성하고 반대하는 의견을 가진 후 최종 투표를 해야 제대로 돌아간다고 생각합니다. 실제로 우리의 정치적 신념을 정하는 것은 시스템 1입니까, 아니면 시스템 2입니까?

A. ─── 시스템 1입니다. 우리의 정치적 신념은 논리로 정해지는 것이 아닙니다. 존경하는 사람, 신뢰하는 사람을 따르다 보니 정치적 신념이 기우는 것입니다. 정치 활동을 전반적으로 통제하는 것은 감정입니다.

민주주의에서 합리적인 인간이라는 신화가 여전히 중심적인 위치를 차지하는지는 솔직히 잘 모르겠습니다. 완벽한 합리주의가 없어도 민주주의는 작동합니다. 민주주의는 자신의 이익을 대변하는 것을 위해 찬성표를 던지는 사람들만 있으면 충분하니까요.

그러나 추상적이고 위험 확률이 애매한 분야에서는 민주주의가 작동하지 않습니다. 기후 변화 문제가 대표적이지요. 시스템 1은 추상적인 위협 앞에서는 제대로 작동하지 못합니다. 위협이 구체적이지 않으면 감정을 일으킬 수 없고, 감정이 없으면 행동을 만들어낼 수 없습니다. 현재는 잘 와 닿지 않는 위협도 심각하게 인식하려면 시스템 2가 작동해야 합니다. 따라서 시스템 2를 자극하는 적절한 방법을 찾아야겠지요.

Q. —— 선생님 저서인 《생각에 관한 생각》에서 '넛지nudge'라는 자유주의적인 통제를 언급하셨습니다. 넛지는 사람들이 올바른 결정을 할 수 있게 돕자는 개념이지요. 하지만 우리가 시스템 2를 동원한다면 역시 바람직하고 충분한 해결책을 얻을 수 있지 않습니까?

A. —— 넛지는 사람들이 멍청한 짓을 하지 못하게 억제하면서, 동시에 개인의 자유를 해치지 않는 방식이기 때문에 효과적입니다. 그러나 문제가 너무 많을 때는 넛지 방식이 제대로 통하지 않을 수도 있습니다. 실제로 기후변화 문제가 생기면 넛지가 어떻게 필요

한 사회 및 경제 변화를 일으킬 수 있을지 알 수 없거든요. 특히 시스템 1은 머나먼 미래에는 관심이 없습니다.

넛지는 개인이 최선의 결정을 쉽게 내릴 수 있도록 도울 뿐 강요는 하지 않는 방식입니다. 인간의 합리성에 지나치게 기대서는 안 됩니다. 스물다섯 살 된 사람에게 먼 훗날 하게 될 은퇴를 위해 무엇인가를 결정해야 한다고 말해 봤자 와 닿지 않잖아요.

Q. ——— 심리학자로서 노벨경제학상을 수상하셨습니다. 심리학을 더욱 알리기 위해 노벨심리학상을 창설하는 것에 찬성하십니까?

A. ——— 꼭 그렇지는 않습니다. 심리학자들이 정치적, 사회적으로 영향력을 끼치려면 경제학자들에게 압박감을 주어야 합니다. 이미 이루어지고 있는 일이지요. 사르코지 행복위원회가 대표적입니다. 넛지는 경제의 한계를 보완하기 위해 심리학 요소 차원에서 생각하는 방식입니다.

그리고 저는 노벨상이 인간의 행복에 그리 큰 역할을 하지는 않는다고 생각합니다. 노벨상을 탈 때의 기쁨보다 노벨상을 기대했다가 타지 못할 때의 고통이 더 크니까요.

Q. ——— 현재 심리학이 추구해야 하는 중요한 목표는 무엇입니까?

A. —— 학문에 목표를 세워야 할 필요는 없다고 생각합니다. 앞으로 어떤 일이 일어날지 모르기 때문에 목표를 세우는 건 부질없습니다. 다만 적어도 앞으로 20년 동안, 심리학이 두뇌 연구를 중점적으로 할 것 같다는 말씀은 드릴 수 있습니다. 특히 두뇌 연구는 현재 학생들과 교수 지망생들이 관심을 보이는 학문입니다. 그러나 비용도 많이 들고 예산도 많이 필요해서, 불만이 있는 심리학자 동료들도 있고 신랄하게 비판하는 심리학자 동료들도 있습니다.

하지만 심리학 부문에도 흥미로운 일이 일어나고 있지요. 바로 기술의 도입입니다. 심리학의 방식도 기술을 통해 달라지고 있습니다. 두뇌의 영향을 측정하는 기술이 어디까지 갈지는 아직 모르겠습니다. 차세대 기술이 어떻게 될지도 지켜봐야 합니다. 어쨌든 심리학은 기술이 이끌어 가게 될 겁니다. 이것만은 확실합니다.

인터뷰어: 장 프랑수아 마르미옹

넛지란
무엇일까

넛지는 직역하면 '옆구리 찌르기'다. 문맥상으로는 '도움'이라는 뜻이다. 자유를 보장하는 보호주의라 할 수 있다. 넛지 이론은 시카고대학교 경제학과 교수이자 2017년 노벨경제학상 수상자인 리처드 탈러Richard Thaler, 하버드대학교 법학과 교수이자 오바마 정부의 규제정보국 대표를 지낸 캐스 선스타인Cass Sunstein이 내놓았다.

넛지 이론은 시민들이 즉각 바람직한 행동을 하고 자유롭게 거절할 수 있는 환경을 만들자고 주장한다. 예를 들어 직장인들에게 연금 가입을 권하고(거절해도 되지만 거의 그러지 않는다), 복사기를 양면 인쇄 모드로 조정하고(인쇄 형식을 바꿔도 되지만 그러는 사람은 거의 없다), 계단을 검은색과 흰색으로 칠하는 등(느릿느릿 올라가도 되지만 실제로 사람들은 이렇게 하면 계단을 오를 때 대부분 속도를 높인다)이다.

장 프랑수아 마르미옹

생각은 두 가지 속도로 움직인다

카너먼은 연구를 종합한 저서 《생각에 관한 생각》에서 트버스키를 언급했는데, 이는 결코 우연이 아니다. 그는 들어가는 글부터 본문 전체에 이르기까지 트버스키에게 끝없이 찬사를 보냈다.

서로 떨어질 수 없는 관계인 두 사람은 1969년 어느 날 행복한 만남을 가졌다. 예루살렘 히브리대학교에서 심리학 교수로 있던 35세의 카너먼은 세 살 아래의 동료 트버스키를 세미나에 초청해 강연을 부탁했다. "트버스키는 똑똑하고 달변가에 카리스마가 넘쳤다." 카너먼의 글이다. "놀라울 정도로 농담을 잘 기억했다가 논문에도 활용할 만큼 천재적이어서 같이 있으면 지루할 틈이 없었다." 두 사람은 매일 통계를 다루었으나 실험의 수많은 결과를 제대로 예상하기란 역부족이라는 사실을 알았다. 그래서 저명한 통계학자들을 대상으로 조사하면서 동일한 오류를 확인했다.

이후 카너먼과 트버스키는 심리학 분야에 한정하지 않고 다양한 분야를 넘나들며 30년 가까이 판단과 의사결정을 공동으로 연구했으며, 1978년 미국으로 떠나 여러 대학에서 강의를 했다. 두 사람의 공동 연구가 만들어낸 성공 중 하나가 1974년 〈사이언스〉에 실려 주목을 끌었는데, 바로 인지 편향이다. 그리고 1979년에 발표한 예측 이론을 통해 두 사람은 경제적 인간들이 자신들의 거래에 영향을 미치는 '손해에 대한 거부감'을 얼마나 가지고 있는지를 증명했다.

카너먼은 연구 업적을 인정받아 2002년 노벨경제학상을 받았다. 트버스키가 1996년에 먼저 저세상으로 가지 않았다면 그는 트버스키와 상금을 나누어 가졌을 것이다. 카너먼은 이렇게 말했다. "지리적으로 떨어져 있어서 우리의 인생이 복잡해졌다. 그 전까지 아모스와 나는 운 좋게도 같이 연구할 수 있었다. 우리가 발견한 이론은 공동 연구였기에 가능했다. 각자 독립적으로 연구했다면 발견하지 못했을 것이다. 공동 연구 작업은 생산적이면서도 재미있다."

장 프랑수아 마르미옹

Pascal
Engel

파스칼 앙젤

철학자, 사회과학고등연구원 학과장

바보 같은 짓에서 쓸데없는 짓까지

바보 같은 사람을 나타내는 표현은 다양하다. 아둔한 인간, 천치, 백치, 미련퉁이, 멍한 인간, 어리석은 인간, 얼간이, 저능아, 머리 나쁜 인간…. 과연 이 중 멍청이가 최악의 표현일까? 아니면 이 표현들이 모두 똑같을까?

바보 같은 짓이라는 말은 그 의미도 모호할 뿐더러, 사실 단순히 창피를 주기 위해 쓰인다. 바보 같은 짓을 뜻하는 어휘도 언어권과 문화권마다 다양하기 때문에 보편적인 하나의 표현을 찾기는 힘들어 보인다. 멍청한 짓의 형태가 너무 다양하기 때문에, 고대 시대부터 많은 사람들이 이를 명확히 정의하려고 했으나 딱 맞는 표현을 찾지 못해 일찌감치 포기했고 그때부터 혼란이 더 심해졌다.

인간의 멍청함을 주로 다루는 희극과 풍자도 마찬가지다. 아리스토파네스Aristophanes에서 루키아노스Lukianos, 유베날리스Decimus Iunius Iuvenalis에서 페르스Saint-John Perse, 에라스무스Desiderius Erasmus에서 스위프트Jonathan Swift와 포프Alexander Pope, 몰리에르Molière에서 볼테르Voltaire, 페이도Georges Feydeau와 라비슈Eugène Labiche에서 자리Alfred Jarry, P.G. 우드하우스Pelham Grenville Wodehouse에서 플래너리 오코너Flannery O'Connor 등 희곡 작가나 풍자 작가 대부분은 인간의 멍청함을 광인들의 배, 축제, 동물원 가운데 어떤 표현으로 나타낼지 공통 어휘를 찾지 못하고 그저 멍청함의 사례를 잔뜩 나열한다.

여기에 철학자가 이론을 더하면 또 다른 이론이 나타난다. 플로베르Gustave Flaubert에서 블루아Leon Bloy, 무질Robert Musil에서 곰브로비치Witold Gombrowicz, 사르트르Jean Paul Sartre에서 쿤데라Milan Kundera까지, 문학마저도 멍청함을 분류해보려다가 실패해 멍청함이 "그냥 그런 것들이다"라고 씁쓸하게 인정했다.

멍청함에도
정도가 있다

멍청함을 종류별로 나눠보기는 힘들지만, 그렇다고 못할 것도 없다. 멍청함에도 정도가 있다. 멍청한 인간마다 고유의 성향이 있기 때문이다.

정도가 가장 낮은 것은 단순히 아는 게 없어서 동물이나 식물 수준으로 아둔한 인간들이다. 입을 열기만 하면 사람들이 놀랄 정

바보 같은 짓에서 쓸데없는 짓까지

도로 아둔한 인간. 너무 아둔해서 마치 흙이나 돌처럼 느껴질 정도다. 그보다 한 단계 위로는 천치와 백치가 있다. 이해력이 너무 달려서 머리에 병이 있는 것처럼 느껴질 정도의 인간이다. 천치와 백치는 유전자 문제 때문일 수도 있다. 이들보다 한 단계 위로는 서툴지만 마음은 착한 미련퉁이들이 있다.

미련퉁이들보다 위 단계는 허풍쟁이다. 허풍쟁이는 머리가 비지도 않았고 판단력이 좋을 때도 있다. 하지만 행동이 서툴고 자만심이 있다. 자랑을 좋아하고 사람들과 어울리는 것을 좋아한다. 아둔한 인간이 혼자인 것과 달리 허풍쟁이는 사교적이다. 다만 허풍쟁이는 과장을 즐기며 능동적이다. 배우는 것을 귀찮아하지도 않고 지식을 얻기도 하지만 제대로 응용과 활용을 하지 못할 뿐이다.

허풍쟁이보다 위 단계는 오스트리아 소설가 무질이 말한 '똑똑한 바보'가 있다.[1] 똑똑한 바보는 박식하고 교양이 넘치며 사회에서 활약하기도 한다. 하지만 그에 맞는 행동이 따라주지 않는다. 똑똑한 바보는 감정과 이성이 제대로 조화를 이루지 못해 감정적으로만 행동하다 보니 말도 안 되는 계획을 세운다. 그리고 속물주의에 빠져 왜 남을 존중해야 하는지 모른다. 프루스트의 《잃어버린 시간을 찾아서À la recherche du temps perdu》에 나오는 베르뒤랭 부인이나 《특성 없는 남자Der mann ohne eigenschaften》에 나오는 아른하임과 스텀 장군처럼 계획이 많은 사람, 스위프트의 《겸손한 제안A Modest Proposal》에 나오는 작가처럼 계획만 세우는 사람이 대표적이다.

똑똑한 바보는 도덕심이 부족하다. 여느 바보들과 마찬가지로 수단이 목적에 맞지 않아도 아랑곳하지 않고 목적 자체에만 몰두한다. 똑똑한 바보는 다른 사람들에게 영향을 끼칠 수 있기 때문에 악덕이라고 할 수 있다. 멍청한 인간이라고 해서 머리가 나쁘다고 생각하면 오산이다. 머리는 좋은데 짓궂고 잔인한 멍청이가 있다. 이런 멍청이는 도덕적인 가치나 지식의 가치를 무시할 때가 많다.[2]

어리석음과
헛소리

똑똑한 바보는 일반적인 의미의 바보와는 다르다. 그래서 해리 프랑크푸르트는 똑똑한 바보를 가리켜 '얼빠진 놈'이라고 불렀다.[3]

얼빠진 놈은 진실인지 거짓인지에 관심 없이 아무 말이나 지껄이는 인간이다. 파티나 업무상 모임에서 마주칠 수도 있지만 주로 언론이나 광고 분야에서 가장 많이 마주친다. 이런 놈들은 기본적으로 말이 많은데, 그래서 프랑크푸르트가《헛소리에 대하여》라는 제목의 책을 쓴 것이다.

하지만 단순히 멍청한 행동이나 말을 한다고 해서 얼빠진 놈은 아니다. 진실과 거짓에 아랑곳하지 않고 진실 자체에 신경을 쓰지 않을 때 얼빠진 놈이라고 한다. 프랑크푸르트는 얼빠진 놈이 거

바보 같은 짓에서 쓸데없는 짓까지

짓말쟁이와는 다르다고 주장한다. 적어도 거짓말쟁이는 진실이 무엇인지 알고는 있지만 거짓말을 그럴듯하게 하기 위해 진실을 숨긴다. 그러나 얼빠진 놈은 진실 여부 자체에 신경을 쓰지 않는다.

멍청한 말은 단순한 바보짓이나 거짓말과는 다르다. 멍청한 말을 만들어내면 진실과 지식의 가치를 무시하는 행위가 되기 때문이다. 정치권의 연설에서 흔히 보이는 사기 같은 말들이다. 철학자 니콜라 말브랑슈Nicolas De Malebranche는 "어리석음과 재치는 공통적으로 진실을 알려고 하지 않는다. 그러나 차이가 있다면 어리석음은 진실을 존중하지만 재치는 진실을 무시한다"고 했다. 따라서 멍청한 말이야말로 최고의 멍청한 짓이다.

멍청한 인간은
생각이 너무 많다

멍청한 인간은 단순히 이해력이 부족한 사람이 아니다. 지적능력이 부족하거나 판단력이 없는 사람도 아니다. 에라스무스 같은 고대의 사람들은 멍청한 짓을 지혜, 이성과는 어느 정도 대비되는 개념으로 봤으나 완전히 반대 개념으로 보지는 않았다.

멍청한 인간도 생각하는 것을 좋아한다. 문제는 생각을 너무 많이 해서 탈이다. 몰리에르가 쓴 희극 〈학식을 뽐내는 여인들Les

Femmes Savantes〉에도 이런 말이 나온다. "생각이 너무 많으면 이성이 물러나버린다." 멍청한 인간은 단순히 골이 빈 사람이 아니다. 오히려 생각이 너무 많고 지나치게 의미를 부여해 엉뚱한 생각을 하는 사람이다.

생각을 너무 많이 하는 멍청한 인간은 라 브뤼에르Jean de La Bruyère에서 보브나르그Luc De Clapiers Vauvenargues에 이르는 고전주의 시대의 유명한 도덕주의자들과 스위프트, 볼테르 같은 유명한 풍자가들이 선호하는 테마였다. 도덕주의자와 풍자가 들은 이성은 제대로 사용해야 의미가 있다며 생각을 지나치게 많이 하는 태도를 비판했다. 이성도 정도껏 사용해야 감정적이 되지 않는다고 본 것이다. 반대로 낭만주의자들은 감정의 힘과 가치를 높이 평가했고 차가운 이성은 바람직하지 않다고 보았다. 낭만주의자들은 광기에 매혹되었으며 멍청함과 이성을 동일시했다.

칸트는 경험보다 이성이 지나치게 중시되면 환상에 빠질 수밖에 없다고 강조했다. 쇼펜하우어에 이어 니체도 칸트의 생각과 비슷했다. 이성은 본래 부자연스럽게 과장된 것이기 때문에 지나치게 이성만 강조하면 어리석어질 수 있다고 본 것이다. 작가 조르주 피카르Georges Picard의 표현을 빌리자면 "이성 자체가 멍청하다."

철학자 알랭 로제Alain Roger는 유명한 저서《어리석음의 지침서 Bréviaire de la bêtise》에서 '충분한 이성'이라는 테마를 다루었다. 로제는 자신이 매우 이성적이라고 착각하는 사람을 오만한 멍청이로 본다.[4] 멍청한 인간은 모든 질문을 이분법적으로 한다("내가 좋아, 싫어?"). 멍청한 인간은 모순을 견디지 못한다("서로 반대인 두 가지를 모두 가질 수는 없어"). 특히 멍청한 인간은 같은 표현을 반복해서 사용하며 단정적으로 말한다("비즈니스는 비즈니스야", "유태인은 유태인이야"). 또한 자신의 생각만이 옳다고 확신하며 자기만족에 빠진다. 멍청한 인간은 무엇에 대해서든 그 정체성이 원래 정해져 있다고 확신하기 때문에 단정적으로 이야기한다("동전은 동전이야", "여자는 여자야").

멍청한 대중의
시대가 도래하다

사회통념이란 곧 대중의 생각이다. 낭만주의자들은 대중과 대비되는 개념으로 개인을 내세운다. 개인만이 이성과 예술을 마비시키는 탈개인화(집단주의)에 맞설 수 있다고 본 것이다. 20세기 이후 예술은 멍청해졌다. 멍청함을 아름다움으로 포장하고 병든 미학을 나타내는 키치예술이 대표적이다.[5]

그러나 12~13세기 때와 마찬가지로 지금도 개인은 멍청한 짓을 하고, 이러한 개인들이 모여 멍청한 대중을 이룬다. 미디어의 고질병인 유언비어가 인터넷, SNS까지 퍼졌다. 유언비어가 손쓰기 힘들 정도로 대량 유포되다 보니 하나의 정치적 힘이 되어버렸다. 유언비어는 '탈진실' 시대의 산물이다. 이제는 우리가 '가짜 뉴스의 시대'에 살고 있다고 해야 할 판이다. 문제는 우리가 유언비어를 듣고도 그것이 진실인지 아닌지에 별로 관심이 없고 유언비어가 만들어 내는 결과만 즐긴다는 사실이다.

물론 이성도 지나치면 멍청함이 된다. 니체에서 하이데거, 사르트르에서 푸코에 이르는 모든 사상가들이 이성과 계몽주의가 대중문화, '조작술', 전체주의를 낳았다며 이성의 딜레마를 비판했다. 이 사상가들은 낭만주의자들과 마찬가지로 이성의 딜레마를 해결하고자 비합리주의를 선택할 때가 많았다. 하지만 멍청함이라는 병을 치료하려면 이성을 극단적으로 버려서는 안 된다. 그보다는 비판적인 이성을 적절하게 사용해야 한다.

바보 같은 짓에서 쓸데없는 짓까지

Pierre
Lemarquis

피에르 르마르키

신경학자, 에세이스트

뇌 속의 멍청함

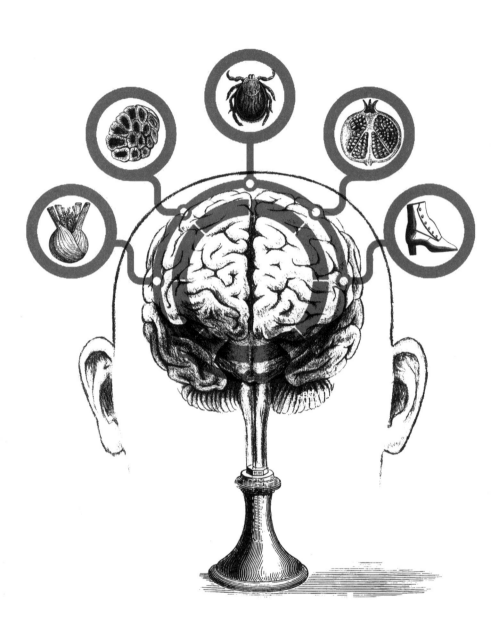

장 프랑수아 마르미옹으로부터 두뇌에서 멍청함이 차지하는 위치에 관해 글을 써보지 않겠냐는 질문을 받았을 때 정말로 흥분이 되었다. 이유는 잘 모르겠지만, 나는 글을 쓰겠다고 그 자리에서 대답했다. 처음에는 초창기 제임스 본드와 움베르토 에코Umberto Eco의 소설 《장미의 이름Il nome della rosa》에 대해 쓰는 것인 줄 알았다. 그런데 글로 다루어야 하는 주제가 생각보다 훨씬 중요한 것이었고 유명 출판사를 통해 나오는 책에 실린다고 하니 영광스러웠다.

그러나 기대도 잠시, 정작 두뇌와 멍청함을 연구하는 신경과학 연구소는 단 한 군데도 없었다. 두뇌 속에서 일어나는 멍청함은 우리의 일상에서 매우 중요하게 다루어야 하는 주제인데 말이다. 나에게는 혁신이 필요했다. 처음 글을 의뢰받았을 때 왜 흥분이 되었는지 그제야 이해가 되었다. 진실을 탐구하는 나의 본능과 맞아떨어졌기 때문이다! 뿐만 아니라 신경과학 연구와 독서에서 얻은 지식이 글을 쓰는 데 도움이 될 것 같았다.

　나는 그림 하나를 떠올렸다. 정신분석학자 자크 라캉Jacques Lacan 조차도 자신의 욕실에 소장하며 초현실주의적인 덮개로 숨겨두 었던 바로 그 그림, 귀스타브 쿠르베Gustave Courbet의 〈세상의 기원 L'Origine du monde〉이다. 아마 나체의 여성이 정면에 성기를 드러내고 누워 있는 이 그림을 알고 있을 것이다. 프랑스어로 '멍청이'를 뜻 하는 'con'은 속어로 여성의 성기를 뜻하기도 한다. "이제 여러분께 놀라운 것을 보여드리겠습니다." 라캉은 유명인들을 손님으로 초 대해놓고 〈세상의 기원〉을 소개하기에 앞서 이렇게 말했다. 그리고 레비 스트로스에서 마르그리트 뒤라, 피카소에 이르는 손님들이 그 림에 매료되는 모습을 은밀히 관찰했다.

　우리는 모두 미성숙된 상태로 태어나고, 적어도 생후 15개월은 더 따뜻한 곳에 있다가 세상과 맞닥뜨려야 한다. 이때 우리에게 가 해지는 초기 스트레스는 평생 남게 된다. 마치 잊은 것 같아도 두뇌 속에 계속 남아 있다.

　마찬가지로 우리의 두뇌도 너무 빨리 진화하다 보니 그 속에 서는 늘 전쟁과 이익 다툼이 일어나고 있어, 결정 하나 내리는 것도 힘들 때가 많다. 그러다가 어이없는 결정을 할 때도 많다!

　　　　　　　　　　　　　　　　　뇌 속의 멍청함

뇌 속의
남북 전쟁

이론적으로 두뇌의 기능은 간단하다. 티치아노Vecellio Tiziano의 그림 〈신중함의 알레고리An Allegory of Prudence〉와 비슷하다. 그림 속에는 생애의 연령대를 상징하는 세 사람의 얼굴이 나온다. 티치아노는 아들, 입양한 손자와 함께 있는 노인의 모습을 그리고 나서 다음과 같은 글을 적어놓았다. "현재는 과거를 참고하여 미래에 자신의 행동을 부끄러워하지 않기 위해 신중하게 움직인다."

우리의 두뇌는 마치 미래를 예측하는 기계처럼 작동한다. 두뇌는 주변 환경에 적응해 우리의 생명을 유지시키는 것이 목표이기 때문에 유연하다. 두뇌의 뒷부분은 감각을 통해 얻은 정보를 암호화해 기억처럼 간직한 정보와 비교대조한 후, 전두엽과 상의해 최선의 행동을 제안한다. 이렇게 두뇌라고 하는 커다란 배가 훌륭하게 작동하면서 우리는 앞으로 나아갈 수 있다. 두뇌는 '집행 능력'을 발휘해 미래를 위한 최선의 행동으로 우리를 인도한다.

이것이 우리 두뇌에서 가장 합리적이고 현명하며 절제하는 신인 아폴론에게 헌정된 '건조한 부분'이다. 그러나 언제나 전두엽의 지휘에 따라 행동하면 우리의 삶은 지루하기 짝이 없을 것이다. 이렇게 되면 우리의 두뇌가 컴퓨터로 대체될 수도 있다. 그러니 이미 확률에 관심이 있었고 인공두뇌를 만들려는 꿈을 꾸었던 논리학자

튜링Alan Turing이 정보 언어를 개발하지 않았는가?

하지만 두뇌 속 오래되고 깊은 곳에 위치한 부분인 기쁨과 보상 회로, 그리고 삶의 의지를 높이는 호르몬으로 가득 찬 '축축한 부분'은 디오니소스가 감시하고 차지한다. 이 부위는 미친 말과 같아서, 자신을 길들이려는 불안정한 주인에게 반대하는 것밖에 하는 일이 없다. 숱한 생쥐들과 인간들이 이 중독적인 보상 회로를 자극하다가 죽음에 이르렀다. 어느 날 충동에 사로잡혀 부적절한 한순간의 쾌락을 추구하다가 창창한 앞길을 망치는 사람들이 많다. 섹스나 돈에 사로잡혀 멍청한 인간이 되는 것이다. 지적인 사람도 예외는 아니다.

우리의 뇌는 곧 대처와 체 게바라 간의 싸움이다.

뇌 속의
동서 전쟁

우리 두뇌가 지닌 얼마 안 되는 능력, 즉 이중성을 갉아먹는 갈등이 또 있다. 서로 연결된 좌뇌와 우뇌 사이에서 일어나는 갈등이다.

좌뇌와 우뇌는 겉모습만 비슷하지 성향은 완전히 다르다. 좌뇌

뇌 속의 멍청함

는 공정하고 보수적이며 계산에 능하다. 언어를 담당하는 좌뇌는 세상의 절반만을 탐험하고, 올바른 길을 걸으며, 만약 그의 이란성 쌍둥이 같은 우뇌가 영혼을 포기하면 좌뇌가 그의 본성을 밝혀낸다. 또한 좌뇌는 왼쪽 시야에 있는 것을 보지 못하며, 그래서 문에 부딪히기도 하고 자기 접시의 오른쪽 절반에 놓여 있는 음식만 먹으며 종이의 오른쪽 절반에만 그림을 그린다. 꿈과 서정성이라고는 없이 열심히 일만 하는 개미와도 같은 좌뇌는 은유를 이해하지 못하고 모든 것을 합리적으로 생각하려고 한다. 예를 들어 좌뇌는 별무리 속에서 별자리를 보려고 하고 우연한 현상을 관찰하며 반복, 코드, 연결고리를 찾아 의미를 부여해야 직성이 풀린다. 좌뇌는 이론적인 통제를 즐긴다.

그러나 좌뇌가 저지르는 가장 큰 죄는 형제인 우뇌를 끝없이 구속하는 것이다. 혁명적이고 서정적인 우뇌는 모든 멜로디를 이해하고 얼굴과 목소리를 일치시킬 줄 안다. 우뇌는 전반적으로 세상을 이해하는 관점을 지녔지만 예산을 짜거나 두 단어씩 짝지어 병렬식으로 나열하는 것은 못 한다. 좌뇌를 대처에, 우뇌를 체 게바라에 비유하면 될까?

자, 정부는 극단주의자들로 가득하다. 극단주의자들은 정작 자신들이 균형을 유지한다고 착각한다. 그러나 무엇이든 극단적이면 어느 쪽으로 결정해야 할지 결정 방향을 제대로 정할 수 없다.

중독성 있는
멍청한 인간들

우리는 누구나 멍청이가 될 수 있다. 그런데 특히 쉽게 멍청한 인간이 될 수 있는 부류가 있다. 두뇌 안에서 일어나는 갈등을 진압하는 전두엽은 성인이 되어야 제대로 작동한다. 그래서 나이가 어릴수록 충동적이고 약점을 그대로 드러내 멍청하게 구는 것이다. 또 뇌경색이 오면 알츠하이머가 아니더라도 늙어서 멍청이가 될 수 있다. 아무 생각이 없어지고 문화생활이나 사회활동을 적극적으로 하려고 하지 않는다.[1]

그러나 지적 수준은 판별하기가 힘들다. 노벨상 수상자나 정부 관계자도 멍청한 짓을 할 수 있고 판매직 동료도 멍청한 말을 할 수 있다. 이탈리아 경제학자 카를로 마리아 시폴라Carlo Maria Cipolla는 하룻밤 만에 필명으로 쓴 걸작 저서 《인간의 멍청함에 통용되는 기본 법칙Le leggi fondamentali della stupidità umana》에서 멍청함이 얼마나 위험한지 보여준다. 멍청한 인간과 엮이는 순간 같이 침몰한다는 것이다!

지적인 두 사람이 손을 잡으면 양쪽 모두에게 생산적이다. 강도는 도둑질만 할 뿐 멍청한 인간보다는 위험하지 않을 수 있다. 멍청한 인간은 모두를 위험한 악순환의 구렁텅이로 끌고 간다. 멍청한 인간과 엮이면 방해만 받는다. 따라서 극단적인 상황을 맞닥뜨리기 전에 멍청한 인간을 알아봐야 한다!

뇌 속의 멍청함

사회학자 크리스티앙 모렐Christian Morel은 저서 《황당한 결정들 Les Décisions absurdes》에서 멍청함이 부르는 무서운 결과를 피하는 방법을 소개한다. 우선 한 명의 지도자를 따르는 그룹보다는 서로 존중하는 전문가 팀을 구성해서 서열 구조를 없애야 한다. 그리고 순응주의에 제동을 거는 비판자의 역할을 중시해야 한다. 시간적 여유도 필요하다. 또한 대표자들이 내린 결정에 그 누구도 의심하지 않는 것(또는 국민 중 의심하는 이가 50퍼센트 미만인 것)은 민주주의가 아니다.

그렇다면 어떻게 살아야 제대로 사는 것일까? "실제로 멍청이든 아니든, 우리는 누구나 타인의 눈에는 멍청하게 보일 수 있다." 가수 피에르 페레Pierre Perret가 경고했다. 스스로 문제의식을 갖고 있어야만 자기성찰과 자기비판을 할 수 있다. 자기성찰과 자기비판이야말로 고차원적인 인지 능력이다. 신경정신의학자 보리스 시륄니크Boris Cyrulnik는 아는 것이 적은 사람일수록 확신한다고 말했다. 아는 것이 많은 사람일수록 의심을 많이 한다. 기억하는 것이 많을수록 두뇌는 신중하고 현명한 행동을 위해 노력한다.

멍청함을 봐주는 데에는
이유가 있다

"멍청함은 두뇌의 어느 부분에 위치합니까?"라는 질문을 받으면 이런 대답을 해줄 것이다. "자신과 비슷한 사람을 보고 멍청이라고 조롱하는 사람의 두뇌 속에 있다."

진화론적으로 봤을 때 멍청함이 필요하기는 하다. 그렇지 않다면 멍청함이라는 낙인은 이미 오래전에 사라졌어야 한다! 멍청한 인간은 토끼보다 빨리 번식하고 늘어난다. 일반적으로 그렇다. 그렇다면 약한 인간이 자연선택설에 따라 도태되지 않으려면 멍청함이 필요한 것일까? 여기서 확실히 알아두어야 할 것이 있다. 멍청한 인간이 위험하기는 해도 사회의 생존을 위해 꼭 필요하다. 그래서 사회가 멍청한 인간에 관대한 것이다.

우리의 두뇌는 사회관계에 영향을 받는다. 누군가를 멍청한 인간으로 취급하는 순간, 그 사람을 멍청한 인간이라는 틀에 가두게 된다. 그러나 멍청이라는 낙인은 바로 찍는 것이 아니다. 오히려 멍청한 인간을 오랜 시간에 걸쳐 알아본다. 그래서 낙인을 찍어도 죄책감이 들기는커녕 멍청한 인간에게 멍청하다고 지적했다는 사실에 뿌듯하다. 그리고 멍청한 인간에 대해 우월의식을 느낀다.

여러분뿐만 아니라 대부분 이렇게 생각한다. 이처럼 지지해주는 사람들 덕에 멍청한 인간을 알아본 여러분은 으쓱해진다. 이때는 두뇌도 괜한 에너지를 낭비하지 않고 분위기를 따라간다. 여러분과 동조자들은 멍청이로 낙인찍힌 사람을 가리키며 시시덕거린다. 이렇게 해서 여러분은 멍청한 인간을 알아본 우월한 리더로 집단 내에서 자리를 잡는다. 이러한 능력으로 여러분은 다른 분야에서도 인정을 받고 사람들이 여러분의 조언에 귀를 기울인다. 나아가 여러분의 말을 잘 따른다.

반대로 불쌍한 멍청이들은 집단에서 떠나거나, 남아 있더라도 쥐 죽은 듯이 있다. 멍청이들은 그저 가만히 조롱을 들으며 희생양의 역할을 충실히 한다. 왕이 된 여러분은 과대망상에 사로잡혀 왕좌를 지키고 권

당신이 멍청하든 멍청하지 않든, 언제나 누군가에게는 멍청이일 것이다.
_피에르 페레

력을 확대하고 싶어 한다. 왕은 절대로 자신을 추대한 평민들과 권력을 나누고 싶어 하지 않는다. 오히려 멍청하기 그지없는 평민들을 합법적으로 착취하고 싶어 한다. 브라상은 우리가 그런 왕을 끌어내릴 가능성은 거의 없다고 말한다!

쿠르베의 작품을 현대적으로 해석한 〈창조 이후에Après la Création〉라는 작품이 있다. 성관계 이후의 장면을 보여주는 작품으로, 'con'을 통해 새로운 생명이 탄생했다는 의미를 담고 있다. 이 그림은 미켈란젤로가 시스티나 성당의 천장화에서 표현한 아담의 창조를 묘사하고 있다. 신은 자신의 모습을 본뜬 인간을 만들어 손가락으로 그 인간을 가리킨다. 그런데 아담도 마찬가지로 창조자인 신을 손가락으로 가리킨다(마치 자신이 신을 만든 인간처럼 행동한다). 미켈란젤로는 신의 모습을 두뇌로 표현했다. 최초의 인간 아담의 손

가락이 그 두뇌를 향한다. 혹여 아담이 장 프랑수아 마르미옹의 질문에 대답하려고 하는 것일까? 창조자와 피조물은 서로를 멍청이로 생각하는 것일까? 알베르 카뮈Albert Camus는 《시지프의 신화Le Mythe de Sisyphe》에서 이와 관련된 전설을 훌륭한 글로 표현한다. "우리는 자유롭지 않으며 전지전능한 신이 모든 문제에 책임이 있다. 혹은 우리 인간은 자유롭고 스스로 책임지지만 신은 전지전능하지 않다. 둘 중 나름의 결론을 내려야 하는 것은 여러분이다."

그래서 이 글을 의뢰받았을 때 나를 포함해 주변 사람 모두가 왜 흥분했고, 나의 이야기를 들은 사람들이 왜 기뻐했는지 알겠다. 대규모의 학술 연구는 부족하지만 이들의 웃음(그러나 《장미의 이름》에 나오는 훌륭한 도서관 사서 '부르고스의 호르헤'가 금지한 웃음)[2]으로 세상의 기원에 관한 열쇠를 가졌다. 이에 대해 마음속 깊이 감사드린다. 멍청이 같은 놈들…!

뇌 속의 멍청함

Yves
Alexandre
Thalmann

이브 알렉상드르 탈만

자연과학 박사, 콜레주 생미셸 드 프리부르 심리학과 교수

알고도 하는 멍청한 짓

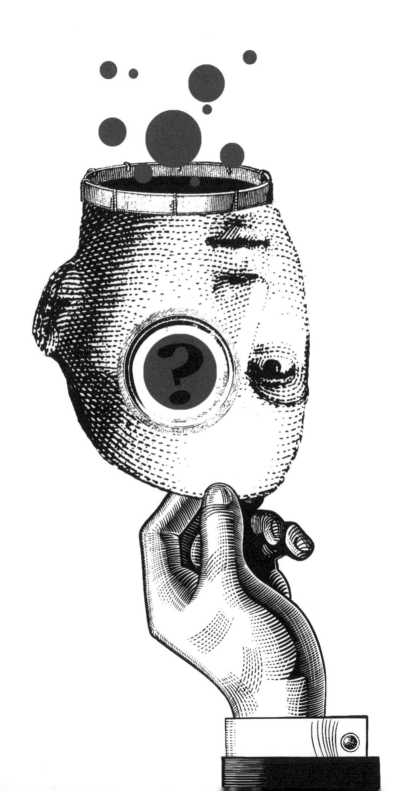

멍청한 짓, 바보 같은 짓, 어리석은 짓… 어떤 사람이나 그 사람의 행동을 폄하할 때 사용하는 표현은 많다. 부정적인 뉘앙스이며 모욕을 줄 수 있는 이러한 표현들은 너무나 익숙하게 사용되고 있다. 그래서 그런지 멍청함, 어리석음, 바보를 단순히 지능이 떨어지는 상태라고 정의하기에는 애매하다.

머리가 좋아도 멍청한 짓을 하는 사람들의 사례는 이미 소개되어 있다. 머리가 좋은데 어떻게 멍청한 짓을 할 수 있다는 것일까? 그런데 멍청하다는 것이 단순히 지능이 떨어진다는 의미가 아니라 황당한 행동을 한다는 뜻이라면?

우선은 성격상 서로 다른 두 표현을 비교해볼 필요가 있다. 실제로 어떤 행동들은 당사자뿐만 아니라 주변 사람들에게도 해를 끼친다. 좋은 점이라고는 도무지 없는 행동이다. 도대체 왜 당사자가 이런 행동을 했는지 궁금할 정도다! 결과는 생각도 하지 않고 무턱

대고 행동하면 멍청한 인간이 된다. 마치 무턱대고 세상을 탐험하며 하지 말라는 것에 도전하는 아이들 같은 상태다.

결과를 예상하면서도 멍청한 짓을 하는 사람들도 있다. 알고도 하는 멍청한 짓은 어떻게 구분할까? 첫째, 당사자들이 고백을 한다. "이런 걸 하지 않았다면 더 좋았을 텐데"라며 후회도 하고 "사실 행동하기 전에도 결과는 이미 예상했어"라고 털어놓는다. 둘째, 자신과 비슷한 행동을 다른 사람이 했다고 상상해보고 생각을 말해달라고 했을 때 이렇게 대답한다. "어리석군요. 그러지 말았어야지!"

더구나 멍청한 행동은 똑똑한 사람도 할 수 있다. 상당히 당혹스럽다. IQ가 높게 나오는 사람 혹은 사회적으로 인정을 받는 사람도 멍청한 짓을 할 수 있다. 성공한 개인(예를 들어 스티브 잡스Steve Jobs), 사회적으로 인정을 받는 이론가(알베르트 아인슈타인Albert Einstein), 명문 학교를 졸업한 사람도 멍청한 행동을 한다. 더구나 똑똑한 사람들은 심각한 결과가 나타날 수 있는 멍청한 행동에 면역력도 없다. 미국 대통령이었던 빌 클린턴Bill Clinton을 생각해보자. 클린턴은 조사를 받는 중에도 백악관 인턴 모니카 르윈스키Monika Lewinski와 '부적절한 관계'를 유지하다가 결국 대통령 자리까지 위협을 받았다.

여러분이 똑똑한 편이거나, 심지어 아주 똑똑할지라도 동시에 때로는 멍청한 행동을 할 것이다.[1] 지능은 사람 전체에 해당하지만, 멍청함은 특정한 행동에 관한 이야기란 사실을 기억해야 한다.

알고도 하는 멍청한 짓

논리력 대
합리성

그렇다면 지성은 한 단어로 정의할 수 있을까? 이 질문에 대해서는 토론토대학교의 키스 스타노비치Keith Stanovich 심리학과 명예교수가 의미 있는 이론을 내놓았다. 실제로 스타노비치는 지성을 여러 단계로 나눈다(하워드 가드너Howard Gardner가 묘사한 언어 능력, 논리·수학 능력, 운동 능력, 개인 능력 같은 지능 형태와 혼동해서는 안 된다).[2]

그리고 상황 이해, 논리적 사고와 관계된 알고리즘 지능인 논리력이 있다. 상세히 말하자면 유명한 WAIS(웩슬러 성인 지능 검사)와 WISC(웩슬러 아동 지능 검사)를 포함해 현재 사용하는 IQ 테스트로 측정되는 능력이다. IQ 테스트와 그 결과를 꾸준히 비판하는 목소리가 있기는 하지만, 이 테스트는 여전히 지능을 측정하는 데 중요한 역할을 한다. 특히 학생들이 학교 수업을 따라갈 수 있는지 여부를 알려주거나 학교 수업을 잘 따라가지 못하는 학생들이 지닌 문제를 설명하는 데 유용하다.[3]

현재 사용되는 IQ 테스트는 심리 치료에서 사용하는 특징을 활용한다. IQ 테스트의 질문에는 정답이 있어서 잘만 하면 점수는 많이 얻을 수 있다. 그러나 학교를 벗어나면 상황이 달라진다. 사회에서는 수많은 딜레마를 접하지만 정답이 없다. 승진해서 해외로 발령받게 되었는데, 이를 받아들이는 것이 좋을까? 이 사람과 결혼하는 것이 좋을까? 시트로엥 말고 르노 차를 사면 더 만족스러울까? 하나같이 정답이 없는 딜레마다.

그렇기 때문에 스타노비치는 '합리성'이라는 또 다른 지능이 있다고 설명한다. 합리성이란 목표를 이루고 현실적인 결정을 하는 능력을 가리킨다. 스타노비치는 동료들과 함께 합리성 정도를 측정하는 테스트도 고안했다.[4] 합리성 테스트는 이해력이 아니라 의도성을 측정한다. 상황을 이해한다고 해서 반드시 행동으로 이어지는 것은 아니기 때문이다. 흡연자들을 생각해보자. 담배의 해악을 잘 알아도 계속 담배를 피우지 않는가? 합리성을 다양한 정도로 생각하면 앞서 설명한 똑똑한 사람들, 즉, IQ가 높은 사람들이 왜 멍청한 결정을 하는지 설명할 수 있다. 여기서 멍청한 결정이란 백해무익한 행동이다.

스타노비치는 HPI인(잠재적 지능이 높은) 사람들에 대해서도 흥미로운 주장을 한다. HPI 현상은 최근 여러 책으로 출간되면서 그 의미가 널리 알려졌다. 그러나 HPI는 사회생활을 하거나 직업활동을 하면서 어렵지 않게 얻을 수 있기 때문에 인생의 성공을 보장하지는 않는다. 그보다는 합리성이란 개념을 알아야 HPI를 제대로 이해할 수 있다. HPI는 연산적 지능에만 해당되며 일상에서 어떤 결정이 최선인지는 예측하지 못한다. 마치 엔진이 강력한 차를 운전한다고 운전자의 운전 실력이나 방향 감각이 뛰어나지지는 않는 것과 같은 논리다.

그렇다면 이런 질문을 할 수 있다. 도대체 왜 똑똑한 사람들도 멍청하게 행동하는 것일까? 그들의 멍청한 행동을 이끌어내는 동기는 뭐란 말인가? 주요 이유로 꼽히는 것은 바로 감정 조절 능력 이상이다. 사람이 감정에 휩싸이면 순간 꼼꼼하게 생각하지 못한다. 그럴듯한 이론이지만, 감정적이지 않고 담담하게 이루어지는 멍청한 행동도 있다는 사실을 설명하지는 못한다. 예를 들어보자. 학생 두 명이 밤에 몰래 자신들이 다니는 고등학교에 들어갔다. 두 학생은 학교 안에 들어가 소화기 두 대를 교실에 몽땅 뿌려버렸다. 다음 날 체포된 두 학생이 인정한 대로, 매우 멍청한 행동이다. 백해무익하고 분명히 비합리적인 행동이다. 학생들은 무료해서 이번 일을 벌였을 뿐 다른 감정은 없다고 했다. 학생들은 선생님을 골릴 생각도 없었고 다음 날 아침 수업을 취소시키고 싶은 생각도 없었다고 한다.

도대체 멍청한 행동을 이끌어내는 동기는 뭐란 말인가?

지금까지 멍청해도
별일 없었으니까

왜 멍청한 결정을 하는지 이해하려면 감정 말고 다른 문제를 볼 필요가 있을 것 같다. 바로 인지 편향이다. 요즘 인지 편향은 인지심리학에서 활발하게 연구되고 있다. 2002년 심리학자로는 유일하게 노벨상을 수상한 대니얼 카너먼도 인지심리학 전문가다.

인지 편향은 사고력 전반에 오류가 생겨서 일어난다. 착시라는 것을 알면서도 매번 속을 때 인지 편향이라고 한다. 서로 연관이 없는데 연관이 있다고 잘못 생각하는 경우를 생각해보자. 예를 들어, 내가 초조할 때 우리 집 고양이가 내 무릎 위에서 가르랑거리는 것을 보고 '고양이가 나의 초조한 마음을 알고 위로해주는군!'이라고 결론을 내린다. 그런데 내가 마음이 편할 때도 고양이가 다가오지 않았는가?

멍청한 행동을 부추기는 인지 편향 중 하나가 낙관주의다.[5] 우리는 우리 자신에 대해 지나치게 낙관적일 때가 있다. 우리가 남들보다 운전을 잘 하거나 병에 잘 걸리지 않거나 이혼을 하지 않을 것이라고 낙관한다. 물론 통계적으로 증명되지는 않았다. 우리는 스스로 남들과 다른, 특별한 사람이라 생각하며 산다. "여러분은 대다수의 사람과 비슷하고 평범한데도 그 사실을 모른다." 미국 심리학자 대니얼 토드 길버트Daniel Todd Gilbert가 냉소적으로 주장한 말이다. 앞서 예로 든 고등학생 두 명이 학교에 몰래 들어간 이유도 들키지 않을 것이라고 낙관했기 때문이다. 이 학생들이 판단을 제대로 했다면 다른 사람이 비슷한 장난을 치려 할 때 위험하다며 말렸을 것이다.

알고도 하는 멍청한 짓

자신은 들키지 않을 것이라는 '근거 없는 자신감'으로 일을 저지르고 특별히 대가를 치르지 않았다면 이 자신감은 더욱 심해진다. 우리가 살면서 많이 경험하는 일이다. 곰곰이 생각해보자. 규칙을 어겼는데 들키지 않고 그냥 넘어간 일이 얼마나 많은가? 과속을 하거나 직장에 지각하거나 소소한 거짓말을 했는데 처벌을 당하지 않은 일이 얼마나 많은가? 규칙을 어겼는데 벌을 받지 않으면, 우리 두뇌는 이렇게 규칙을 위반해도 위험하지 않다고 인식한다. 나름 논리적인 결과다. 피해를 주는 멍청한 행동을 해도 별일 없이 넘어간다고 두뇌가 인식하는 것이다.

이처럼 지나치게 낙관적인 생각을 하고 멍청한 짓을 해도 운좋게 들키지 않으면, 우리는 일상에서 멍청한 결정을 더 자주 하게 된다. 건강하게 먹고(당분, 지방, 나트륨을 과다 섭취하지 않고 매일 최소 다섯 종류의 과일과 채소를 먹는 식습관) 운동을 충분히 하고 있다고 자신할 수 있는 사람이 우리 중에서 과연 몇 명이나 될까? 만일 이러한 건강법을 실천하고 있지 않다면 자신의 건강에 대해 지나치게 낙관하고 있는 것이다. 즉 건강해지기 위해 최선을 다하고 있지는 않지만 다른 사람들과 마찬가지로 병에 걸리지 않을 것이라고 막연히 긍정적으로 생각하는 것이다. 더구나 현재 건강한 생활습관을 지키고 있지는 않지만 당장에 문제가 없어서 태평하다.

인지 편향은 지능의 기능과 관계가 있다. 지능은 위급한 상황에서 노력을 최소화하고 빠르게 결정할 수 있도록 돕는다. 그러나 지능, 그러니까 IQ가 더 높아도 다양한 오류를 안전하게 피해갈 수 있는 것은 아니다. 이미 증명된 사실이기도 하다. 지능이 높아도 멍청한 결정을 할 수 있는 것이다.

멍청함인가,
창의력인가?

그렇다면 심리적 기능이 일부 오류를 일으킬 때 인간이 멍청한 결정을 하는 것일까?

멍청한 행동에는 또 다른 특징이 있다. 무언가를 위반하는 것이다. 앞서 소개한 고등학생 두 명이 학교에 들어가 복도를 싹 청소하기로 했다고 생각해보자. 이 학생들이 벌인 멍청한 짓을 무엇이라고 불러야 할지 제대로 설명하기가 힘들다. 부적절한 행동은 맞지만, 멍청한 행동은 아니다. 그 순간에는 건설적인 목적이 있었기 때문이다. 그러나 복도의 소화기를 전부 써버린 것은 전혀 다른 문제다. 규칙을 어겨서 짜릿하다는 사실 말고는 전혀 유익하다고 할 이유가 없다. 학생들은 자신들이 금지된 행동을 하고 있다는 사실을 정확히 알고 있었고, 여기서 짜릿함을 느꼈다.

주로 금지된 행동을 할 때 멍청한 짓으로 연결될 때가 많다. 동시에 창의성으로 연결되기도 한다. 기존의 길에서 벗어나 아무도

알고도 하는 멍청한 짓

생각하지 못한 길을 개척해 새로운 것을 발견한다. 안타깝지만 창의적이고 개성 있는 행동 중에 멍청한 행동이 많다. 현실이 그렇다. 실제로 창의적인 정신일수록 광기에 가깝다. 멍청한 행동으로 인해, 세상을 편리하게 만들어주는 발견과 발명이 생각지도 못하게 탄생하기도 한다.

그러니 멍청함과 창의성은 동전의 양면이라고 할 수 있다. 멍청함과 창의성은 정해진 길에서 벗어나고 기존의 기준과 대립한다는 공통점이 있다. 멍청함은 생각보다 의미가 미묘하다. 똑똑하다고(IQ가 높다고) 멍청한 행동을 하고 싶은 유혹에서 자유롭지는 않다. 따라서 멍청하다는 것이 단순히 지능이 부족하다는 뜻은 아닌 것이다….

BRIGITTE AXELRAD

브리지트 악셀라드

철학·심리학 명예교수

왜 똑똑한 사람들이 이상한 것을 믿을까

"민주주의 사회마다 교육적인 노력을 기울이고 있지만 정작 지식에서 중요한 비판 정신 교육은 빠져 있는 것 같다. 아무리 교육적인 노력을 기울여도 비판 정신이 길러지지 않으면 쉽게 맹신에 빠질 수 있다. 의심을 하면 새로운 것을 발견하기도 한다. 그러나 의심이 지나치면 주체적인 정신이 키워지기보다는 허무주의로 이어질 수도 있다."[1]

_제럴드 브로네르Gérald Bronner,

《맹신자들의 민주주의La Démocratie des crédules》

지능이 높아 보이는 사람들도 근거 없는 생각을 진지하게 이야기하거나 이상한 이론을 믿는 등 놀라운 모습을 보일 때가 있다. 물론 지능은 한 가지로 정의할 수 없다. 지능은 다양한 능력을 가리키기 때문이다. 역사상 과학, 기술, 예술, 혹은 철학 등 다양한 분야에서 남다른 지능을 보여주는 인물들의 사례가 많다. 63가지 연구를 기본으로 하는 메타 분석은 지능을 가리켜 "추론하고, 계획하고, 복잡한 생각을 이해하고, 신속히 배우고, 경험에서 배우는 능력"이라고 정의한다.[2] 메타 분석에 따르면 똑똑한 사람일수록 쉽게 무엇인가를 믿지 않는다는 결론이 나온다.

이러한 생각은 일견 논리적이다. 지능이 남달리 높은 사람은 기존의 방법에서뿐만 아니라 당시에 모두가 따르던 형식에서도 벗어나는 놀라운 능력, 혁신하는 능력, 당시에 당연하다고 생각되는 것을 보이는 그대로 믿지 않는 능력을 보여준다. 동시대 사람들과 다른 생각을 지녔던 갈릴레이, 다윈, 아인슈타인, 칸트, 데카르트가 대표적이다. 이들은 많은 사람들이 지녔던 생각과 단순한 설명에 의문을 품었다. 이러한 인물들의 예를 보면 지능이 높다는 것은 비판 정신, 다수의 의견에 반대하는 능력이 있고 사회가 주입하려는 모든 이론에 대항하는 시도를 한다는 뜻이다.

그런데 캘리포니아 주립대학교의 헤더 버틀러Heather A. Butler 조교수는 지능이 높은 사람들이 멍청한 말과 행동을 하고 이상한 것을 믿는 다소 혼란스러운 현상을 다룬 글을 기고했다.[3] 글의 일부를 살펴보자. "흔히 우리는 높은 지능과 비판 정신을 혼동한다. 하지만 비판 정신이 있다고 지능이 높은 것은 아니다. 비판 정신에는 대상에 따라 합리적으로 생각하는 인지 능력이 포함되어 있다. 비판 정신을 적절한 순간에 사용하면 인지 능력을 높일 수 있다. 비판적으로 생각하는 사람들은 유연하게 생각할 줄 안다. 이런 사람들은 자신들이 믿는 것을 뒷받침하기 위해 증거를 필요로 하고 정신세뇌를 위해 어떤 거짓 시도가 사용되는지도 알고 있다. 비판 정신이란 인지 능력을 마비시키는 모든 편향(사후 과잉 확신 편향, 확증 편향 등)을 극복할 수 있는 능력이다."

그렇다면 왜 지능이 높은 사람들이 말도 안 되는 이상한 것을 믿을 때가 있는지 조금은 이해가 된다. 사회학자 제럴드 브로네르는 최근 다큐멘터리 〈정신을 이끄는 법칙Les Lois de l'attraction mentale〉에서 작가 토마스 뒤랑Thomas C. Durand과 인터뷰하던 중 자신이 젊은 시절에 사이비 종교를 신봉했다고 털어놓았다.[4] "미친 사람이 아니어도 말도 안 되는 것을 믿을 수 있습니다." 또한 사람은 생각지 못한 우연과 작은 사건이 계속되면 굳게 가지고 있던 믿음을 의심한다고 덧붙였다. 그러나 아쉽게도 누구나 이러한 행운의 기회를 잡는 것은 아니다.

외계인들에게
편지를 보낸 대통령

미국 대통령이었던 지미 카터Jimmy Carter는 대선에서 이런 선언을 했다. "대통령이 되면 미국이 보유한 UFO 관련된 모든 정보를 대중과 과학자들에게 공개하겠습니다." 그리고 "UFO는 분명히 존재합니다. 제가 목격했거든요"라는 말을 하며 확증 편향을 그대로 보여주었다.

지미 카터는 자신의 믿음에 따라 1977년 9월 5일 외계인들에게 보내는 메시지를 우주탐사선 보이저 1호에 실어 발사했다. 지미 카터는 메시지에 보이저 1호와 지구를 외계인들에 소개하고 다음과 같은 말을 녹음했다. "저는 멀리 떨어져 있는 작은 세계를 이끄는 사람입니다. 저희 세계의 소리, 과학, 영상, 음악, 사상, 감정을 담아 보냅니다. 저희 인간은 앞으로 여러분의 시대에 맞춰 살아갈 준비를 하고자 지금까지 노력하며 살고 있습니다. 저희 앞에 놓인 문제가 해결되면 언젠가 같이 은하계 문명 공동체를 이루었으면 좋겠습니다. 녹음된 이 메시지는 저희의 희망, 결의, 그리고 광활하고 멋진 우주를 향한 우리의 호의를 담고 있습니다."

카터는 2002년 노벨평화상 수상자에 정치 관련 책도 여러 권 쓴 인물이었지만, 외계인들에게 메시지를 보낼 정도로 순진한 면도 있었던 것이다. 더구나 메시지를 우주탐사선에 태워 보내봐야 4만 년 후에야 도착할 수 있다. 우주탐사선은 2025년 이후로는 더 이상 데이터를 지구로 보내지 못하기 때문에 이후의 일은 어떻게 될지 알 수 없기도 했다.

그런데 외계인들에게 메시지를 보낸 사람은 카터뿐만이 아니

왜 똑똑한 사람들이 이상한 것을 믿을까

었다. 2017년 11월 9일 〈사이언스 포스트Science Post〉는 SETI 소속 우주비행사 팀이 태양계의 행성들, 인간의 DNA 구조와 인간의 모습을 표현한 그림, 지구와 지구인들에게 대한 기본적인 정보를 담은 무전을 지구에서 가까운 행성 쪽으로 보냈다고 발표했다. 무전이 간 곳은 지구에서 가장 가까이 있고 생명체가 살 수 있는 곳으로 알려진 행성이었다. 거리가 가까워서 25년 이내로 답을 받을 수 있는 곳이다.

놀라운 사실이 또 있다. 물리학자 스티븐 호킹Stephen Hawking, 우주비행사이자 버클리 캘리포니아대학교 SETI 연구원 댄 버티머Dan Werthimer 같은 과학자들이 외계인들과의 교신이 파장을 일으킬 수 있다며 정부에 경고한 것이다. 또한 외계인들은 지구에서 보내는 메시지를 이해할 수 있으며 지구보다 역사도 길고 과학 기술도 앞서 있는 문명을 이루었다고 주장했다. 버티머는 다음과 같이 말했다. "숲에서 소리를 질렀는데 알고 보니 숲 안에 호랑이, 사자, 곰 등 맹수들이 살고 있는 상황과 비슷하다."

참으로 당혹스럽다….

이를 보면 알 수 있듯 지능이 매우 뛰어난 사람이라고 해도 이상한 신념에 눈이 멀어 비판 정신도 잃고 자신의 행복과 인생도 희생할 수 있다.

앞을 내다보는 천재이자
자신의 신념에 갇혀버린 인물

첨단 기술의 신, 'iGOD'이라는 별명으로 불리던 스티브 잡스는 세상을 자기 마음대로 다루겠다는 특이한 생각을 이야기하곤 했다. 그가 천재적인 아이디어를 구체적인 결과물로 내놓으면서 그 생각은 빛을 봤으나, 췌장암 앞에서는 맥을 추지 못했다.

잡스의 전기를 쓴 다니엘 이치비아Daniel Ichbiah와 월터 아이작슨 Walter Isaacson은 잡스가 매우 머리 좋은 천재라고 했고 그가 선구자처럼 이룬 결과물이 그 증거라고 했다. 이치비아는 《스티브 잡스 네 번의 삶Les 4 vies de Steve Jobs》에서 스티브 잡스를 이렇게 묘사했다. "번 민하는 완벽주의자였으며 선천적으로 아름다움에 민감했던 천재 잡스는 원대한 꿈을 꾸어 이를 다른 사람들과 나누는 재능을 지녔다. (…) 잡스는 단순한 CEO가 아니라 영원한 성배를 추구하는 진정한 예술가, 세상을 바꾸겠다는 의지로 불타던 심미주의자였다." 알베르트 아인슈타인, 헨리 키신저Henry Kissinger, 벤저민 프랭클린 Benjamin Franklin의 자서전을 쓴 아이작슨은 전기 《스티브 잡스》에 애플의 '다르게 생각하기' 광고에 나온 문장을 인용했다. "세상을 바꿀 수 있다는 생각을 하는 미친 사람들만이 꿈을 이룰 수 있다."

스티브 잡스의 친아버지는 시리아인이고 친어머니는 미국인 대학생이었다. 싱글맘이었던 친어머니가 잡스 부부에게 갓난아기

왜 똑똑한 사람들이 이상한 것을 믿을까

아들을 입양 보내면서 대학교육은 꼭 시켜달라고 부탁했다. 잡스 부부는 형편이 넉넉하지 않았지만 그러겠다고 약속했다. 그로부터 얼마 후 잡스 부부는 실리콘 밸리로 이주했다. 스티브 잡스는 인도 와 불교에 심취했다. 히피 같은 청소년 시절을 보내고 친구와 인도 에서 오래 머문 후 미국으로 돌아온 그는 3개월 만에 대학을 자퇴 했다. 대신 서체 관련 강의를 자유롭게 수강했다. 서체 수업 덕분에 심미주의 안목이 깊어졌다. 그리고 여름 내내 과수원에 머물며 사 과만 먹었다.

그로부터 얼마 후, 잡스는 친구 스티브 워즈니악Steve Wozniak과 함께 애플을 창업해 스물다섯 살의 나이에 미국 최연소 백만장자 가 되었다. 잡스는 특유의 카리스마로 주변의 천재적 인재들을 모 아 그 재능을 한껏 끌어올렸다. 잡스는 애플Ⅰ, 애플Ⅱ, 픽사, iMac, iPod, iTunes, 아이폰, 아이패드 등 놀라운 아이디어를 속속 내놓았 다. 하지만 그의 인생은 험난했다. 잡스는 인생의 위기를 극복하며 더욱 멀리 나아갔다. 하지만 끝끝내 그가 극복하지 못한 마지막 시 험이 있었으니, 바로 췌장암이다.

2003년 10월, 잡스는 췌장암 판정을 받았다. 췌장의 양성 종양 은 수술이 가능했기에 의사들은 흥분하며 기뻐했다. 그러나 잡스는 수술을 거부했다. 불교 신자이자 채식주의자였던 그는 의학에 회의 적이었고 요상한 대체요법을 굳게 믿었다. 잡스는 치료사, 자연요 법 전문가, 침술 전문가들을 찾아갔고 식물로 된 캡슐 약을 먹고 과일 주스를 마셨으며 오랫동안 단식을 했다. 2004년 새롭게 검사를 받았지만 스티브 잡스가 섭취했던 민들레 샐러드는 암세포에 별 효력이 없었고 오히려 암이 췌장 밖으로 전이되었다. 너무 늦긴 했지만 잡스는 수술을 받기로 하고 2009년 4월에 멤피스 감리교신학대학 병원 장기이식 연구소에서 간 이식을 받았다. 그리고 2011년 10월 56세의 나이로 세상을 떠날 때까지 계속 애플에서 일했다.

잡스의 전기를 쓴 작가들과 잡스의 친구들은 고인의 양면성을 신기하게 여겼다. 산을 들어 올릴 수 있을 정도의 능력을 지닌 천재적 발명가인 그가 왜 이상한 믿음에 집착해 명을 재촉했을까? 혹시 잡스는 친부모에게 버림받았다는 트라우마 때문에 공허한 마음을 달래고자 복잡한 연구에 매달렸던 것은 아닐까?

갈릴레이가 틀리고
교회가 옳았다

비합리적인 믿음이 언제나 그 믿음을 가진 당사자에게만 위험한 것은 아니다. 똑똑한 머리를 사용해 영향력, 권유 등의 방법으로 다른 사람들에게 자신의 비합리적인 믿음을 믿게 하는 사람들도 있다. 심지어 본인도 비합리적인 믿음이라는 것을 알면서 다른 사람들을 비합리적인 믿음으로 이끌기도 한다. 앞서 소개한 적이 있는 다큐멘터리 〈정신을 이끄는 법칙〉에서 생물물리학자 앙리 브로슈Henri Broch는 이런 말을 했다. "유럽인 중 4분의 1이 지구가 중심에 있고 모든 것이 지구 주변을 돌고 있다고 믿습니다."

실제로 2010년 11월 6일, 인디애나주 사우스벤드의 가든인 호텔에서는 "갈릴레이는 틀렸다. 교회가 옳았다Galileo Was Wrong: The Church Was Right"라는 제목의 과학 세미나가 열렸다. 연사 열 명은 자신들을 '전문가'라고 소개하며, 태양이 지구 주변을 돈다는 천동설

을 증명하기 위해 애썼다. 코페르니쿠스, 갈릴레이, 케플러, 뉴턴 이후로 지동설이 옳다는 것이 과학적으로 증명되었음에도 연사들은 이를 부인했다.

세미나의 부제는 의미심장했다. "천동설에 대한 '최초의' 가톨릭 연례회의." 가톨릭교도인 로버트 선지니스Robert Sungenis 박사는 "천동설: 알고도 숨기는 진실"이라는 발표로 세미나를 시작하며 음모론이라는 식상한 테마를 끌어들였다. 다른 연사들도 상당히 놀라운 테마로 발표를 했다. "과학적 증거: 지구는 우주의 중심에 있다", "천동설의 구조 입문", "과학 실험 결과 지구는 우주의 중심에 고정되어 있다."

연사들의 호칭은 애매모호했다. 그저 막연히 박사, 교수였다. 예를 들어 이번 세미나를 공동으로 만든 로버트 베넷Robert J. Bennett은 일반상대성이론으로 박사학위를 받았다고 했다. 선지니스는 국제가톨릭우주학회 회장이며 신학, 과학, 문학, 정치에 관한 여러 저서와 기고문을 썼다고 한다. 그리고 수년간 다양한 기관에서 물리학과 수학을 가르쳤다고 한다. 그의 주장에 따르면 태양을 비롯한 모든 행성이 고정된 지구 주변을 돌고 있다는 내용이 알베르트 아인슈타인, 에른스트 마흐Ernst Mach, 에드윈 허블Edwin Hubble, 프레드 호일Fred Hoyle 같은 물리학자들과 '그 외 많은 사람들'에 의해 증명되었다는 것이다. 그는 사람들이 조만간 성경의 진실을 믿고 과학이 틀렸다는 것을 알게 될 것이라며 희망을 품었다.

왜 똑똑한 사람들이 이상한 것을 믿을까

하지만 과학은 매번 천동설이 틀렸다는 구체적인 증거를 새롭게 찾아내고 있다. 천동설 신봉자들이 참고하는 자료는 성경뿐이다. 과학적 증거가 발견될 때마다 천동설 신봉자들은 "성경에 따르면 말이죠…"라고 대답한다. 갈릴레이가 틀렸다고 몰고 가야 1992년 교회가 갈릴레이의 유죄 판결이 잘못되었다고 회개하는 것을 봤을 때 느낀 충격을 치유할 수 있는 것이다.

갈릴레이 이후로 오랜 세월이 지났다. 코페르니쿠스 학파의 과학은 성경과 비합리적 믿음에 맞서야 한다. 학자들이 이 싸움에 나서야 한다. 완고하고 비합리적인 맹신자들은 황당한 이론이 맞는다고 우기기 위해 사람들의 정신을 조종하려고 한다. 여전히 반계몽주의와 진실 사이에 싸움이 벌어지고 있는 것이다.

비합리적인 믿음과
싸울 수 있는 힘

지능을 올리기는 쉽지 않지만, 비판 정신은 체계적으로 발전시킬 수 있다. 믿음이라고 해서 전부 멍청하거나 부조리하거나 위험한 것은 아니다. 자신감, 자신의 능력, 가치, 인생에 대한 믿음, 타인에 대한 믿음처럼 건설적인 믿음도 있다. 다만 억지로 인생의 의미를 찾고 싶은 사람은 위험한 믿음에 홀려 이성을 잃을 수 있다. 이런 사람들은 자신의 세계관과 맞는 설명을 해주거나 원하는 세계관을 대신 찾아주는 사람들을 만나면 그 사람들을 쉽게 믿어버린다.

사람들이 비합리적인 믿음에 잘 넘어가는 이유는 내심 기대하고 있던 본능이 충족되기 때문이다. 시대와 상관없이 이상한 것을 믿는 사람도 많고 이상한 믿음과 맞서는 사람도 많다. 우리는 둘 사이의 균형에 기여하기 위해서라도 합리성의 편을 들어줄 필요가 있다.

아무리 똑똑하고 교양 있고 비판 정신이 있는 사람도 비합리적인 믿음으로부터 자유로울 수 없다. 우연을 받아들이기 힘들어하는 인간의 성향 때문이다. 운명을 찾으려는 태도, 음모론을 믿으려는 태도, 선의든 악의든 특정 의도를 찾는 태도가 자칫 비합리적인 믿음으로 이어지기 쉽다. "셋이 없이는 절대로 둘도 없다", "아니 땐 굴뚝에 연기 날까", "금요일에 웃는 사람은 일요일이 되면 운다" 등 인과관계와 의미를 찾으려는 표현을 보면 알 수 있다. 아무리 위대한 학자라도 여기서 자유롭지 않다.

아인슈타인도 마찬가지다. 아인슈타인이 다리를 저는 밀레바 마리치Mileva Marić와 결혼하려고 했을 때, 그의 어머니는 밀레바처럼 다리를 저는 아이들이 태어날 것이라며 결혼을 극구 반대했다. 아인슈타인은 이후 편지에 아내 밀레바의 병과 아들의 병에 관해 이렇게 썼다. "인생에서 가장 중요한 일을 깊이 생각하지 않고 해버렸으니 벌을 받아 마땅해. 윤리적으로도, 신체적으로도 열등한 여자와 결혼해 아이를 낳은 것은 나의 죄야."[5] 상대성 이론을 발견한 아인슈타인마저 이런 이상한 생각을 갖고 있었다니 실망스럽지 않은가? 아인슈타인의 전기 작가 로저 하이필드Roger Highfield와 폴 카터Paul Carter는 아인슈타인이 아는 것은 많지만 감정은 미숙해서 주변 사람들의 삶을 보며 환멸을 많이 느낀 성격이었다고 평가했다.

사실 이상하고 황당한 것을 믿는 사람들의 수를 줄일 수는 없다. 아무리 이상한 믿음이어도, 그것을 맹신하는 사람들의 생각을 우리 힘으로 바꾸기는 힘들다. 오히려 우리가 억지로 생각을 바꾸려고 하면 그 사람들은 자신의 믿음에 더욱 집착할 것이다. 다만 이런 사람들이 더 늘지 않게 노력은 할 수 있다. 그것이 우리가 해야 할 일이다.

Nicolas Gauvrit

니콜라 고브리와의 만남

심리학자이자 수학자. 프랑스 북부 릴대학교 ESPE의 교수.
CHArt(인간과 인공인지 대학 연구소) 연구원

왜 우리는 우연에서 의미를 찾을까

Q. ───── 우연이라고 생각하고 싶지 않은 우연이 있습니다. 너무 당혹스러워서 오히려 의미를 찾고 싶어 하는 그런 우연 말이지요. 하지만 선생님 말씀대로라면, 이런 현상은 우리가 맥락을 제대로 인식하지 못하기 때문이군요….

A. ───── 우리는 시공간을 지엽적으로 바라봅니다. 하지만 시각을 전체로 확대해 시공간을 바라보면 우연은 그리 놀랄 일이 아닙니다. 특히 우리가 단번에 적절한 질문을 하지 않는 것이 문제입니다.

생일의 역설을 살펴봅시다. 25명 중에 두 사람이 생일이 같을 확률이 얼마나 될까요? 사람들은 단순한 논리를 사용해 대답하려고 합니다. 25명 중에 우리 자신과 생일이 같은 한 사람이 있을 확률이 어떻게 될까를 생각하지요. 우리의 생일 날짜에만 초점을 맞추기 때문에 결과는 빈약합니다. 24명 중에 나와 생일이 같은 한 사람이 있을 확률은 6.3퍼센트에 불과합니다. 하지만 24명 중에 한 사람이 나와 생일이 같을 확률을 찾는다면 확률은 2분의 1로 커집니다. 전반적으로 보느냐와 나 중심으로 보느냐에 따라 결과는 완전히 달라집니다.

Q. —— 타이타닉호를 포함해 세 건의 선박 조난 사고에서 모두 살아남은 바이올렛 예숍Violet Jessop이라는 여성의 사례도 들으셨지요. 예숍은 대단한 경험을 한 것 같은데, 전혀 대단하지 않다고 보시는군요.

A. —— 정보가 부족하면 논리에 허점이 생깁니다. 타이타닉호 사건과 다른 두 개의 선박 사건에서 같은 한 사람이 살아남았다는 정보만 들으면 마치 다른 두 사건도 타이타닉 사건과 비슷한 규모일 것이라고 생각합니다. 그러나 실제로는 그렇지 않습니다. 선박 사고 하나는 희생자 자체가 매우 적었고 다른 선박 사고에서는 희생자가 전혀 없었습니다. 더구나 예숍은 타이타닉과 문제의 두 선박 회사에서 일한 적이 있기 때문에, 선박 사고를 세 번이나 당한 것도 이상하지 않습니다.

Q. ——9.11 테러 사건과 관련해 숫자 11이 많이 발견되었다면서 9.11테러를 음모론으로 끌고 가려는 시도가 있었다고 하셨지요. 이런 음모론은 정말 터무니없다고 생각하시나요?

A. —— 숫자로 점을 치고 숫자에 특별한 의미가 있다고 생각할

왜 우리는 우연에서 의미를 찾을까

때는 일어날 수도 있는 일입니다. 코란에는 19라는 숫자가, 성경에는 7이라는 숫자가 수백 번 나옵니다. 하지만 통계적으로 살펴보면 그리 놀랄 일은 아니지요.

예언이 단어를 통해 이루어진다고 생각하는 사람들도 있습니다. 성경이 좋은 예이지요. 저널리스트 마이클 드로스닌Michael Drosnin은 성경 속에 나오는 비밀 코드를 이데올로기 방식으로 분석해, 성경에 종말론을 포함해 예언 문구가 대거 나온다고 했습니다. 하지만 컴퓨터를 활용해 분석하면 매우 다양한 해석이 나옵니다. 드로스닌은 《모비딕Moby Dick》에도 성경만큼 예언 문구가 많이 숨어 있다고 주장했습니다. 좋을 대로 해석해 주장하는 셈이지요.

뿐만 아니라 컴퓨터로 해석하면 성경에서 '신은 존재하지 않는다', '예수를 미워하라' 같은 해석도 발견할 수 있습니다. 자신의 입맛에 맞게 얼마든지 여러 가지 해석을 내놓을 수 있어요.

Q. —— 선생님 책에도 이런 내용이 나옵니까?

A. —— 그렇습니다! 파스칼의 《팡세Pensées》에서 저는 수천 명이 에이즈로 죽었다는 발표를 발견했습니다. IT 과학자 세바스티앙 포미에Sebastien Pommier는 맥주의 효모 게놈을 알파벳 순서로 정리하면서 닭의 유전자를 발견했습니다! 그가 점심시간에 먹은 것이 치킨이었지요….

무작위로 코드를 적용하다가 우연히 치킨을 발견할 확률은 매우 낮지만, 그 시도의 횟수를 여러 번으로 늘려본다면 전혀 다른 결과가 나옵니다.

Q. —— 지난 20년 동안 예지몽의 확률을 계산하셨습니다. 그 결과 예언이 맞지 않은 예지몽이 7만 2,000건이라고 하셨네요.

A. —— 그렇습니다. 예측일 뿐이지만 예언을 실제로 맞춘 예지몽의 확률은 적었습니다. 브로슈도 미스터리한 사건을 다루는 어느 텔레비전 방송을 대상으로 비슷한 계산을 했습니다. 예를 들어 이 방송에서 영매가 시청자들에게 집안의 불을 끄라고 했습니다. 그러면 영적인 힘을 이용해 프랑스 여기저기에서 전구를 깨뜨리겠다고 했지요. 이후 수십 명의 사람들이 집안의 전구가 정말로 깨져 놀랐다며 방송국에 전화를 했습니다.

얼핏 들으면 놀라운 일이죠! 하지만 방송 시간이 한 시간인 것을 생각했을 때 시청자마다 전구를 4~5개 켜두었다고 해봅시다. 전구 수백 개가 방송 시간 동안 깨지는 것은 이상한 일이 아닙니다. 깨진 전구 중에는 평균 수명이 다 된 것도 있을 테니까요. 전등 안의 전구들을 대상으로 하면 확률이 낮아지지만 이것도 전등 수천 개를 대상으로 하면 확률이 높아집니다.

Q. —— 영매가 마치 자기 힘으로 아이를 탄생시키거나 사망을 불러온 것처럼 꾸밀 수도 있었겠네요!

왜 우리는 우연에서 의미를 찾을까

A. —— 그렇습니다. 하지만 이런 일은 평소에도 종종 일어납니다. 다만 평소 전구가 깨져도 이런 이야기를 화제로 올리지는 않지요. 마찬가지로 예지몽도 평소에 흔히 이야기하는 주제는 아닙니다. 저도 너무 생생해서 진짜 같은 예지몽을 여러 번 꾸었지만 다행히 아무 일도 일어나지 않았습니다. 예지몽이 맞았다면 제게 남아 있는 친구는 두 명뿐일 겁니다.

Q. —— **점성술사나 점쟁이는 우연이라는 요소가 없다면 어떻게 예언을 할까요?**

A. —— 예언이 맞을 때도 있습니다. 엘리자베스 테시에Élisabeth Teissier는 2011년에 몇 가지를 예언했습니다. 그러나 테러가 일어날 것이라든가 테러가 11일에 일어날 것이라고는 예언하지 못했지요. 일반적으로 점성술사나 점쟁이들은 일어날 가능성이 큰 지진, 사고 등을 대상으로 예언합니다. 테시에는 자신이 비행기 사고를 예언한 것이 결국 9.11 테러를 예언한 것과 다름없다고 주장하곤 했습니다. 하지만 누군가가 컴퓨터를 사용해 장난으로 예언해도 테시에보다 신빙성이 높은 예언을 할 수 있을 겁니다. 생일을 활용한 예언에도 문제가 있기는 마찬가지입니다. 날짜 목록을 만들어 사고를 예언한다면 한두 개의 사건이 우연히 맞을 수도 있겠지요.

Q. —— **요즘 사람들은 우연에 의미를 둡니다. 선생님도 이런**

시도를 하신 적이 있지요?

A. ── 그렇습니다! 일어날 확률이 낮은 사건이 다른 사람도 아닌 우리 자신에게 일어나면 훨씬 놀랍게 다가옵니다. 최근에 제가 아이들을 대상으로 우연 인식에 대한 시험을 해봤습니다. 주사위를 뒤로 던져 안 보이게 한 다음에 아이들에게 어떤 숫자가 나왔을지 맞혀보라고 했습니다. 주사위는 여덟 번 연속으로 던졌습니다. 아이들이 몇 번이나 연속으로 정답을 맞힐지 분석하고 싶었거든요. 그런데 70명의 아이들 중 한 명이 연속 네 번 정답을 맞혔습니다.

저는 실험이 끝나고 이런 생각을 했습니다. '이런, 혹시 예언 능력이 존재하는 건가?' 그러다가 이렇게 생각이 바뀌었지요. '70명 중 한 명이 정답을 맞힌 것은 우연일 뿐이야. 마치 착시 현상과 같지. 우연히 답을 맞히는 일이 이상하지는 않다고.'

'지나친 열거 기대'라는 현상이 있습니다. 우연이라는 것이 어떤 현상을 대표한다고 기대하는 마음입니다. 우연히 고른 날짜들을 연결해 특별한 의미가 있다고 믿고 싶은 마음이지요. 실제로 자주 일어나는 현상입니다. 날짜 열두 개를 우연히 고르면 그중 두세 개의 날짜는 같은 달입니다. 이런 기대가 지나치면 잘못된 판단으로 이어지지만, 그렇다고 완전히 비합리적인 판단은 아닙니다.

Q. ── 우연도 규칙을 따른다고 생각하는 사람들도 있나요?

A. ── 그렇습니다. 우연히 뽑은 날짜들에 아무 연관이 없다면

왜 우리는 우연에서 의미를 찾을까

큰 기대는 하지 않지만 공간에서 우연히 점들이 특정 부분에 쏠려 있으면 혹시 규칙이 있는 게 아닌지 착각을 하게 됩니다. 제2차 세계대전 때 일어난 런던 공습이 좋은 예입니다. 독일 조종사들은 비행기를 구름 높이 띄웠습니다. 그 결과 폭탄을 떨어뜨려야 하는 지점이 보이지 않았고, 독일군 비행기들은 마구잡이로 폭탄을 투하했지요. 영국의 수뇌부는 폭탄 공격이 이루어진 지점들이 표시된 지도를 보면서 군사 시설물이 아닌 곳에도 공습이 집중적으로 이루어졌다는 사실을 발견했습니다. 결국 수뇌부는 독일 측이 잘못된 지도를 가지고 있다고 결론을 내렸습니다. 그러나 실제 통계로 분석을 해보면, 독일군의 공습 장소는 일부에 집중적으로 몰려 있던 게 아니라 마구잡이로 분산되어 있었습니다.

Q. —— 역설적이지만 인간에게는 생존을 위해 '인지적 착각'이 필요하다고 설명하셨습니다. 우연이라는 요소들을 가능한 한 많이 연결시켜야 인간의 생존에 유리하다고요.

A. —— 진화론주의자 심리학자들은 인간이 우연이라는 요소를 너무나 잘 포착하면서 진화했다고 설명합니다. 우연이라는 요소들을 서로 연결해 해석해야 할 시대가 있었으니까요. 예를 들어 나뭇잎들이 움직이면 맹수가 숨어 있을 가능성이 크기 때문에 얼른 도망쳐야 안전했습니다.

과학적인 방식은 우연이 아닌 다른 방식으로 원인과 결과를 해석하려고 합니다. 이 방식이 비합리적이지는 않지만 믿기 힘든 결론이 나올 수도 있으니 위험 부담은 있습니다. 모차르트의 음악을 들으면 똑똑해진다는 모차르트 효과에 관한 실험이 좋은 예입니다. 이 실험을 여러 번 하면 이 논리가 통하지 않을 수도 있지만, 계속 일어났으면 하는 기대가 거짓 긍정 효과를 만들어낸다고 봅니다. 이런 환상은 합리적인 방법이 부족해서 생깁니다.

Q. ——— 끝으로 우리가 우연 앞에서 주저하는 이유는 무엇입니까? 그야말로 인지 능력이 부족해서일까요? 아니면 우연이 두려워서?

A. ——— 인간이 우연을 두려워하는 것 같지는 않습니다. 다만 인간은 일반적으로 무엇이든지 설명을 하고 싶어 합니다. 그래서 과학을 발명한 것이지요. 그 외에는 저도 잘 모르겠군요.

인터뷰어: 장 프랑수아 마르미옹

왜 우리는 우연에서 의미를 찾을까

Boris Cyrulnik

보리스 시륄니크

신경정신의학자, 툴롱대학교 학장

멍청함은 논리적 착각일 뿐이다

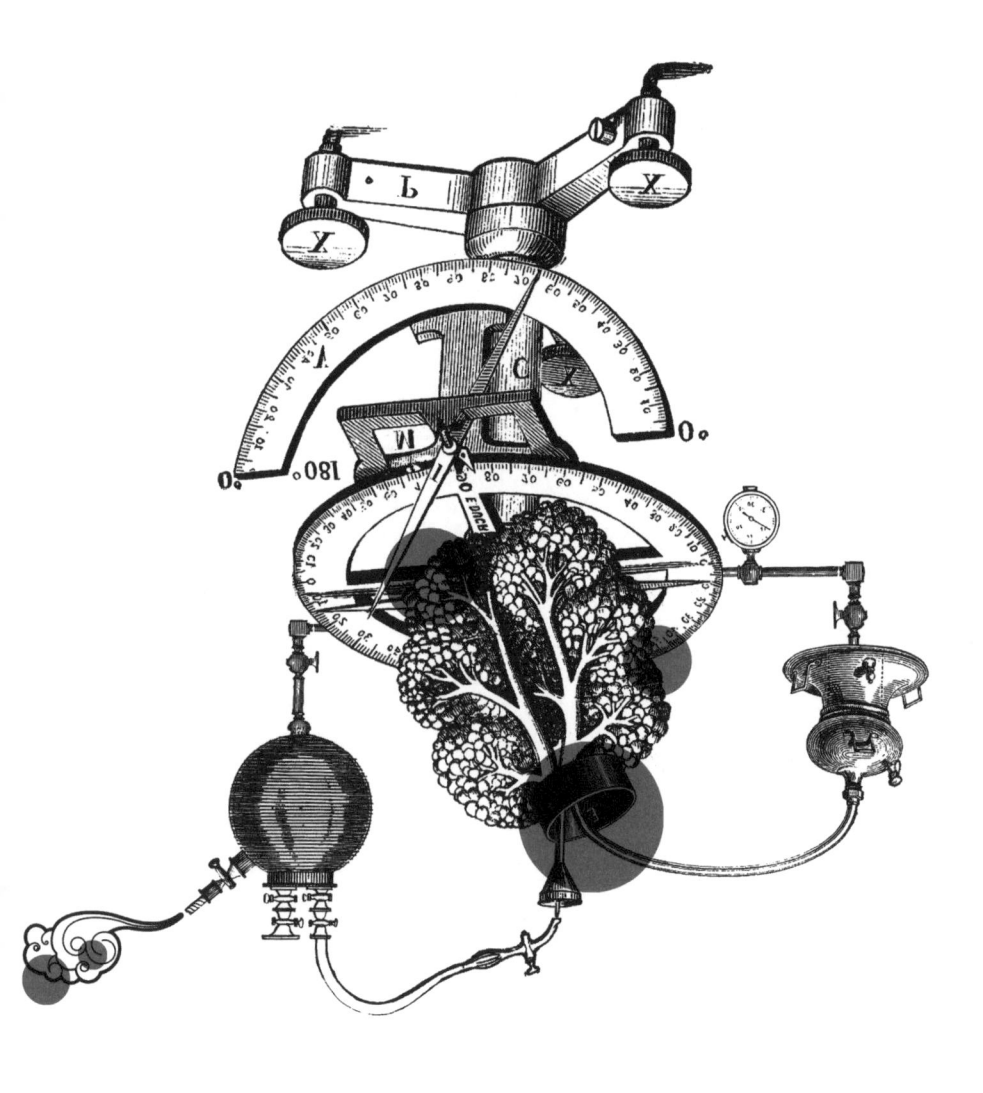

멍청함만큼 빈번하게 보이고 심각한 존재가 없다. 인간은 확실히 멍청함 분야에서는 최고 천재다. 인간이 사는 세상을 들여다보면 비논리적인 것이 많다. 현실과 동떨어지고 논리가 맞지 않는 이런 것들을 정신의학자는 '정신착란'이라고 부르지만 여러분이나 나 같은 사람들은 그냥 '멍청함'이라 부른다.

인간의 지능 영역에서 멍청함과 관계된 예는 아주 많다. 생물학 분야를 살펴보자. 정신약리학적으로 B6 두 알은 B12 한 알과 효과가 같다고 해보자. 이때 수학적 논리가 사람들을 단순한 논리로 안내하는 속임수로 작용한다. 다른 분야에서도 논리가 멍청함으로 둔갑할 수 있다. 나도 정신과 의사이자 정신분석학자인 빌헬름 라이히Wilhelm Reich의 방식에서 영감을 얻어 간단한 계산을 해봤다.

커플이 성생활을 할 수 있는 평균 수명은 약 50년, 혹은 그 이상이다. 프랑스에서는 평균적으로 일주일에 두 번 성관계를 맺는다고 하면, 프랑스인들은 일생에 5,000~6,000번 성관계를 하게 된다. 그러나 유럽에서 출산율이 가장 높은 프랑스에서 한 명의 여성이 낳는 아이의 수는 평균 1.9명이다. 간단히 말해 성관계 3,000번을 해야 아이 한 명이 태어난다는 뜻이다. 통계적으로 보면 성관계로 임신이 될 가능성은 희박하다는 이상한 논리가 나온다! 말도 안 되지 않는가?

정신심리학의
논리적 비약

그렇다면 정신심리학은? 칸Allah Khan과 프로이트Sigmund Freud 사이의 경쟁 이야기로 살펴보자. 칸이 프로이트를 질투하면서 다양한 이론이 탄생했다. 칸의 추종자들은 일체의 비판이나 토론 없이 무조건 칸의 이론을 숭배한다.

황당한 이야기가 있다. 유태인 여성 환자가 어느 날 칸에게 이렇게 말했다. "매일 아침 불안감 때문에 잠에서 깹니다. 전쟁 경험 이후로 이렇습니다. 정확히는 게슈타포 비밀경찰이 현관문을 두드렸을 때부터요." 그러자 칸은 의자에서 일어나 이론이 아닌 실전으로 들어갔다. 칸은 그 환자의 뺨을 어루만지며 "마음을 편히 가지세요, 이렇게 살았으니까요"라고 말했다. 그러자 환자는 "정말로 기분

멍청함은 논리적 착각일 뿐이다

이 나아졌어요"라고 답했다. 그러나 칸의 방식은 동물행동학에서 영감을 받은 것이다. 칸도 솔직하게 인용한 적이 있는 사실이다. 칸의 추종자들은 칸의 이론에 반박하는 나의 글을 읽으며 나를 싫어하게 될 것이다.

칸의 이론에 보이는 허점은 쉽게 드러난다. 미국의 정신분석학자 르네 스피츠René Spitz는 1946년 《아이의 생후 1년La Première année de la vie de l'enfant》(서문은 안나 프로이트Anna Freud가 작성)에서 동물행동학 관련 참고자료 28개를 인용했다. 칸의 추종자들은 현실을 인정하지 않고 칸의 사상을 현실로 착각해 나를 공격한다. 추종자들은 칸의 이론서를 읽지 않고도 그의 사상을 맹신한다. 이것이 바로 논리적 착각이다.

나는 1980년대에 어느 세미나에 참석해 프로이트가 언급한 강박성 장애의 예시를 설명하기로 되어 있었는데, 설명할 때 사용할 속임수를 생각해냈다. 히스테리성 귀 마비를 겪는 오토 크란크Otto Krank라는 환자가 있었다고 이야기를 지어낸 것이다. 오토는 같은 반 아이들과 달리 두 귀를 움직일 수 없어서 정신분석학자 혹은 정신과 의사를 찾아갔다. 담당 정신과 의사는 오토가 실제로는 귀를 움직일 수 있으나 심리적 문제 때문에 장애가 생겼다고 보았다. 그래서 오토에게 행동만 바꿔도 병을 고칠 수 있다고 하면서 이름 '오토'를 거꾸로 써보라고 했다. 다음 날부터 오토는 기분이 훨씬 나아졌다. 칸이 환자에게 했던 '어루만짐'과 같은 논리적 비약이다.

커리어는
이렇게 시작된다

정확히 짚고 넘어가자. 멍청함은 예상치 못한 곳에 나타나기 도 한다. 심리학자들이 소위 과학적인 방식이라고 부르는 것에도 멍청함이 숨어 있다. 세계보건기구의 DSM(정신 장애 진단 통계 편람), ICD(국제 질병 분류)는 평가위원회가 있는 잡지들이 승인한 논문을 바탕으로 한다.

나도 평가위원회에 참여해달라는 요청을 받을 때가 있다. 연구 논문을 작성한 저자의 이름은 나와 있지 않아도, 문체와 선호하는 주제를 통해 누가 논문을 썼는지 알 수 있을 때가 많다. 심리학자들은 자신에게 유리한 평가를 할 수 있는 적당한 사람들을 평가위원회 위원으로 추천한다. 인척 관계에 있는 남자, 돈을 많이 빌려준 친구, 두 번이나 비슷한 내용의 글 기고를 받아준 친구, 같은 문장을 반복해서 말하는 90대 노인…. 이렇게 해서 커리어를 쌓는다. 은

멍청함은 논리적 착각일 뿐이다

퇴할 때까지 제목이나 문장 하나만 살짝 바꿔 같은 논문을 기고하는 일을 반복한다. 내가 조금 과장하는 것일 수도 있지만 감정심리학의 선구자인 친구 폴 에크먼Paul Ekman도 익명으로 논문을 기고했는데 2년 전에 이미 발표한 글이라며 학술지에서 거절당한 적이 있다. 멍청함은 심리학자들의 지인으로 구성된 평가위원회에도 존재한다!

멍청함에서 자유로운 직업군은 없다. 생물학자든, 수학자든, 통계학자든, 정신분석자든, 심리분석가든, 임상학자든 누구나 멍청한 짓을 할 수 있다. 멍청함은 일상을 관리하는 과정에서 나온다. 인간은 멍청함 부문에서는 노벨상 감이다! 구석진 카페에서도 멍청한 짓이 이루어진다.

하지만 과학적인 방식에 멍청함이 있다 해도 칭찬은 해주자. 적어도 과학적인 방식이 있기에 우리가 의심과 확인을 하고, 우리가 믿고 있는 진실이 영원하지 않다고 깨달을 수 있기 때문이다. 하지만 과학 분야에서 커리어를 이어가려면 우리가 옳다는 것을 증명해야 한다. 그러다 보니 망상에 가까운 확신도 하게 된다. 결과적으로 커리어의 평균 수명과 삶의 평균 수명 사이에서 하나를 선택해야 한다.

자신의 생각이 무조건 옳다고 확신하며 멍청한 짓을 하면 과학 분야에서 오랫동안 일할 수 있다. 그럴 듯한 용어와 인용을 넣은 논문을 기고하면 인기를 얻을 수 있다. 아니면 비판을 받더라도 기존의 이론에 반박할 수 있다. 과학 분야에서 오래 일하기는 힘들겠지만 속은 시원하다. 불편함은 잠시뿐, 추종자들이 생겨나 새로운 학파를 만든다. 그러나 이번에는 새로운 학파가 멍청한 짓을 한다. 학파가 만들어지면 자기중심적 생각이 더욱 확고해진다. 새로운 학파가 새로운 멍청이 집단으로 변질되는 것이다. 주변 친구들이 멍청하면 다 같이 멍청해진다. 안타까운 일이다.

그런데 나는 이 글을 쓴 이후 커리어에 왠지 문제가 생길 것 같다….

멍청함은 논리적 착각일 뿐이다

Dan
Ariely

댄 애리얼리와의 만남

MIT 행동경제학과 교수

왜 우리는 멍청이처럼 소비하는가?

Q. —— **행동경제학의 정의를 내려주실 수 있을까요?**

A. —— 질문에 대답하기에 앞서 '표준의 경제학'이 무엇인지 설명을 드리려고 합니다. 행동경제학의 정의를 내리려면 꼭 필요하거든요. '표준의 경제학'은 단순한 질문에서 출발했습니다. "사람들이 최선의 결정을 내리려면 어떤 소비 선택이나 투자 선택을 해야 할까?"입니다. 이 같은 접근 방식에 따라 소비자이든 생산자이든 합리적인 주체 이론이 생겨났고, 이를 바탕으로 경제 관리 방식에 대해 정치적인 결론이 나왔습니다. "자원 할당에 최선인 기관과 결정은 무엇인가?"

행동경제학은 출발하는 관점이 다릅니다. 실제 상황에서 사람들이 어떻게 행동하는지를 조사하지요. 행동경제학의 목표는 합리성의 이상을 정하는 것이 아니라 실제 사람들의 행동방식을 분석하는 것입니다. 이를 위해 행동경제학은 사람들이 경제적인 결정을 해야 할 때 여러 가지 선택 사이에서 어떤 접점을 찾는지 실험을 했습니다.

예를 들어 간단한 질문부터 해보죠. 왜 비만인 사람들이 있을까요? '표준의 경제학' 입장에서 보면 인간은 정보로 무장한 소비자입니다. 따라서 이득과 비용을 계산해서 먹고 싶은 것을 먹습니다. 너무 많이 먹어 비만이 된 것은 개인의 선택으로 보는 셈이지요. 그러나 행동경제학 입장에서 보면 비만이 되는 이유는 선택이 아닌 다른 이유입니다. 적게 먹고 몸무게 관리를 잘 하고 싶은 사람들이 많을 테지만 막상 먹을 것이 앞에 있으면 유혹을 견디기가 힘듭니다. 많은 사람들이 날씬해지려고 노력하고 다이어트 같은 맹세를 지킬 수 있다고 생각하지만 유혹을 뿌리치지 못해 실패할 때가 많은 것입니다. 이것이 '표준의 경제학'과 행동경제학의 근본적인 차이입니다.

Q. ── 행동경제학이 연구한 영향력(우리의 선택에 영향을 미치는 요인)의 주요한 종류로는 어떤 것이 있나요?

A. ── 우선 우리의 구매 활동에서 중요한 역할을 하는 것은 감정입니다. 우리의 행동 대부분은 이성보다는 감정에 따라 일어납니다. 만일 호랑이와 관련해 기분 나쁜 경험을 했다면 호랑이를 마주할 때 제일 먼저 나오는 반응은 도망치는 것입니다. 어떤 태도를 취해야 최선일까를 따지지 않지요. 일상에서 우리의 행동은 대부분

왜 우리는 멍청이처럼 소비하는가?

이러한 원리를 따릅니다.

공포와 같은 감정은 훌륭한 조언자 역할을 합니다. 공포라는 감정이 있기에 위험을 마주하면 도망칩니다. 그러나 감정 때문에 눈앞의 자극에 굴복하기도 합니다. 시중에 나와 있는 제품 대부분은 사람들의 감정적인 반응을 자극하도록 만들어졌거든요. 예를 들어 '던킨도너츠'는 설탕과 크림을 좋아하는 미식가들의 욕구를 자극하기 위해 만들어졌지요. 가게의 쇼윈도에서는 제품이 더욱 매력적으로 보이기 때문에 사람들의 소비 욕구가 상승합니다. 그래서 마트에 가면 처음 사려고 했던 것보다 더 많은 것을 살 때가 많습니다. 매력적인 제품들이 손에 닿을 수 있는 곳에 보이므로 소비 욕구가 자극받은 것입니다.

물론 이러한 유혹이 있을 때 우리는 '자제력'을 사용합니다. 그런데 자제력 자체에도 한계가 있습니다. 자제력은 심리학 메커니즘을 따르기 때문입니다. 심리학 메커니즘은 행동경제학에서 자세히 연구되었습니다. 초콜릿을 즐겨 먹는 사람에게 다음과 같은 선택을 제안했다고 상상해봅시다. "지금 초콜릿이 절반만 든 상자를 받겠습니까, 아니면 다음 주까지 기다렸다가 초콜릿이 다 들어간 상자를 받겠습니까?" 공짜 선물이라면 당연히 다음 주까지 기다리는 것이 낫겠지요. 그러나 초콜릿을 너무 좋아하는 사람이라면 장기적으로 얻는 이익보다는 당장에 욕구를 채울 수 있는 방법을 선택할 겁니다.

이처럼 우리 인간은 일상에서 위와 같은 딜레마를 끝없이 접합니다. 복습을 할지, 보고 싶은 영화를 보러 갈지 고민하는 대학생을 예로 들어보겠습니다. 집에 남아서 복습을 할 것이냐, 아니면 마음이 끌리는 대로 영화관에 갈 것이냐의 사이에서 선택해야 합니다. 복습을 하기로 했다면, 결정에 대한 대가는 즉각적이지만 시험을 잘 볼 가능성이 있으니 장기적으로 이익입니다. 반대로 영화관에 가면 만족감이라는 이익은 즉각 얻지만 결정에 대한 대가는 머나먼 미래로 미뤄지겠지요. 그래서 우리 인간은 장기적인 이익과는 달리 즉각적인 만족을 얻을 수 있는 선택을 할 때가 많습니다. 당장 해야 할 일을 나중으로 잘 미루는 사람이라면 이 문제를 잘 알고 있겠지만요.

Q. —— 그렇다면 감정을 다스려 현명한 소비를 할 수 있는 방법이 있나요?

A. —— 사람들이 합리적인 소비를 할 수 있게 돕는 유일하고 간단한 방법은 없습니다. 하지만 더 나은 선택을 할 수 있는 저만의 비결은 있습니다.

저는 몇 년 전에 목숨이 위태로울 정도로 중병을 앓은 적이 있습니다. 병원에서 받은 치료는 참기 힘들 정도로 고통스러웠고 약을 먹으면 몇 시간 동안 구토를 해서 괴로웠습니다. 아무리 위험해도 약을 건너뛰거나 치료를 포기하고 싶어 하는 환자들이 많았습니

왜 우리는 멍청이처럼 소비하는가?

다. 그래서 저는 괴로움을 극복하는 저만의 비법을 만들었습니다. 주사액을 맞아야 할 때마다 의사의 허락 하에 제가 좋아하는 영화를 봤습니다. 그러자 고통은 덜 느껴졌고 특히 약을 생각할 때 고통보다 보상을 떠올리게 됐습니다. 약을 맞으러 갈 때마다 괴로운 고통 대신 좋아하는 영화를 본다는 생각을 했습니다.

방법은 성공적이었습니다. 치료가 끝나자 담당 의사가 놀라더군요! 제가 치료를 끝까지 받은 유일한 환자여서 말이지요. 소비 행동을 자제하고 싶다면 자신의 약한 부분을 다루는 기술을 개발하는 것이 좋습니다. 소비 행동을 자제할 수 있게 돕는 기술을 사용할 수도 있고요. 미국에서는 가전제품이 지나치게 많이 작동해서 전기회사가 경고의 의미로 전력 소비가 어느 한계를 넘으면 작은 전구가 빨간색으로 빛나도록 했더니, 미국인들의 전기 소비가 대폭 줄었다고 합니다.

소비자나 생산자들이 특정 제품을 소비하거나 생산하는 것을 부추기거나 억제하는 정책도 있습니다. 오염물질을 배출하는 제품에 벌금을 매기거나 윤리적인 제품을 구입하도록 유도하거나 저축을 장려하거나 가계 부채를 제한하는 정책도 있죠. 개인의 선택 제한과 공공 유도 정책이야말로 행동경제학이 소비 행동을 관찰해 키우려고 하는 방법들입니다.

인터뷰어: 장 프랑수아 도르티에

풍요의 역설

　놀라운 마케팅 관련 실험을 소개해보고자 한다. 판매대에 잼 6종을 판매한다. 저녁이 되면 잼이 몇 병 판매되었는지 세어본다. 그다음 날, 이번에는 판매대에 잼 24종을 놓았다. 그리고 어제의 매출과 비교해본다. 놀랍게도 잼이 24종 놓여 있을 때보다 6종 놓여 있을 때 더 많이 팔렸다! 여기서 얻을 수 있는 교훈은 이것이다. 선택의 폭이 너무 넓으면 오히려 구매를 망설인다.

　이 실험을 한 인물은 컬럼비아대학교의 교수이자 《쉬나의 선택실험실The Art of Choosing》의 저자 쉬나 아이엔가Sheena Lyenger다. 이 책은 소비사회의 역설, 즉 풍요로운 선택이 안겨주는 불편함을 소개한다. 소비자는 선택의 폭이 넓으면 무엇을 살지 모른다. 누구나 겪는 일이다. 공영 텔레비전 시대에는 채널이 세 개뿐이었다. 그래서 시청자는 좋아하는 프로그램을 어렵지 않게 골라 고정적으로 보았다. 그러나 수십 개 버튼이 달린 리모컨을 손에 쥐고 텔레비전을 보

왜 우리는 멍청이처럼 소비하는가?

는 요즘, 시청자는 수백 개의 채널 앞에서 15분 간격으로 채널을 바꾼다. 소비해야 할 것이 너무 다양하면 소비자는 결정 장애가 생기고 결정이 만족스럽지도 않다. 자신에게 이상적인 선택지를 한번에 찾지 못해 불만이 생기는 것이다.

○ 선택할 것이 너무 많으면 오히려 선택할 수 없다

흔히 정보가 너무 많으면 정보가 묻힌다고 한다. 인터넷을 사용하는 사람들이라면 웹사이트에서 보여주는 정보가 너무 많을 때 오히려 간단하고 명확한 정보를 찾게 된다는 사실을 잘 알 것이다. 문제를 깊게 파고들수록 새로운 길이 열린다. 우리가 이해했다고 생각한 개념들이 더 복잡해진다. 데이터가 쌓이면 정보의 홍수 속에서 헤어 나오지 못한다. 이것이 풍요로운 사회의 역설이다.

과거에는 식량이 부족해 굶주림으로 고통받는 사람들이 많았다. 요즘은 지나치게 다양하고 많은 음식 앞에서 자제하는 법을 배워야 한다. 정보도 마찬가지다. 클릭만 하면 방문할 수 있는 수천 개의 사이트, 리모컨의 버튼 하나만 누르면 볼 수 있는 수백 개의 채널, 도서관과 서점에 진열된 수천 권의 책.

마케팅 분야에서 보면 풍요로움이 결정을 방해하는 요소가 될 수 있다. 그래서 《점심메뉴 고르기도 어려운 사람들The Paradox of Choice》의 저자인 사회학자 배리 슈워츠Barry Schwartz는 정신적인 과부하 현상을 지적했다. 식량, 정보, 오락 등이 풍요로운 사회에서 우리의 문제는 새로운 것을 찾는 것이 아니라 불필요한 것을 없애는 것이 아닌가 한다.

장 프랑수아 마르미옹

왜 우리는 멍청이처럼 소비하는가?

Laurent Bègue

로랑 베그

프랑스대학 연구소 위원, 알프스 인간과학관 관장

모든 것에 겁 없이 도전하는 동물, 인간

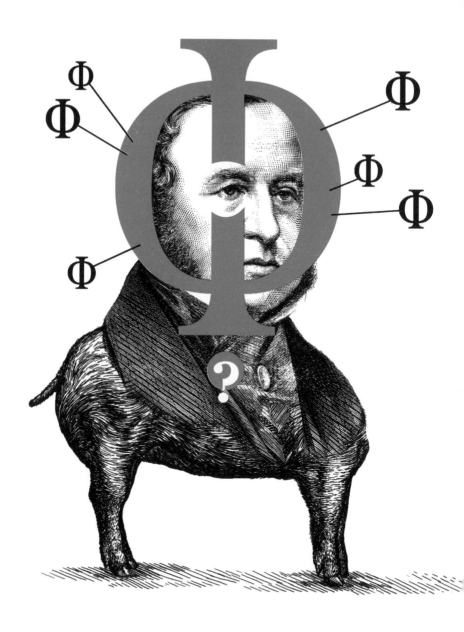

"인간은 암소들을 아끼면서도 결국 먹는다."

_알랭 수숑Alain Souchon,

〈꼬리도, 머리도 없는Sans queue ni tête〉

베르사유 궁정의 안마당 앞에 축하 대포들이 늘어서 있었다. 때는 1783년 9월 19일 오후 한 시 정각, 루이 15세와 가족이 보는 앞에서 오리 한 마리, 수탉 한 마리, 양 한 마리가 항공 우주 역사에 서서히 입장하고 있었다. 동물 무리는 몽골피에Montgolfier 형제가 발명한 열기구에 매달린 버드나무 바구니 속으로 들어갔고, 잠시 후 600미터 높이에서 수십 킬로미터를 비행하는 모험에 나섰다. 사람들의 환호 소리가 이어졌지만, 안타깝게도 열기구의 풍선 부분이 찢어지는 바람에 동물 무리의 역사적인 비행은 목표를 이루지 못하고 보크르송Vaucresson 숲에 불시착했다. 이 세 마리의 영웅은 왕실의

왕세자에게 상을 받았고 특별 우리에서 살게 되었다.

그로부터 몇 주 뒤, 이번에는 인간이 직접 비행에 나섰다. 단단하게 안전 준비를 한 채로. 이후 해양 동물들 혹은 육상 동물들(메추리, 해파리, 고양이, 개, 원숭이, 도룡뇽⋯)이 수십 마리씩 우주비행선에 태워져 탐사를 떠났으나 18세기 열기구에 올랐던 선배 동물 세 마리의 목표에는 다다르지 못했다.

21세기 초에도 여전히 과학 실험, 산업용 생산, 혹은 식량 조달을 이유로 인간이 죽이는 동물의 수는 어마어마하다. 전 세계적으로 약 1억 마리의 동물들이 매년 실험에 사용되고 700억 마리의 새와 포유류가 인간이 먹을 고기로 도축되며 1조 마리의 물고기가 어업활동으로 잡힌다.[1] 우리 인간은 생산 목표를 달성하기 위해 과학적인 방법과 정교한 축산 기술을 개발했다. 뿐만 아니라 동물 착취로 인해 일어나는 피해를 외면하거나 정당화하는 심리 메커니즘도 갖추었다.

호모사피엔스가 다른 종에게 입히는 피해는 인간의 삶 자체에도 끔찍한 결과를 가져왔다. 그렇지 않았다면 냉혹함이나 잔인성 이야기만 나왔을 것이다. 그러나 이 글에 담긴 제목에서도 나오듯이 동물 착취는 인간의 삶에도 좋지 않은 영향을 끼친다. 동물 착취가 만연하면서 인간은 열기구처럼 위험한 여정을 계속하고 있다. 그것도 위험한 조건에서 말이다.

대중을 대상으로 공장형 농장이 환경에 끼치는 피해와 야만성을 날카롭게 경고하는 책을 펴내는 작가들이나 집중 어업을 비난하는 책을 펴내는 작가들도 있다. 그러나 이 같은 경고에도 우리 인간은 눈과 귀를 막고 모른 체한다. 우리가 속한 인류는 동물 학대라는 멍청한 짓을 계속할 수 있을 정도로 특이한 심리적인 힘을 지녔기 때문이다.

'일요일마다 닭요리를 즐겨 먹은 왕'으로 알려진 앙리 4세의 유명한 재상 쉴리 공작Duc de Sully은 "목축과 농업은 프랑스를 지탱하는 두 개의 젖줄이다"라고 말하곤 했다. 이 말을 비틀어 인간의 멍청함을 지탱하는 젖줄은 크게 세 개라고 볼 수 있다. 바로 모순, 무지, 그리고 합리화이다.

논리적 모순이라는
젖줄

날카로운 비판이 돋보이는 책《육식을 즐기면서 지적인 척하는 사기꾼L'Imposture intellectuelle des carnivores》에서 저자 토마 르플티에Thomas Lepeltier는 인간의 모순 앞에서 당황하는 척하며 순진하게 구는 자신의 심리를 밝힌다.[2] "새끼 고양이들을 믹서에 갈거나 개를 마취 없이 거세하거나 말을 햇빛도 들지 않는 작은 우리에 평생 가둬놓는 것을 즐긴다면 동물학대죄로 2년 형을 구형받는다. 그런데 왜 정부는 수평아리들이 분쇄기에 갈리고 암탉들이 좁은 닭장에 평생 갇혀 있으며 수백만 마리의 토끼, 어린 양, 돼지가 칼로 목을 베여 죽는 데도 그대로 보고만 있을까?" 르플티에는 말도 안 되는 이 상황에 당황한다. 동물들도 감정이 있는 생명체라고 생각하기 때문이다. 그리고 이어 "동물보호법에 따라 동물이 사용된다"라는 프랑스 민법 515조 15항의 내용을 소개한다. 예를 들면 말할 수 없을 정도로 열악한 환경에서 토끼들을 공장식으로 사육하는 것이 법적으로 허용된다는 것이다.

이 같은 모순 뒤에는 또 다른 차원의 합리성이 숨어 있다. 실제로 동물은 도구로 사용되느냐 인간과 함께 사느냐에 따라 가격이 매겨진다. 동물의 가격은 인간이 해당 동물에 대해 느끼는 이미지에 따라 매겨진다. 동물보호 운동가들 역시 모든 동물을 똑같이 대하지 않는다. 어느 수의사가 관찰한 내용에 따르면, 동물 실험에 반대하는 활동가들은 쥐보다는 영장류나 개를 실험하는 연구실과 연구원을 더욱 비난한다. 동물보호 운동이 초점을 맞춰야 하는 활동에 '모피 의류 사용 금지'를 포함시켜야 한다고 생각하는 사람들 가운데 약 3분의 2가 가죽옷이나 가죽신발을 착용하고 있다. 동물의 가치를 인간의 이익에 따라 매기는 인간중심적 사고를 바탕으로 우리는 동물의 서열을 나누고 있는 것이다.

무지라는
젖줄

동물을 이용하는 사람들에게 무지야말로 가장 위로가 되는 방패막이다. 최근 시르카시아 출신의 앙드레 조제프 부글리온André-Joseph Bouglione은 공연에 더 이상 동물들을 출연시키지 않겠다고 결심했다. 그리고 이렇게 고백했다. "코끼리들이 멈출 때 약간 몸을 기우뚱 하는 것은 긴장이 풀렸다는 뜻이라고 생각했습니다. (…) 그런데 저의 생각이 틀렸습니다. 사실 코끼리들이 갇혀 있어서 불안해한다는 의미였습니다."[3]

데카르트가 말한 대로, 인간이 수세기 동안 아무렇지도 않게 동물들을 가둬놓고 길들인 것은 동물들에게도 인지능력, 생각, 감정이 있다는 사실을 몰랐기 때문이다. 데카르트는 동물과 기계에 관해 쓴 책《방법서설Discours de la Méthode》에서 위와 같은 변명을 했는데, 하지만 어쩌면 이것은 자신이 직접 과학자로서 했던 동물 생체실험을 정당화하기 위해서였는지도 모른다. "그것은 비명을 지르지만 느끼지는 못한다." 철학자 말브랑슈가 기르던 개를 때리면서 내뱉은 말이다. 몰상식함은 시대를 초월한다. 우리는 이렇게 해서는 안 된다.

2017년 6월 〈워싱턴 포스트〉는 미국인들을 대상으로 온라인 여론조사를 벌였다. 응답자 가운데 7퍼센트(1,600만 명 이상)가 카카

오 밀크가 갈색 암소의 젖에서 나온 것이라고 대답했다. 미국 농업부의 여론조사에서는 더욱 황당한 결과가 나왔다. 성인 다섯 명 중 한 명이 햄버거의 패티가 어떤 동물의 고기인지 모른다고 한 것이다. 데이비스 캘리포니아대학교의 연구원으로 있는 알렉산더 헤스Alexander Hess와 캐리 트렉슬러Cary Trexler는 11, 12살의 어린이들을 상대로 조사를 했는데, 응답한 어린이들 가운데 40퍼센트가 햄버거의 고기가 쇠고기인지 몰랐다고 했고, 30퍼센트는 치즈가 우유로 만들어지는지 몰랐다고 답했다.

식품에 대해 무지한 것은 프랑스도 마찬가지다. 8~12살을 대상으로 한 프랑스의 어느 여론 조사에 따르면 응답자들 가운데 40퍼센트가 햄과 같은 가공식품이 무엇으로 만들어졌는지 모른다고 했고 3분의 2는 스테이크가 무엇으로 만들어졌는지 모른다고 했다. 뿐만 아니라 꽤 많은 저학년 학생들이 생선에는 가시가 없다고 대답했다. 젖을 먹일 송아지가 없어도 암소의 젖에서 즉각 우유가 나온다고 생각하는 금발머리 여자들의 비율은 어떻게 될까? 답은 직접 상상하기 바란다.

인간은 동물의 인지능력에 대해 여러모로 무지했기 때문에, 동물을 아래로 보고 지배하려고 했다. 인지윤리학과 신경과학이 발달했음에도 동물을 바라보는 인간의 인식은 크게 달라지지 않고 있다. 그러나 현재 전문가들은 "동물들도 의식이 있고 의지대로 행동할 수 있다고" 보고 있다(2012년 캠브리지 선언). 동물들이 생각만큼 멍

모든 것에 겁 없이 도전하는 동물, 인간

청하지 않다는 사실을 밝혀내는 책들도 많이 나와 있다.[45]

하지만 동물을 바라보는 인간의 부조리한 인식을 고치려면 지식을 전달하는 것만으로는 부족하다. 목축업을 하고 육류 제품을 파는 일을 하는 사람들은 미소 짓는 암소들과 식탁으로 가고 싶어 안달하는 암탉들의 목가적인 이미지를 내세우려고 애쓴다. 철학가 플로랑스 뷔르가Florence Burgat가 관찰한 것처럼 동물을 죽여 고기로 만드는 과정이 미화되고 있는 것이다.[6] 축산 산업에서 발생하는 목축과 도축의 현실이 묻히고 있다.

철학가 마르탱 지베르Martin Gibert는 2013년에 잡지 〈브르타뉴

농부 주간지Paysan breton hebdo〉가 목축업자들에게 전하는 메시지를 소개했다. "제품에서 동물이 드러나지 않게 해야 합니다. 그러니까 동물에 연민을 느끼지 못하도록 과정을 보여주지 말고 완제품만 내세워야 합니다."[7] 마찬가지로 어느 육류 전문가 잡지도 "소비자는 자신이 구입한 양갈비가 봄날의 풀밭에서 깡충 뛰어놀던 귀여운 어린양을 죽인 고기라는 것을 알게 되면 확실히 채식주의자로 돌아설 것이다."라고 말했다. 웨슬레이랜드대학교의 스콧 플루스Scott Plous가 인용한 잡지의 내용이다.

인간의 또 다른 무지함도 다루어야겠다. 소비자들은 자기가 먹는 육류의 양을 스스로 줄여 말한다. 예를 들어, 여러 조사에서도 밝혀졌지만 채식주의자라고 밝힌 사람들 가운데 60~90퍼센트가 조사에 응하기 전에는 평소 고기를 먹는 것으로 나타났다. 채식주의에 관한 대부분의 연구에 따르면 채식주의자라고 밝힌 사람들 중 3분의 2 이상이 닭고기를, 80퍼센트가 생선을 때때로 먹는다는 것이 밝혀졌다!

또한 조사에 응답한 사람들에게 동물의 고통을 다룬 프로그램을 보여주겠다고 하면 무의식적으로 평소 섭취하는 고기의 양을 줄여 답했다. 동물의 고통을 줄이겠다며 붉은 고기를 더 이상 사지 않으면서, 정작 가금류 섭취는 늘리는 소비자들도 있다. 가금류도 고통을 느끼는 것은 똑같은데 말이다(암소 한 마리 분량의 고기를 얻으려면 닭 221마리가 필요하다).

고기가 들어가지 않은 음식을 선택한 사람들도 모순적이기는 마찬가지다! 설문조사에 응답한 사람들은 고기가 들어가지 않은 소시지가 고기가 들어간 소시지보다 맛이 없다고 생각하지는 않아도, 채식주의자용 소시지를 고기 소시지라고 속아서 먹으면 더 맛있다고 느끼는 것으로 나타났다. 또 다른 연구에 따르면 영양바에 콩이 들어갔다고 이야기하면 더 맛이 떨어진다고 생각하는 것으로 나타났다!

합리화라는
젖줄

인간이 일상적으로 보여주는 무지함 중에 의도적인 무지함도 있다. 고기를 먹지만 고기로 소비되는 동물들의 생전 모습을 떠올리면 마음이 불편하기 때문에 동물들의 이미지를 바꿔버리는 손쉬운 방법을 선택한다. 이를 가리켜 인지부조화 이론이라고 한다.

어느 조사에 따르면 사람들은 지능의 높낮이에 따라 먹어도 되는 동물들을 분류하는 것으로 나타났다. 암소나 돼지는 고양이, 사자, 영양보다는 지능이 낮기 때문에 '식육'으로 분리한다는 것이다. 또 다른 연구에서는 참가자들이 두 가지 정보 중 하나를 듣는다. 하나는 양이 목초지를 바꾸어 이동할 수 있다는 정보, 또 하나는 양고기 메뉴가 나올 것이라는 정보다. 그 다음에 참가자들은 양의 지능을 예측했는데, 양고기가 메뉴로 나올 것이라는 정보를 들은 참가자들이 양의 지능을 더 낮게 평가하는 것으로 드러났다.

세 번째 연구는 인간이란 미뢰로 생각하는 존재라는 사실을 드러낸다. 참가자들은 뉴기니에서 마주치는 포유류가 베네트 나무에 사는 캥거루라는 설명을 간단하게 들었다. 이 외에도 참가자들은 캥거루에 대한 여러 정보를 들었다. 예를 들어 뉴기니 주민들이 캥거루 고기를 먹는다는 정보다. 반대로 캥거루 고기에 대한 정보를 전혀 듣지 않은 참가자들도 있었다. 이어서 참가자들에게 캥거루가 다치면 얼마나 고통스러울지, 캥거루는 윤리 기준에 따라 대해야 하는지 생각한 대로 대답해달라고 했다. 그 결과 캥거루 고기도 먹을 수 있다는 정보를 들은 참가자들은 캥거루를 연민 어린 시선으로 보지 않았고, 반대로 캥거루 고기에 대해 듣지 못한 참가자들은 캥거루를 연민 어린 시선으로 바라봤다.

인간은 육류 소비를 정당한 것으로 포장하기 위해 생각을 바꿀 수 있다("식물은 동물을 위해서, 동물은 인간을 위해서 존재한다."-아리스토텔레스).[8] 동물에 대한 동정심을 차단하기도 한다("동물들에게 죽음은 고통스럽다. 하지만 인간은 동물의 고통에 신경 쓸 필요가 없다."-성 오귀스탱Saint Augustin). 동물이 동의한 것처럼 미화하기도 한다(인간이 잘 돌봐준 대신 동물은 인간에게 고기를 제공하는 것이다). 동물의 고통을 부정하기도 한다(동물은 무의식 상태보다는 의식 있는 상태에서 목을 베어야 고통을 덜 느낀다). 동물의 희생은 더 높은 목표를 위해서라고 주장하거나(동물은 인간의 식량, 혹은 암환자 어린이를 위한 의학 연구를 위해 존재한다), 인간의 생존을 위해 필요하다고 주장한다(인간은 채식만 해서는 살 수 없다). 말도 안 되는 주장을 펴기도 하고(당근도 비명을 지를 수 있다), 채식주의를 나쁘게 묘사하기도 한다(채식주의를 인간 혐오 행동으로 의심하거나 나치즘과 연결시킨다). 이외에도 많다.

인간은 동물을 상대로 뭐든지 시도했다. 미셸 오디아르는 이것이 인간도 인정한 일이라고 덧붙였다. 그러나 어쩔 수 없는 것은 없다. 멍청함과는 거리가 먼 직업 철학가 미셸 옹프레Michel Onfray는 최근에 이렇게 말했다. "채식주의자가 되겠다고 생각하면, 나는 채식주의자가 된다." 이 고백은 과학적으로도 타당하다. 실제로 콩류를 먹는 사람들은 콩에 특별한 감정이 없다. 〈영국 의학 저널〉에 따르면 IQ가 평균보다 높은 10살 아이들은 성인이 될 때 채식을 더 선택하는 것으로 나타났다. 이는 사회 계급, 교육 수준, 소득과 관계가 없다. 그렇다고 고기를 먹는 사람들이 EQ가 특별히 낮은 것 같지는 않다. 몇 가지 연구를 살펴보면 오히려 그 반대다. 조상들은 고기를 먹어 두뇌가 발달했다고 주장하는 사람들이 있지만 이런 생각도 이제는 바꿔보면 어떨까?

지구라는 공간에서는 인간과 동물이 공존한다. 그러나 인간은 지식이 쌓일수록 건강과 환경 위험을 예상해 좀 더 현명해질 필요가 있다.

이성보다는
고기를 선택한 인간

　프랑스에서는 토끼 99퍼센트, 돼지 95퍼센트, 닭 82퍼센트, 씨
암탉 70퍼센트가 공장형 축산으로 길러진다. 그러나 가축의 생활환
경과 도축 환경이 끔찍할 때가 많다(도축장의 가축을 살펴보는 활동OABA
에 따르면 동물의 절반 이상이 여전히 의식이 있는 상태에서 피를 흘리고 있는 것으
로 나타났다). 분쇄기에 갈리는 수평아리, 간을 크게 키우기 위한 거위
사육, 새끼 돼지와 암소의 다리 절단 등 공장형 축산이 문제가 되는
이유는 끝이 없다.

　건강상으로도 지나친 육류 섭취는 심혈관 질환과 비만의 원인
이 되고 있다. 세계보건기구는 지나친 육류 소비가 암의 원인이 될
수 있다고 밝혔다. 미국국립과학원회보PNAS의 보고서는 옥스퍼드
대학교의 연구진의 측정 결과를 발표했는데, 채식을 선택하는 사람
일수록 사망률이 6~10퍼센트 낮아졌다.

　인간의 비합리성을 확인할 수 있는 또 다른 사실이 있다. 육류

　　　　　　　　　　모든 것에 겁 없이 도전하는 동물, 인간

생산을 위해 대규모로 자원을 낭비하는 행동이다. 1킬로그램의 쇠
고기를 생산하려면 25킬로그램의 채소가 필요하다(닭고기를 생산하려
면 채소 4.4킬로그램, 돼지고기를 생산하려면 채소 9.4킬로그램이 필요). 유엔식
량농업기구FAO에 따르면 1칼로리의 고기 생산을 위해 4~11칼로리
의 채소가 필요하다. 고기 생산을 위해 농작물이 비효율적으로 사
용되는 실태가 국립과학아카데미의 또 다른 보고서에서도 드러났
다. 그야말로 현재의 축산 방식은 '단백질 공장'이다. 이 보고서에
따르면 쇠고기, 돼지고기, 유제품, 가금류, 달걀을 생산하기 위해 채
소를 사용하기보다는 인간이 먹을 채소를 생산해야 1헥타르당 단
백질을 20배 이상 끌어낼 수 있다. 미국의 농업 자료만 봐도 이 정
도의 채소면 3억 5,000만 명을 추가로 먹여 살릴 수 있는 양이다.

　더구나 축산업은 환경을 심하게 오염시킨다. 축산은 온실가스
를 내뿜는 인간의 다른 활동보다 더 삼림을 파괴하는 주범이다(FAO
에 따르면 교통수단이 배출하는 이산화탄소는 13퍼센트인데 반해, 축산업으로 배
출되는 이산화탄소는 14.5퍼센트다).《육류 경제학Meatonomics》의 저자 데이

비드 로빈슨David Robinson에 따르면 "동물성 단백질을 생산하려면 물 100배 이상, 화석 연료 에너지 열한 배 이상, 흙 다섯 배 이상이 필요하다."(파브리스 니콜리노Fabrice Nicolino의 《고기: 세상을 위협하는 육류 산업 Bidoche: L'industrie de la viande menace le monde》참조)

심지어 공장형 축산으로 질병이 많아지고 그 전염속도도 빠른 것으로 나타나고 있다. 육류 소비로 국민 건강이 흔들리는 나라들도 있다. 공장형 축산업에서는 좁은 우리에 있는 가축들이 병에 걸리지 말라고 사료에 약을 투입한다. 이렇게 길러진 가축들의 고기를 먹으면 항생제를 먹어도 잘 듣지 않는다.

로랑 베그

모든 것에 겁 없이 도전하는 동물, 인간

파트리크 모로

몬트리올 아윙트시크대학교의 문학 교수, <아르귀망> 편집장

멍청함의 언어

"멍청한 인간들이 무슨 말을 하냐고? 그들은 스스로도 무슨 말을 하는지 모른다. 그래서 마음이 편하다. 멍청한 인간의 말은 의미도 없고 부정확하다. 멍청한 인간의 말은 수다에 가깝다. 멍청한 인간은 침묵을 견디지 못한다. 멍청한 인간은 마치 아슬아슬하게 밧줄을 타는 술 취한 곡예사처럼 진부한 말에 매달린다. 멍청이는 이미 만들어진 문장을 난간처럼 꽉 잡으며 의지한다."

_조르주 피카르, 《멍청함에 관하여》[1]

우리는 가끔 멍청한 짓을 한다. 그런데 멍청한 짓이라고 하지만 멍청한 말일 때가 더 많다. 실제로 대부분의 멍청한 짓은 언어로 이루어진다. 그렇다면 그저 지식이 부족한 말이 과연 멍청한 말일까? 생각하지 않고 툭툭 뱉는 말이 멍청한 말이 아닐까? 이 말이 맞는다면, 멍청한 말은 조지 오웰George Orwell이 《1984》에서 소개한 '신어Newspeak'와 비슷하다고 할 수 있다. 오웰은 신어를 가리켜 '오리의 말duckspeak'이라고 부르며, 신어가 사용될 때는 두뇌의 가장 고차원적인 부분이 전혀 활용되지 않는다고 말했다.[2]

멍청한 말을 신어(식상한 말의 표준)와 연결시키는 것이 이상해 보일 수 있겠지만, 둘은 비슷한 성격을 지니고 있다. 둘 다 부적절하고 무의식적인 언어를 사용하기 때문이다. 멍청한 말은 신어와 마찬가지로 현실을 고려하지 않고 그냥 생각 없이 하는 말이다. 신어가 진부한 이데올로기 언어라면 멍청한 말은 생각 없이 성급하게 내뱉는 언어다. 신어와 멍청한 말은 언어의 정상적인 사용과 거리가 멀다는 점에서도 비슷하다. 뿐만 아니라 신어와 멍청한 말은 출발점이 다를 수는 있어도 동시에 나타나기도 한다. 신어는 특정 개념을 퍼뜨리기 위해 로비하는 이데올로기(페미니즘, 동물 보호 운동, 젠더 이론 등)에서 발견할 수 있는 언어다.[3] 인터넷과 SNS에 힘입어 공개적으로 불쑥 내뱉는 말도 멍청하다.

멍청한 말과 신어의 만남을 가장 잘 보여주는 사례가 있다. 정육점 주인이 희생된 프랑스 트레브 지역 무슬림 테러 사건 이후 2018년 3월 어느 극단적 채식주의자가 페이스북에 이런 글을 올렸다. "살인자가 테러리스트에게 살해당해 충격인가? 나는 그런 자에게 전혀 동정이 가지 않는다. 어쨌든 정의는 있다." 현대사회에서 흔히 보는 막말이다. 아무 생각 없이 툭 내던지는 말은 멍청한 말에 불과하다.

언어의 고삐가
풀릴 때

위에서 소개한 페이스북 글에서 가장 비상식적이며 충격적인 내용은 정육점 주인을 '살인자'로 표현한 것이다. 과장을 넘어 모욕적이며, 그야말로 멍청한 말이다. 어느 스포츠 해설자가 사적인 자리에서 프랑스 축구팀과 한판 붙은 독일 팀을 가리켜 '호모'라고 부른 적이 있는데, 역시 멍청한 말이다.

멍청하게 사용되는 단어는 해당 단어의 원래 의미와 완전히 어긋난다. 그러나 멍청한 말은 거짓말과는 다르다. 멍청한 말을 하는 사람은 상대방을 속일 마음이 없다. 그저 입에서 나오는 대로 지껄일 뿐이다. 진실 따위에는 관심 없고 조심해야겠다는 마음도 없이 그냥 내뱉는 말인 것이다.[4] 한마디로 멍청한 말은 말 자체를 진지하지 않게 생각할 때 나온다. 이를 기준으로 보면 멍청한 말을 하는 사람과 신어를 사용하는 사람 사이에는 차이가 있다. 아무렇게나 말하는 사람이 멍청하다면, 단어 하나하나를 신줏단지 모시듯 중요하게 생각하는 사람은 신어를 사용한다.

테러에 희생된 정육점 주인을 살인자로 부르는 극단적 채식주의자는 자신이 멍청한 말을 하는지도 모를 것이다. 이런 사람은 살인자라는 말이 원래 무슨 뜻인지도 모른다. 오히려 자신은 적절한 표현을 사용해 진실을 이야기하고 착각하고 있다. 그녀의 눈에는 동물을 죽이는 것이 그야말로 살인 행위와 다름없기 때문이다. 다른 사람들에게는 아닐지라도 그녀에게는 적당한 표현인 것이다.

단어의 원래 의미를 교묘히 비트는 일은 시대에 따라 평가가 달라질 수 있다. 예를 들어 노예 제도가 있던 시대에는 노예를 죽이는 것이 살인이 아니었다! 어쩌면 극단적 채식주의자가 정육점 주인을 살인자로 부르는 것이 지금 기준에서는 과장되게 느껴질지라도, 세월이 더 흐른 뒤에는 모두가 이에 동의할지도 모른다. 옛날에 사용하던 언어도 시간이 지나면서 의미가 달라지기 때문이다. 하지만 극단적 채식주의자의 말이 진보적인 언어라고 할 수 있을까? 물론 아니다.

이 지점에서는 관념적인 언어와 멍청한 말이 비슷하다. 즉 말고삐가 풀리듯 현실로부터 동떨어져 아무렇게나 나와 있다는 점에서다. 그러나 언어가 부적절하게 사용은 되었어도 거짓말과는 다르다. 멍청한 스포츠 해설자는 독일 축구팀 선수 중 일부는 호모라고 믿는다. 분노에 가득 찬 극단적 채식주의자도 정육점 주인이 동물을 도축하는 데 조금이라도 관여했다고 생각한다. 이렇게 보면 멍청한 말과 관념적인 언어는 지나치게 자기중심적인 표현이라고 할

멍청함의 언어

수 있다.[5] 이런 언어에서는 실제 의미보다 상징성이 더 중요하다.

살인자는
늘 살인자인가?

그러나 언어가 기준을 제시해준다고 해서 그 기능만으로 적재적소의 말과 유해한 말을 구분할 수는 없다. 사용하려는 단어의 정확한 의미를 다시 한 번 생각해야 한다. 단어는 우리를 둘러싼 세상을 가리키기보다는 우리 주변의 세상을 분석하고, 우리가 정의하는 개념을 통해 세상에 의미를 준다.

정육점 주인을 가리켜 살인자라고 하는 극단적 채식주의자에게 이렇게 물을 수 있다. 동물을 죽이는 행위가 살인이라면 쥐를 잡아 죽이는 고양이, 크릴새우를 잡아먹는 돌고래, 저녁 먹이로 영양의 목을 물어뜯는 표범도 살인자라 할 수 있을까? 단어를 정확히 사용하려면 의미가 같은 기준에 적용될 수 있어야 한다. 인간 입장에서 동물을 죽이는 것이 범죄라면 동물 입장에서도 자신을 잡아먹는 다른 동물의 행위는 범죄라고 해야 논리적이다. 어쨌든 동물보호법을 지지하는 극단적 채식주의자는 육식동물이 전부 사라진다는 생각을 하면 박수를 칠지도 모르겠다. 극단적 채식주의자는 육식동물이 전부 사라지면 하늘이 도와 정의가 실현되었다고 말할지도 모르겠다.

이런 메시지가 어떤 파급력을 지닐지 극단적 채식주의자가 알고 있으리라고 생각하지는 않는다. 신어와 멍청한 말은 공통적으로 일관성도 없고 경솔하게 하는 말이다. 이러한 언어는 큰 실수를 부른다.

자기중심적이고
제멋대로인 말

신어와 멍청한 말은 일관성도 없고 개념도 애매하기 때문에 상식적으로 사용할 수 없다. 오히려 이러한 언어는 문제를 일으킬 때가 많다. 뜻이 애매해서 사용되는 상황마다 달리 해석된다.[6] 자신의 기준으로 판단해 서로 자신이 맞다고 우길 수 있다.

언어에는 자기주장을 하는 기능과 대화하는 기능이 있지만, 《거울 나라의 앨리스》에 등장하는 험프티 덤프티처럼 독선적인 사람이라면 다소 거만한 투로 이렇게 말할 것이다. "내가 사용하는 단어는 내가 정한 의미를 가져." 정확히 멍청이와 관념론자들이 하는 말이다. 멍청이와 관념론자들은 자기 멋대로 정의한 말을 마음대로 쓰기 때문에 토론의 여지를 주지 않는다.[7] 보편성을 잃은 언어는 전혀 의미가 없어진다.

마찬가지로 멍청이와 관념론자들은 현실과 관점이 다양하다는 것에 관심이 없다. 멍청이와 관념론자들이 하는 말 역시 지극히 자기중심적이다. 이들은 대화 상대의 입장이나 사전에 나오는 원래의 의미 따위에는 관심이 없고 멋대로 말뜻을 지어낸다. 테러 피해자인 정육점 주인에게 일말의 동정심도 안 느껴진다고 떠들었던 극단적 채식주의자는 정육점 주인이라는 직업을 가리키는 최적의 표현은 살인자라고 생각했다. 살인자라는 표현이 지닌 원래의 의미는 생각도 하지 않고 자기 좋을 대로 사용한다. 이 경우 말은 더 이상 말이 아니라 일방적인 슬로건이 된다. 하지만 역설적이게도 슬로건처럼 변질된 말은 다양한 해석이 원천봉쇄된 상태라 대화에서 권위를 갖게 된다.

슬로건이 된 말 앞에서는 두 가지 선택뿐이다. 군말 없이 받아들이든가, 위험을 감수하고 반대하든가.

집단적인 함성,
슬로건

슬로건은 스코틀랜드 게일족의 언어에서 나온 표현으로, 같은 편이 합심해서 지르는 함성을 가리킨다. 슬로건은 무엇인가를 정확히 전달하기 위한 말이 아니다. 집단 내에서 돋보이게 해주기 위한 말도 아니다(그러나 슬로건을 사용하지 않거나 거부하면 집단 내에서 배척을 받으며 즉시 공동의 적이 된다).

프랑스 스포츠 해설자는 프랑스 축구팀과 대결하는 독일 축구팀의 선수들을 '호모'라고 부르면서 애국자처럼 자신을 띄우고 동시에 이성애자라는 사실을 자랑스럽게 내보인다. 마찬가지로 극단적 채식주의자가 페이스북에 올린 글을 분석해보자. 온라인 속 상대자들에게 공감을 얻고 싶어 하면서 동시에 다수의 의견과 반대한다는 것을 강조하고 싶어 한다(살인자가 테러리스트에게 살해당해 충격인가? 나는 그런 자에게 전혀 동정이 가지 않는다).

하지만 멍청한 인간과 관념론자가 하는 말은 아무리 비판적인 정신이 있다고 해도 너무 도발적이라 주변 사람들이 도저히 참고 듣기 힘들 정도로 거부감이 든다.[8] 이들은 단순한 표현을 사용하지만 마치 모든 것을 알고 있는 사람처럼 굴며 우월감을 느낀다. 우월감에 사로잡힌 나머지 멍청한 말실수를 한다. 운이 좋아 크게 주목을 받았다 해도 그들이 하는 말은 막말에 가까운 공허한 말에 지나지 않는다. 그런 사람들은 무엇이든 자기 마음대로 판단해 독설을 내뱉으면서 상대방의 말문을 막아 자신감과 안도감을 느낀다.

이런 멍청함의 반대가 바로 의심이다. 의심은 신중하게 생각하는 태도로 관념론의 망상을 막아주는 귀한 해독제다.

멍청함의 언어

멍청함과
상식의 실종

알고리즘과 SNS로 틈새문화가 탄생하고 다양한 집단의 사람들이 연결되면서, 보편적인 언어에서 벗어난 은어가 쉽게 퍼져나갔다. 뿐만 아니라 요즘 관념주의도 강하게 등장하고 있다. 동시에 비슷한 성향의 집단들 간 경계가 무너지고 집단이 다양하게 세분화되면서 공과 사의 경계, 공개적으로 할 수 있는 말과 공개적으로 할 수 없는 말 사이의 경계가 사라지고 있다.

대다수의 사람들에게 충격을 준 극단적 채식주의자의 메시지는 다른 네티즌들에게 비난을 받았다. 이들 네티즌들은 극단적 채식주의자의 어휘와 생각에 동의하지 않았다. 그러자 극단적 채식주의자가 맨 처음 보인 반응은 "이 글은 오직 나의 친구들을 위한 것이다"라고 항변하면서 자신이 가입해 있는 동물보호협회 'L214'를 끌어들인 것이었다. 그러나 L214는 즉각 성명을 통해 그녀의 발언과 본 단체는 아무 관련이 없다며 선을 그었다.[9]

프랑스 스포츠 해설자의 발언도 제3자가 그 발언에 반대하며 밝히지 않았다면 공개적으로 알려지지도 않았을 것이며 우리가 알고 있는 스캔들로 번지지도 않았을 것이다. 극단적 채식주의자와 프랑스 스포츠 해설가의 사례는 언어를 공개적으로 함부로 사용하면 얼마나 문제가 되는지를 잘 보여준다. 이처럼 도발적인 저속한 말은 의도적이지 않게 공개되기도 하고, 의도적으로 공개되기도 한다(트럼프 대통령의 트위터, 오성운동이 이탈리아에서 조직한 바판쿨로 데이 Vaffanculo-Day가 좋은 예다).

그런데 멍청함이 무엇보다 문제가 되는 이유는 전염성이 강해서다. 멍청함이라는 바이러스에 전염되면 누구나 상식을 잃어버린다. 법원은 극단적 채식주의자에게 테러행위를 옹호했다는 이유로 유죄를 선고했다. 네티즌들은 프랑스 스포츠 해설자가 동성애자들을 혐오하는 발언을 했다며 분노했다. 이 두 사람의 말을 살펴보면 언어 표현도 과장되었지만, 생각이 편협하다는 것도 알 수 있다. 이런 말에 지지를 보낼 사람들은 두 사람과 같은 부류인 멍청한 인간들뿐일지도 모른다.

Antonio Damasio

안토니오 다마지오와의 만남

신경학·심리학과 교수,
로스앤젤레스 서던캘리포니아대학교 두뇌와 창의력 연구소 소장

멍청함이 꼭 감정 때문일까

Q. ──── 흔히 우리가 감정에 사로잡혀 멍청해진다고 합니다.
멍청한 생각일까요?

A. ──── 지나치게 일반화에 사로잡힌 생각이라서 문제가 지닌
복잡함을 제대로 보지 못할 수 있습니다. 우선 감정의 종류는 매우
다양합니다. 상황에 적절히 맞아떨어져 우리를 똑똑하게 해주는 감
정도 있고, 우리가 멍청한 행동이나 위험한 행동을 하도록 부추기
는 감정도 있습니다. 따라서 분노, 두려움, 경멸 같은 부정적인 감정
과 기쁨, 연민처럼 협력과 지적인 행동을 동원할 수 있게 도와 우리
를 더 나은 존재로 만들어주는 긍정적인 감정을 구분해야 합니다.

　물론 모든 감정에는 양면성이 있습니다. 예를 들어 지나치게 동
정심이 많거나 친절한 사람은 성장하기는커녕 사기를 당할 수 있습
니다. 따라서 모든 감정을 똑같이 일반화시켜서는 안 됩니다. 우리
의 행동이 똑똑해지느냐 멍청해지느냐는 상황에 따라 정해집니다.

안토니오 다마지오와의 만남

감정과 감성은 서로 연결되어 있습니다. 우리의 행동을 판단하려면 이성이 필요합니다. 진화론적으로 보면 이것이 중요한데, 인류는 조상 때부터 무의식적으로 감정을 표현했습니다. 감정이 표현된 후에 감성이 나타났습니다. 우리의 감정을 생각하는 것이 감성이지요. 감정과 감성은 이성의 통제를 받습니다. 이성은 기본적으로 지식, 그리고 상황을 적절히 이해하는 능력으로 이루어집니다. 인간의 지성이란 감정적인 반응과 지식 및 이성 사이에 타협을 보는 능력입니다.

감정만 있어도 문제이고 이성만 있어도 문제입니다. 이성만 있으면 건조해지겠지요. 사회생활을 하면서 어떤 상황에서는 이성이 필요하지만 어떤 상황에서는 이성이 부적절할 수도 있습니다.

Q. —— 뇌손상을 입은 환자들은 적절한 선택을 하지 못한다고 하셨습니다. 그러니까 평소에는 이성과 감정이 서로 대립하지 않는다는 뜻이군요.

A. —— 인간이란 매우 복잡한 존재입니다. 당연히 인간은 지식도 많지만 감정적인 반응도 아주 다양합니다. 심리학과 신경과학은 인간의 행동을 표준 모델로 정리하고 있지만, 그렇다고 해서 인간이 모두 똑같이 그 모델대로 행동한다고 오해해서는 안 됩니다. 우리는 인간이기 때문에 그 자체로 존중받을 자격이 있고 자유를 누리고 배려를 받아야 합니다. 그러나 사람마다 행동 방식, 지성의 형

태, 감정을 표현하는 방식, 타고난 기질이 아주 다릅니다.

유쾌하고 에너지 넘치고 아침에 일어났을 때 노래를 부르는 사람들도 있지만 아침에 기분이 가라앉고 계속 자고 싶어 하는 사람들도 있습니다. 사람마다 매우 다양하다는 점을 인정해야 합니다. 그래도 우리는 혼자서 살 수는 없고 다른 사람들과 어울려 살아가는 사회적인 존재입니다. 인간은 주어진 문화 환경에서 영향을 받으며 성장합니다. 세상에는 다양한 사람들이 많기 때문에 과학과 통계적으로 말도 안 되는 멍청한 것을 생각하는 사람들도 있습니다.

우리 인간은 모두 서로 다 달라서 서구 문화도 하나의 덩어리로 묶어서 말하기가 애매합니다. 그보다 우리는 마이크로 문화 속에서 살고 있다고 봐야 합니다. 프랑스 문화, 미국 문화, 이렇게 말하면 너무 광범위하지요. 물론 프랑스인, 미국인에게서 흔히 보이는 특유의 성향이 있기는 합니다. 하지만 이것이 편견으로 일반화되어서는 안 됩니다. 소속된 집단, 전통, 행동기준도 사람에 따라 다양하다는 것을 알아야 합니다. 우리 인간은 단순히 몇 가지 유형으로 고정되지 않습니다. 그래서도 안 되고요.

Q. —— 선생님의 최근 저서 《느낌의 진화The Strange Order of Things》에서는 문화의 생물학적 뿌리를 다루고 있습니다. 그렇다면 선생님께서는 글로벌 문화시대를 맞은 요즘이 멍청함의 황금시대라고 보십니까?

A. —— 대답하기 어려운 질문이군요! 그렇기도 하고 아니기도 합니다. 현대에 우리는 모든 것을 안다고 말할 수는 없지만 과거에 비해서는 훨씬 많은 것을 알고 있습니다. 예를 들어 생물학, 기후, 물리학, 그리고 암과 같은 인간의 질병에 관한 과학적 지식이 요즘만큼 많이 쌓인 적이 없습니다. 우리 인간은 상당히 진보했습니다.

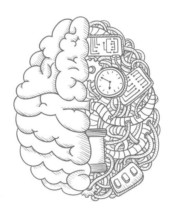

하지만 디지털 소통과 SNS로 정보를 얻으면서 가짜 뉴스나 거짓말에 쉽게 속고 선동되는 시대에 살고 있기도 합니다. 그러니 이분법으로 대답하기 힘든 문제이지요. 상대의 출신과 현재 위치에 따라 대답이 달라지겠네요. 현재 우리가 아는 지식은 10년 전보다 훨씬 많지만, 동시에 우리는 의도적으로 왜곡된 정보 사이에 둘러싸이기도 합니다. 아주 모순적인 상황입니다. 현재는 멍청한 짓을 하기에 유리하기도 하고 불리하기도 한 시대이지요.

멍청함이 꼭 감정 때문일까

Q. —— 요즘 유행하는 신경과학도 멍청하거나 위험할 때가 있습니까?

A. —— 어쨌든 사람들은 신경과학에 관심이 많습니다. 우리의 두뇌, 정신, 생물학이 어떻게 작동하는지 궁금하기 때문에 신경과학의 인기가 하늘을 찌릅니다. 특정 학문이 이 정도로 유행을 하면 이 학문을 악용해서 이익을 얻으려는 사람들이 생깁니다. 완벽히 좋은 과학도, 나쁜 과학도 없습니다. 이는 멍청함과 관련된 문제가 아닙니다. 전반적으로 신경과학이 물리학, 기후학 등 다른 과학보다 특별히 문제가 있다고 생각하지는 않습니다.

인터뷰어: 장 프랑수아 마르미옹

Jean Cottraux

장 코트로

종합병원 명예 정신과 의사, 필라델피아 인지치료학회 창립 멤버

멍청함과 자기도취

"아무리 지적인 두 사람도 앉아 있으면 걸어
가는 무지렁이에 뒤처진다."

_미셸 오디아르,

《토브루크로 가는 택시Un taxi pour Tobrouk》

　멍청함을 정의 내리기도 힘들지만, 나 자신과 다른 사람의 멍청
함을 발견하기도 어렵다. 하지만 권위 있는 인지심리학자 르네 자조
René Zazzo는 멍청함에 관한 실험연구를 했다.[1] 그는 지능과 자기이미
지 연구로 학계에 커다란 기여를 한 전문가이며 매우 똑똑한 인물
이다. 자조가 발표한 연구 성과는 학계에 신선한 충격을 주었다.

　자조는 파리의 대형 병원에서 근무하는 일반의, 정신과 의사,
심리학자 100명과 파리 정신과 분야의 명사 20여 명을 대상으로
조사를 벌였다. 자조는 이 총 120명의 이름이 적힌 목록을 당사자

들에게 보내, 멍청이처럼 보이는 사람들의 이름에 표시를 해달라고 요청했다(목록에는 자조 본인의 이름도 적혀 있었지만 자조는 자신을 멍청이라고 표시한 사람들이 몇 명인지 발표하지는 않았다).

조사에 참여한 사람들 중 85퍼센트가 멍청이로 꼽은 이름이 다섯 개나 나왔는데, 하나같이 직업이 CEO와 유명 임상의였다. 이들은 IQ가 적어도 120으로 머리는 똑똑하지만 유머 감각이 없다는 것이 공통점이었다. 즉 박학다식하지만 사람들과 소통하는 데 서툴고 공감 능력이 부족했다. 뿐만 아니라 감성도 매우 부족해 아무 생각 없이 다른 사람들에게 상처와 모욕을 줬다. 이들은 이론상으로는 매우 논리적이지만 타인을 배려하는 마음이 부족해 실수를 하곤 했다. 실제로 자아도취 성향도 이들의 공통점이었다.

자조의 조사에 따르면 감정 능력이 부족하고 자기중심적이어서 자기 자신과 다른 사람들에게 해악을 끼치는 사람, 즉 자아도취에 빠진 사람이 멍청이인 것이다. 자아도취형 멍청이는 직장에서, 연인 사이에서, SNS에서 발견할 수 있다.

자아도취 성격이
끼치는 해악

자아도취에 빠진 사람은 현실을 구분하지 못하고 행동이 과장

되었으며 다른 사람들에게 늘 주목받기를 원하지만 공감능력이 부족하다.[2] 조사에 따르면 전체 사람들 가운데 자아도취형 인간은 0.8~6퍼센트라고 한다.[3] 인터넷이 일반화된 이후에 태어난 젊은 세대라면 자아도취형 인간이 더 많을 것이다.[4][5]

자아도취형 인간을 크게 세 부류로 나눈 연구결과가 있다.[6]

1. 사악하고 망상증이 있는 부류: 남을 조롱하고 착취하며 속이는 유형으로, 독선적이고 적대적이며 공격적일 뿐 아니라 따뜻한 공감능력이 전혀 없다. 자신은 모든 권리를 누릴 자격이 있다고 확신하기 때문에 거만하게 군다. 결핍감 때문은 아니다. 이런 부류에 속하는 자아도취형 인간은 끝없이 자신을 과대평가한다. 반사회적인 성향과 비슷하지만, 차이도 있다. 사악한 자기도취형 인간은 충동적이지도, 대담하지도 않으며 책임감도 없다. 상황에 따라 맞춰줄 때가 많고 상대로부터 저항을 받으면 뒤로 물러설 줄도 안다.

2. 불안정하고 나약하며 우울하고 소심하며 비판적인 부류: 지나치게 높은 목표를 설정하고 완벽주의자일 가능성이 있다. 열등감을 감추기 위해 거만하게 군다. 특히 위협을 받는다고 느끼면 더욱 거만하게 나온다.

3. 거만하고 경쟁심이 강하고 자랑하기 좋아하고 유혹적이고 카리스마가 있는 부류: 끝없이 권력을 추구한다. 그러나 활기차고 지적이며 인간관

계가 원만하고 자기계발을 추구한다는 점에서 긍정적이다. 지도자, 예술가, 학자 중에 이런 유형의 자기도취에 사로잡힌 사람들이 많다.

단, 이 세 가지의 자기도취형과 현대사회에서 흔히 보는 자기도취형은 구분해야 한다. 현대사회에서 흔히 보는 자기도취형은 1960년대부터 시작된 소비사회와 최근 발달한 SNS로 탄생했다. 우리는 3대째 자기도취 문화 속에 살고 있는 셈이다.[7]

직업의 세계에서 마주치는
자기도취형 멍청이

멍청한 인간이 가장 많이 보이는 곳은 어쩌면 사회생활을 하는 직장일지도 모른다. 대화, 친근한 표현, 몸짓, 혹은 타인을 의식하는 시선을 통해 우리는 멍청한 인간을 알아본다.

사회생활을 하면서 이득을 보려면 멍청이를 이용하는 것도 효과적일 수 있다. 멍청한 인간은 자신이 남을 좌지우지한다고 믿으면 허영심이 생기기 때문이다. 멍청이를 이용하면 높은 자리에 오를 수도 있다. 나를 한껏 낮춰보고 있는 멍청한 권력자들의 자아를 드높이는 방식이다. 물론 모든 사람이 멍청이 나라의 국왕이 되기 위해 게임에 뛰어들지는 않는다. 발자크도 《투르의 사제Le Curé de

멍청함과 자기도취

Tours》에서 이렇게 말했다. "우리는 우리 자신부터 괴롭힌 다음 다른 사람들을 괴롭힙니다."

신입 시절에 상사 한 분이 내게 이런 말을 했다. "멍청이들과 일해봤으면 하고 늘 생각했는데 여러분들과 일해보니 내 생각이 틀렸다는 것을 알았습니다." 상사는 자신을 대단하다 생각했고 신입 사원은 멍청한 것처럼 굴었기에 채용될 수 있었다. 이 생각을 하니 미소가 절로 지어졌다. 시간이 흐르고 경력이 쌓이면서 결국 나도 멍청이들 틈에 들어갔을지도 모른다는 생각이 든다….

멍청이에도 크게 두 부류가 있다.

첫 번째는 지나친 자신감에 사로잡힌 멍청이다. 여기에 속하는 멍청이는 자존심이 대단하다. 기업에서 많이 만나는 부류다. 이들은 관공서와 대학 부속병원에서 두각을 나타낸다. 이들은 공격적이지 않다. 단 원하는 것을 얻으려면 이들에게 아부를 떨 줄 알아야 한다. 이들은 자기도취에 사로잡혀 있기는 해도 평범하고 가벼운 수준이라 약은 부하직원들에게 쉽게 이용당할 수 있다.

두 번째는 훨씬 사악한 성격의 멍청이다. 이들은 다른 사람들이 굴복하고 고통받는 모습을 즐긴다. 이들 멍청이는 타인을 모욕하면서 자신감을 느끼고, 이를 통해 경력을 쌓는다. 사악한 자기도취형 성격으로 권모술수에 능하고 사이코패스 같은 모습을 보이기도 한다.[8] 메타 분석 연구에 따르면 이런 부류의 멍청이들은 회사에 피해를 끼친다.[9]

이 두 번째 부류에 속하는 멍청이들을 특히 집중적으로 다룬 책이 있으니, 자세히 읽어볼 만하다. 이 책은 유머가 넘치지만 진지함도 숨어 있다. 바로 로버트 서튼이 쓴 《또라이 제로 조직》이다.

'멍청이와 엮이지 않는' 기본 규칙은 다음과 같다. 기업, 관공서, 혹은 대학에서 누군가를 채용할 때 그 사람의 이력서만 보고 똑똑하다는 것에 속지 말고, 우선 그가 사악한 멍청이는 아닌지 확실히 알아볼 것. 이를 파악하려면 그 사람의 평판을 알아보고 그 사람과 직접 연락해봐야 한다. 물론 이것이 끝은 아니다. 그 사람에게 설문지를 주고 솔직하게 답해달라고 하면서 그 사람의 행동도 평가해야 한다. 심사위원마다 이 설문지를 자세히 읽어보면 후보자가 자아도취형 인간인지, 평소의 행동과 생각이 어떤지 평가할 수 있다. 설문지의 질문은 다음 여섯 가지로 해보자.[10]

Q. 다음의 지문에 예, 아니오로 답하십시오.

A. 주변 사람들에 대하여

  1. 주변 사람들이 무능력한 멍청이라고 생각한다. 이 슬픈 진실을 주변 사람들에게 자주 알려줄 수밖에 없다.

  2. 이 멍청한 인간들과 일하기 전까지만 해도 나는 매우 친절한 성격이었다.

  3. 주변 사람을 아무도 믿지 않는다. 이 사람들도 나를 믿지 않는다.

  4. 동료들은 당연히 경쟁상대다.

5. 최고가 되려면 다른 사람들을 밀어낼 수밖에 없다.

6. 다른 사람들의 고통에 남몰래 즐거워한다.

여기에 전부 해당하는 부류가 사악한 멍청이다. 회사를 좀먹을 수 있는 존재다. 이 부류에 속하는 멍청이는 직장 내 성희롱을 저지를 가능성도 크다. 따라서 이런 부류의 인간들은 피하는 것이 상책이다. 아니면 확실한 증거를 모은 후 소송을 걸어 이 사악한 멍청이들의 가면을 벗겨야 한다.

사악한 멍청이는 경력생활에 큰 위기가 오지 않는 한 정신 상담을 받으려고 하지 않는다. 만일 이런 부류가 정신 상담을 받는다면 이전과 똑같은 행동을 하는 데 필요한 에너지를 재충전하기 위해서다. 사악한 멍청이는 담당의에게 다른 사람들을 잘 조종하는 법을 알려달라고 부탁할 때가 많다.

자아도취, 멍청함,
그리고 인생 시나리오 반복

정신상담의가 주로 접하는 사람은 자아도취형 인간이 아니라, 살면서 자아도취형 인간에게 당한 피해자들이다. 자아도취형 인간이 그린 인생 시나리오는 덫에 가깝다. 이 덫에 걸리는 피해자는 아무리 발버둥 쳐도 빠져나가기 힘들다. 그리고 한 번 당한 사람은 살면서 비슷한 덫에 여러 번 걸린다. 인간은 늘 같은 것을 하면서 매번 다른 결과를 기대한다.

자아도취형 배우자를 만난 사람이 좋은 예다. 주로 우울한 성격에 자신감이 부족한 사람이 자아도취형 인간에게 빠져든다. 그들은 이 약삭빠른 인간밖에 사랑할 수 없다고 생각하고, 그래서 상대가 원하는 것을 조금이라도 해주지 못하면 죄책감을 갖는다.

자아도취형 인간이나 이런 인간에게 당하는 사람이나 똑똑한 경우가 많다. 제3자 입장에서 보면 이렇게 똑똑한 사람들이 왜 이처럼 멍청하게 구는지 의아할 정도다. 도대체 이 사람들은 인생 시나리오를 어떻게 쓰기에 이럴까? 왕이라도 된 듯 제멋대로 구는 아이 같은 자아도취형 인간 앞에서 피해자가 건강한 어른의 태도와 마음가짐을 가지려면 인지심리치료의 도움이 필요하다.

고차원적인 자아도취형 인간이 앞에 있을 때 건강한 어른이라면 기꺼이 보호자 역할이나 들러리 역할을 하면서 서로에게 도움이 되는 방식을 찾는다. 또한 건강한 어른은 되는 것은 되고 안 되는 것은 안 된다고 선을 긋기 때문에 후회나 죄책감을 느끼지 않는다. 연인이라면 헤어지기도 한다. 그러나 만약 당하는 입장에 있는 사람이라면 폭력이나 감정적 고통을 피하기 위해 연락처를 남기지 않고 떠나는 것이 좋다.

불안정한 자아도취형 인간을 상대할 때 건강한 어른이라면 화

멍청함과 자기도취

를 잘 내고 충동적인 어린아이에게 하듯 선을 분명히 그어야 한다. 그리고 겉으로 오만한 척 하지만 마음은 여린 아이를 대하듯 공감해주어야 한다. 그러나 아무리 건강한 어른이라도 어린 시절의 상처를 고쳐주는 부모이자 정신과 의사 같은 역할에 지칠 수 있다.

자아도취, 멍청함,
그리고 SNS

SNS 상 인간관계와 자아도취형 인간에 관한 학술적 연구가 최근에 이루어졌다. 알아두면 좋은 내용을 소개한다.

경제학자 크리스토퍼 카펜터Christopher Carpenter는 자기 홍보를 즐기는 292명의 자아도취 성향을 평가했다.[11] 카펜터의 연구에 따르면 자아도취 성향의 인간은 자기자랑을 많이 하며 과장하고 남을 조종하려는 성격이 강해 인터넷에서 반사회적인 행동을 할 가능성이 높다. 예를 들어 지나치게 비판적인 댓글을 달거나, 자신에 대해 부정적인 댓글을 보면 공격적으로 반응해 체면을 지키려 하거나 분노 조절을 못 하고 폭언을 한다. 사악한 자아도취형 인간은 주로 인터넷에서 다른 사람들을 모욕한다.

이Lee Ja와 성Sung Y은 셀카가 올라온 SNS에서 자아도취 정도와 자기홍보 행동 사이의 관계를 평가했다.[12] 자아도취가 심한 사람일수록 자기 사진(셀카)을 많이 찍었고 다른 사람들로부터 '좋아요'를 얼마나 받는지에 신경을 많이 썼다. 다른 사람들의 셀카를 유심히 살피지만 '좋아요'를 잘 누르지는 않았다. 그러나 자아도취 정도가 상대적으로 심하지 않은 사람들은 다른 사람들의 셀카에 '좋아요'를 잘 누르는 편이었다. 즉 자아도취형 인간은 다른 사람들을 통해 자신감을 높이면서도, 정작 다른 사람들의 자신감은 높여주지 않는다.

실비아 카살Silvia Casale과 연구팀은 대학생 535명의 표본을 모아 자아도취에 빠지지 않은 유형, 자아도취 성격이면서 예민한 유형, 자아도취 성격이면서 허풍을 떠는 유형으로 나누어 비교했다.[13] 그 결과 자아도취 성향에 지나치게 성격이 예민한 사람들만 인터넷 중독을 보였고 온라인 소통을 선호하는 것으로 나타났다. 자아도취 정도가 심해져도 크게 다르지 않았다. 즉 자아도취 성향에 상처를 잘 받는 사람일수록 인터넷 중독에 빠진다.

최근 페이스북에서 괴롭히는 행동이 자주 일어나며 문제가 되었는데, 인터넷 사용자 중 이처럼 괴롭힘을 당하는 사람들의 비율은 40퍼센트이고 특히 피해자가 18~24세인 비율은 70퍼센트나 된다는 통계 결과가 있다.[14] 18~24세의 여성 가운데 26퍼센트가 온라인 스토킹을 당한 것으로 나타났다. 조사에 따르면 자아도취 성향에 권위적이고 정신이 불안정하고 사디즘이 있는 사람이 온라인에서 다른 사람들을 괴롭히는 일이 많은 것으로 나타났다.[15]

멍청함과 자기도취

자기과시와
가짜 숭배

2016년 9월 17일, 프랑스 레알에 있는 어느 성당에서 인질극을 벌이겠다는 예고가 있었다. 수사 결과 이미 전에 비슷한 행동으로 감시 대상에 오른 10대 소년이 저지른 장난 전화로 밝혀졌다. 이 같은 장난전화에는 짓궂음과 은밀한 사디즘 본능이 숨어 있다. 비뚤어진 방식으로 자신의 존재를 알리고 싶은 것이다.

이 소년은 다른 사람들이 걱정을 하거나 고통스러워하면 '다 본인들이 잘못한 탓이다'라고 생각한다. 또한 경찰을 움직여 기자들을 상대로 자기과시를 하고 싶었다. 이 소년에게 다른 사람들의 고통은 알 바가 아니다. 물론 이런 장난을 하면 장기적으로는 처벌을 받게 되지만, 관심받지 못했던 어린 시절을 잊고자 존재감을 과시할 수만 있다면 처벌도 무서워하지 않는다. 앞으로 받게 될 처벌보다 미디어의 주목을 받는다는 사실이 중요해서다.

장 코트로

Tobie Nathan

토비 나탕과의 만남

파리8대학 뱅센-생드니 심리학과 명예 교수, 작가이자 외교관

멍청함은 지혜의 배경음이다

Q. —— 멍청함은 문화권에 따라 다른가요?

A. —— 문화는 특정 철학이 공유된 상태에서 많은 사람들의 생각을 복잡하게 만들어 멍청함을 보호하는 역할을 합니다. 멍청해도 교양이 있을수록 복잡하게 생각합니다. 물론 멍청한 짓은 계속하고요.

Q. —— 그렇지만 문화권에 따라 어떤 사람이 멍청한 인간 취급을 받기도 하고 안 받기도 하지 않나요?

A. —— 글쎄요. 멍청함은 토론, 제조 결과물에서도 보입니다. 책, 도구, 음악에도 멍청함이 존재하지요. 활동을 통해 지적으로 부족한 부분이 나타납니다. 문화적인 활동일수록 멍청함을 드러낼 수 있어요.

예를 들어 대학에서는 철학과 대부분이 철학은 하지 않고 철학의 역사만 가르칩니다. "플라톤이 이렇게 말했다, 데카르트가 이렇게 말했다"라고 할 뿐입니다. 철학자들이 "나는 이렇게 말한다"라고 하지 않는다는 것이지요. 이것이 바로 멍청함입니다. 철학가들은 철학의 역사를 방패 삼아서 자신의 부족한 지식을 감춥니다.

Q. —— 멍청한 인간이 사람들의 교양 뒤에 숨어 활동할 수 있다는 말씀이신가요?

A. —— 멍청한 인간은 언제나 정체를 숨기며 활보합니다! 멍청한 인간일수록 멍청함을 드러내고 싶어 하지 않습니다. 자존심의 문제니까요. 그래서 여기저기 외부에서 방법을 찾습니다. 두려운 일이지요. 라캉은 멍청한 인간들이 심리 분석 치료를 받으면 자신의 부족한 부분을 인식하기 때문에 못되게 반응한다고 했습니다. 정확하고 흥미로운 내용입니다!

Q. —— 심리학자들도 멍청한 말을 할 때가 있습니까?

A. —— 많지요! 심리학 유행에도 멍청한 면이 있었고요. 대학생 때 저도 멍청한 실험에 참가한 적이 있습니다. 정맥에 에틸알코올 5밀리리터를 주입하면 취기가 올라와서 가슴이 풍만한 여성을 좋아하게 된다는 실험이었지요. 연구팀의 가정은 증명이 되었습니다. 〈심리학 회보〉에도 실렸어요.

멍청함이 50년 동안 심리학자들을 지배했고 지금도 심리학자

멍청함은 지혜의 배경음이다

들에게 들러붙어 떨어지지를 않습니다. 측정에 대한 맹신이 바로 철학자들이 지닌 멍청함입니다. 그저 무언가를 측정해야 하기 때문에 알코올을 어느 정도 주입하느냐에 따라 남성들이 여성들에게 욕구를 느끼는지도 측정한 것이지요. 조사해볼 필요도 없습니다! 아직도 심리학자들은 멍청함에서 벗어나지 못했다고 봅니다.

심리학 측정이 없다면 무엇을 할까요? 문제이지요. 생각을 가지려면 복잡해집니다. 그 과정에서 우리의 멍청한 면을 보니까요. 측정에 의해 방해를 받으면 멍청함이 잘 안 보입니다. 심리학 측면에서는 진정으로 불행한 일이지요!

Q. ——— 신경과학 때문에 이런 종류의 멍청함이 계속 존재하는 것일까요?

A. ——— 처음에는 신경과학으로 인해 심리학도 어느 정도 새로운 지식을 갖추었습니다. 가장 부조리한 유물론이 대세였을 때 신경과학은 신선했거든요. 그 흐름을 잃지 말았어야 했는데, 과학자들이 흐름을 유지할 정도로 과감하지 못했습니다. 그 결과 신경과학은 객관성의 오류에 빠졌습니다. 과학에서 늘 있는 일입니다. 위대한 발견으로 10~20년 인기를 얻다가 그 발견이 비즈니스에 이용되며 생명을 다합니다. 더 이상 새롭게 만들어내는 것도 없어지지요. 무엇인가를 만들어내는 것이야말로 멍청하지 않은 행동입니다. 그렇다면 심리학이 마지막으로 무엇을 만들어낸 것이 언제였을까

요? 70년 전인 것 같네요.

Q. —— 일반적으로 우리가 멍청함의 황금시대에 산다고 보십니까, 아니면 예나 지금이나 늘 멍청한 시대라고 보십니까?
A. —— 박학다식한 지식이 사라지고 종교, 전통문화가 사라지면 멍청함이 고개를 듭니다. 요즘 시대에는 공통된 철학이 없기 때문에 사람들이 멍청한 모습을 더 많이 드러내고 있습니다. 요즘 사람들이 예전 사람들보다 더 멍청해진 것은 아닙니다. 오히려 예전보다 멍청한 인간들은 줄어들었습니다. 다만 요즘은 눈에 보이는 멍청한 인간들이 많아진 것이지요.

Q. —— 멍청함은 그럴듯한 지식과 말이 없을 때 실체가 나타난다는 뜻인가요?
A. —— 바로 그겁니다. 좋은 말씀이시네요!

Q. —— 그렇다면 생각해봅시다! 멍청함과 맞설 수 있는 최선의 방법은 무엇일까요?
A. —— 없습니다! 왜 멍청함과 맞서려고 하십니까? 멍청한 인간들의 눈에 띄지만 않으면 됩니다. 저도 노력은 해봤습니다. 대학에서 조금요. 대학이야말로 멍청한 인간들의 언어가 꽃피는 곳입니다. 제가 너무 순진했지요! 대학이 연구와 교육을 위한 기관이라고

멍청함은 지혜의 배경음이다

믿었으니 말입니다. 그래서 대학에 몸담은 것인데, 제가 본 현실은 참담했습니다.

혹시라도 대학에 계속 남게 되면 자신을 드러내지 말아야 합니다. 자신을 드러내는 순간 타깃이 됩니다. 멍청한 인간들은 멍청하지 않은 인간들을 좋아하지 않습니다. 저도 어쩌면 멍청한 인간일지도 모릅니다. 그러나 멍청한 인간들의 눈에는 제가 멍청하지 않은 인간으로 비춰져도 그들이 절 망치지는 못할 겁니다.

Q. —— 책을 많이 쓰셨는데요, 자신을 드러내지 않는 것이 목적이라면 집필은 위험한 방법 아닐까요?
A. —— 집필은 대학교 이사회나 과학위원회에 참여하는 것과 달라서 괜찮습니다. 이사회나 과학위원회는 어수룩한 사냥꾼들이 모여 있는 마을과 같이 끔찍하거든요.

Q. —— 오랫동안 후회에 남을 정도로 멍청한 말이나 행동을 하신 적이 있으십니까?
A. —— 실수는 했지요. 멍청함이란 무엇일까요? 멍청한 말과 행동을 한다는 것은 실수를 반복한다는 뜻입니다. 저는 동료들로부터 쓴 소리를 들을 때가 많았는데, 그 순간 이런 사과를 할 수도 있겠지요. "내가 잘못 생각했어. 심리분석학은 인간이 발명한 최고의 학문인데 내가 말실수를 했네." 일단 체면은 살려야 하니 복잡합니다.

그리고 같은 실수를 계속할 수도 있습니다. 그러면 멍청한 인간 취급을 받습니다. 가장 나이가 많은 동료 몇 명이 정신분석학과 마르크스주의를 융합하려는 시도를 했습니다. 정신분석학은 죽었고 마르크스주의는 정치 분야의 재앙이라는 사실이 이미 증명되었는데도 고집을 꺾지 않은 것입니다. 그렇다면 멍청한 인간이라고 할 수 있지요. 물론 저도 계속했던 것이 있습니다. 민족정신의학을 계속한 것이 실수였는지는 아직도 모르겠습니다.

Q. ── 민족정신의학에서 발견하신 최고의 멍청함은 무엇입니까?

A. ── 시작은 스승인 조르주 드브루Georges Devereux였습니다. 선생님은 저보고 샤머니즘에 관심을 갖는다며 쓴 소리를 하셨습니다. "무당들이란 전부 정신병자들이야! 환자들이라고! 그걸 모르나?" 다만 저는 무당들이 사용하는 기술, 무당들이 전수하는 철학이 흥미로웠을 뿐입니다. 예전에는 전통 치료사들이 무당들의 기술을 통해 의술을 배웠으니까요. 무당들의 기술도 기술인데 왜 도입해서 응용하면 안 되는 것입니까? 이해만 제대로 하면 되지요.

이 때문에 저는 사람들로부터 비난을 많이 받았습니다. 사람들이 저에게 멍청한 인간이라고 하지는 않았으나 제가 사심이 있어 사람들을 미신으로 이끄는 짓을 하고 있다고 했습니다! 지금은 저를 비판하는 사람이 하나도 없습니다. 문화권마다 지켜가는 고유의

멍청함은 지혜의 배경음이다

것이 있습니다. 여기에 옳고 그름은 없습니다. 우리는 사고방식이
서로 다른 문화권과 함께 세상을 살아가야 합니다. 어려운 일이지
만 노력은 해야겠지요.

Q. —— 요즘 멍청함은 새로운 활동 무대를 찾았나요?
A. —— 저는 진정한 민주주의인 직접민주주의를 열렬히 옹호하
는 사람입니다. 직접민주주의가 이루어지는 곳이 있지요. 바로 SNS
입니다. 누구나 SNS에서 동등한 발언권을 누립니다. 트위터에서 마
크롱 대통령보다 팔로어 수는 적어도 누구나 마크롱 대통령과 동등
하게 발언합니다. 트위터에서 마크롱 대통령에게 말을 걸 수도 있
고, 반대로 마크롱 대통령이 말을 걸 수도 있지요. 물론 마크롱 대
통령이 제게 말을 시킨 적은 한 번도 없지만요. 그러나 온라인에서
직접민주주의가 실현되면서 네티즌의 4분의 3이 저지르는 멍청한
짓도 수면 위에 등장했습니다! 그 멍청함의 수위에 깜짝 놀랄 정도
입니다.

Q. —— 직접민주주의가 사람들의 잠재적인 지성을 보여주지
않을까요?
A. —— 전혀 그렇지 않으니 문제지요. 현장으로 돌아가 가르치
고 창의력 훈련을 하고 복잡한 생각을 찾을 수 있도록 해야 합니다.
새로운 생각을 이어가고 싶은 마음이 들게 해야 합니다. 보통은 교

사가 하는 일이지요. 반대로 SNS 때문에 손 놓고 주저앉아서는 안 됩니다!

Q. —— 사람들에게 지적인 인간이 되고 싶은 마음이 없다면 요? 사람들이 아무것에나 감정적으로 빨리 반응하면서 새로운 공격 대상을 계속 찾고 싶어 한다면요?

A. —— 심리학자들은 감정이 그대로 표출되게 놔두어도 된다며 한가한 소리를 합니다. 감정이란 잘 다져진 지성입니다. 지적인 사람일수록 복잡한 감정을 표현할 수 있습니다. 감정과 지성을 서로 반대 개념으로 봐서는 안 됩니다. 지성을 갈고 닦은 사람이 그렇지 않은 사람보다 복잡한 감정을 표현합니다. 지성도 훈련해야 합니다. 우리 모두 간직해야 할 슬로건이지요.

Q. —— 선생님의 목소리가 사회에 반영될 수 있을까요?

A. —— 그럴 가능성은 없습니다. 안타깝지요. 저는 체스에 관심이 있었습니다. 체스는 진정으로 지적인 스포츠였고 올림픽 종목이었습니다. 체스를 통해 인간은 지성을 다른 근육과 마찬가지로 기를 수 있다는 것이 증명되었습니다. 체스는 죽음과 직면하는 게임입니다. 체스말의 죽음으로 승패가 결정 나니까요. 죽음에 체스의 모든 지식이 들어 있습니다. 그런데 지금은 안타깝게도 컴퓨터가 체스를 합니다. 아날로그 체스의 재미가 사라지면서 체스는 낡

멍청함은 지혜의 배경음이다

은 스포츠가 되어버렸습니다. 오랫동안 체스는 해도 해도 피곤하지 않다고 생각하는 사람이 많았는데 지금은 더 이상 사람들이 체스를 하지 않습니다! 20세기가 남긴 재앙이지요.

어쨌든 지금은 우리가 스마트한 것이 아니라 우리가 만든 기기들이 스마트합니다. 스마트 기기로 우리는 다른 것을 생각해야 합니다. 인간은 언어를 만들었고 우리는 언어로 생각을 하게 되었지

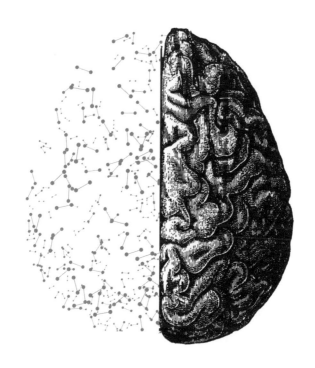

요. 언어가 인간보다 지적입니다. 인지학자들이 아무리 뭐라고 해도 난해한 지성은 없습니다. 감언이설에 불과합니다. 더구나 인지학자들도 자신들이 만든 도구에 의존합니다. 측정을 위해서요.

어느 시점에서 우리가 만든 도구들이 우리보다 똑똑해지기는 합니다. 이제 우리가 도구들과 경쟁할 일만 남았습니다. 태초부터 계속되는 경쟁입니다. 우리는 아직 지켜봐야 합니다. 언제까지일지는 모르지만요. 여기서 '우리'는 프랑스인들이 아니라 전 세계 사람들을 말합니다.

Q. ——— 멍청함을 오히려 유리하게 활용할 수는 없을까요? 멍청한 인간들을 바꿀 수는 없고 멍청한 인간들의 눈에 띄지 않게 자신을 숨기는 방법밖에 없다면, 역으로 멍청한 인간들의 존재를 활용해 긍정적인 걸 얻을 수는 없을까요? 어쨌든 멍청한 인간들 덕분에 지혜를 배울 수 있잖아요. 우리를 드러내지 않는 지혜, 참을 줄 아는 지혜, 관용을 베푸는 지혜 말이지요.

A. ——— 저도 동의하는 편입니다. 저는 40년 동안 교육계에 몸담았습니다. 너무 나이가 들었다는 말을 듣기 전까지는요(프랑스에서는 일정 나이를 지나면 교육계에서 은퇴해야 합니다. 교육이야말로 나이 든 사람들을 활용할 수 있는 유일한 분야인데 말입니다). 처음에 교육계에 몸담으면 스승으로 대우해주는 사람들(이는 재앙이지요. 교육자를 땅에 묻어버리는 것과 같습니다)이 있고 반론을 제기하는 사람들이 있습니다. 젊은 나이

멍청함은 지혜의 배경음이다

라면 활기는 넘치지만 참을성은 부족하지요. 반론을 들으면 사람들이 제대로 이해하지 못한다고 생각합니다. 열 받고 화가 나서 어떻게든 설득하려고 합니다. 시간이 지나면서 저는 참을성을 배웠습니다. 세상의 진부함도 애정 어리게 바라보는 것이죠. 음악에 배경음이 있어야 멜로디가 나오듯, 멍청함도 어느 정도 지혜를 얻을 수 있게 해주는 배경음입니다.

인터뷰어: 장 프랑수아 마르미옹

RYAN HOLIDAY

———

라이언 홀리데이와의 만남

작가, 전 마케팅 책임자, <뉴욕 옵서버> 비평가

———

최악의 미디어 조종자는 누구인가

Q. —— 선생님께서는 저서 《나는 미디어 조작자다 Trust Me, I'm Lying》에서 유명 뉴스 사이트를 조작하려면 기본적으로 아이들부터 겨냥해야 한다고 하셨네요. 사실인가요?

A. —— 눈덩이 효과라는 것이 있습니다. 먼저 평범한 블로그에 극단적이고 부정확하며 논란의 소지가 있는 정보를 싣습니다. 그러면 이 정보가 인기 블로그들을 통해 퍼져가지요. 미국의 기자들은 100퍼센트 블로그에서 정보를 찾습니다. 그렇지만 블로그의 대다수는 구독자와 신뢰 관계를 쌓으려는 목적도 없고 〈뉴욕 타임스〉처럼 100년을 가겠다는 생각도 없습니다. 그저 수단과 방법을 가리지 않고 가능한 빨리 알려지고 싶다는 목적뿐입니다. 방문자 수를 늘려 광고를 달아 수익을 얻어야 비싼 값에 팔릴 수 있으니까요.

물론 가짜 정보를 만들어내기 위해 인터넷을 사용하는 다른 방법도 있습니다. 위키피디아를 가짜 정보로 조작하거나 트위터 사용자들에게 돈을 지불해 원하는 글을 퍼뜨리는 것이지요. 저도 많이 해본 일입니다.

Q. —— 독자들을 끌어모으려면 제목은 거짓말로 포장하되 물음표로 끝나게 하라고 책에서 말씀하셨네요. 사람들은 어쨌든 물음표는 신경 쓰지 않고 거짓말을 기억할 것이라고요.

A. —— 만일 선동하는 제목이 물음표로 끝난다면, 그에 대한 대답은 언제나 '아니다'라고 나옵니다. 그렇지 않다면 질문을 제목에 배치하지 않지요. 집필진은 기사의 질과 관계없이 일단 독자들의 관심을 끌어야 하기 때문에 의도적으로 속임수를 씁니다. 유료 독자층이라면 속임수가 있는 기사에 분노하며 환불을 요구하겠지만, 무료 기사라면 어떻게 할 겁니까? 클릭한 것을 취소할 수도 없고요. 문제가 바로 여기에 있습니다. 광고주들이 안심하고 수익을 얻을 수 있게 하려면 클릭 수를 최대로 높여야 하는데 어떻게 해야 할까요?

Q. —— 지금까지 인터넷에서 탄생한 최고의 조작은 무엇이라고 보십니까?

A. —— 아무리 큰 사건이라도, 케네디 암살이나 9.11 테러에 관한 음모론도 최고의 조작은 아닙니다. 최고의 조작은 일상에서 이루어지는 수백만 개의 자잘한 가짜 뉴스와 출처를 알 수 없는 소소

한 거짓 정보입니다. 사람들은 정보를 배포한 집필진을 아무 의심 없이 믿습니다. 집필진의 자격 따위에는 신경도 안 쓰지요. 저와 같은 사람들이 미디어를 덫으로 사용한다는 사실을 알아도 놀라는 사람은 없습니다.

정보 조작은 가장 흔하게 일어나는 시도입니다. 다만 미디어가 정보 조작을 그대로 방치하고 이 사실에 충격을 받는 사람이 아무도 없다는 것이 문제지요! 누군가 온라인에 가짜 뉴스를 만들어 10만 달러의 이익을 얻는다면 많은 사람들이 '대단한데?'라고 생각하며 가짜 뉴스 제조자를 오히려 긍정적으로 볼 겁니다. 그리고 대형 미디어들도 참여하겠지요.

Q. —— 편안한 삶을 누리고, 외모가 망가지지 않고, 가짜 정보로 모욕을 당하지만 않는다면 사람들은 조작을 당해도 그대로 있겠지요?

A. —— 대중은 선정적인 보도에 분명히 관심이 많습니다. 실제로 우리 인간은 선정적인 보도를 즐길 때가 많거든요. 정치 뉴스 조작만 아니라면 말입니다. 그런데 정작 정부가 비난받을 만한 행동을 저질러도 미디어는 침묵합니다. 재미있는 상황입니다.

Q. —— 영화 〈왝 더 독Wag the Dog〉에서 로버트 드 니로Robert de Niro와 더스틴 호프먼Dustin Hoffman이 미국과 알바니아 전쟁 이야

기를 지어내지만 미디어의 해프닝으로 끝나는 장면이 나옵니다. 선생님 말씀을 들으니 현실에서 불가능한 일도 아닌 것 같군요.

A. —— 2003년에 정확히 미국이 이라크를 상대로 했던 일입니다! 딕 체니Dick Cheney 전 부통령이 〈뉴욕 타임스〉의 기자에게 정보를 흘렸는데 텔레비전에서 이를 부정했습니다. 체니는 이처럼 가짜 뉴스로 대중의 관심을 받았습니다. 사람들의 대화에서든 미디어에서든 전부 이라크 이야기였어요. 작전은 성공했습니다! 저도 가짜 이야기를 지어내어 광고를 할 수 있는데, 정치인도 정적에 대해 이야기를 지어낼 수 있고 정부도 다른 나라 정부에 대해 이야기를 지어낼 수 있지 않을까요?

Q. —— 미디어가 지어낸 이야기가 거짓 예언처럼 진짜로 둔갑하기도 할까요?

A. —— 그렇습니다. 정확하지 않거나 왜곡된 정보를 바탕으로 수많은 중요한 결정이 이루어진다는 사실이 두렵지요. 만일 애플 사에 문제가 있다는 가짜 뉴스가 퍼지면 사람들은 이를 그대로 믿기 때문에 애플의 주가가 떨어질 것입니다. 온라인 세상이 실제 세상에 영향을 끼친다는 사실이 끔찍하지요. 미디어에서 아무리 보도하더라도 실제로 미국과 북한 사이에 무슨 일이 벌어지고 있는지는 아무도 모릅니다. 어떤 사건이 벌어지면 대중은 그 주제에 2주 동안 열을 올리다가 이내 잊어버리고 다른 사건으로 몰려갑니다. 우

최악의 미디어 조종자는 누구인가

리가 기억하는 것은 1면 타이틀 기사 제목뿐이고 해당 사건의 실체와 실제 결과, 이 사건에서 얻어야 할 교훈은 머릿속에 남지 않습니다. 모든 사람이 이야기하는 사건이라도 그 사건에 대한 의견은 개인마다 제각각이고요.

Q. —— 고귀한 명분을 위해 온라인 기술을 활용할 수도 있지 않을까요?

A. —— 실제로 사람들에게 어떻게 하면 더욱 긍정적인 것을 보여줄 수 있을지도 생각해볼 수 있습니다. 하지만 세상은 문제도 많고 너무 복잡해서 부정적인 면보다 긍정적인 면에 집중하는 것이 효과가 있을지는 모르겠습니다. 긍정적인 면에 초점을 맞춘다고 해결책을 찾을 수 있는 것도 아니고요. 어쨌든 온라인 기사는 진짜 정보냐 가짜 정보냐, 긍정적이냐 부정적이냐는 신경 쓰지 않습니다. 그저 링크를 클릭하도록 유도하거나 프로그램을 보도록 유도할 뿐입니다.

Q. —— 그렇다면 상황은 악화될 수밖에 없는 것이군요?

A. —— 저도 책 끝부분에 해결책을 제시하고 싶었지만 해결책이 있는 것 같지 않습니다. 긍정적인 면과 부정적인 면을 봐야 합니다. 부정적인 사이트만 계속 클릭하는 사람들은 상황이 나빠질 것이라는 생각만 하겠지요. 하지만 〈뉴욕 타임스〉처럼 유명한 유료

사이트에는 괜찮은 기사가 많습니다. 세뇌에서 벗어나 눈을 뜨기 시작하는 사람들도 있고요.

Q. —— 선생님의 글은 매우 철학적입니다. 하지만 진실은 어디에 있을까요? 진실에 신경 쓰는 사람이 있기나 할까요?

A. —— 안타깝지만 아무도 신경 쓰지 않을 것입니다! 제가 책을 쓴 이유는 미디어의 기능이 매우 중요하다는 것을 강조하고 새로운 방식을 찾아야 한다고 경고하기 위해서입니다. 처음에는 저도 키보드나 두드리는 평범한 인간이었습니다, 그러나 한번 비유해봅시다. 벌거벗은 국왕의 모습을 보는 순간, 어떤 생각이 들까요? 국왕의 맨 등에 손톱자국을 남기고 싶을 것입니다. 저는 예상보다 빨리 이 단계에 도달한 셈입니다. 어느 날 눈이 떠지면서 '평생 하고 싶었던 일은 이게 아닌데…'라는 생각을 하게 되었거든요.

Q. —— 선생님을 구원자로 봐야 할까요, 선동자로 봐야 할까요?

A. —— 책이 출간되자 많은 사람들에게 "도대체 무슨 짓을 한 겁니까?"라는 말을 들었습니다. 이에 대한 저의 대답은 이러했지요. "여러분은 이 문제에 대해 무엇을 하고 있습니까?" 대중에게 경고하려는 시도는 누가 하고 있을까요? 저는 최소 책이라도 내서 이런 노력을 했습니다. 더구나 베스트셀러가 되어 여러 언어로 번역

최악의 미디어 조종자는 누구인가

출간도 되었습니다. 독자들의 반응도 좋고요. 하지만 미디어는 전혀 노력을 하지 않습니다! 언젠가 기자들이 가짜 뉴스에 환멸을 느껴 가짜 뉴스 유포자를 저격할 줄 알았습니다. 그러나 기자들은 아무 말도 하지 않거나 심지어 문제가 없다고 주장하지요. 제가 이 문제를 지적하자 사람들로부터 이런 반응을 들었습니다. "그래서요? 가짜 이야기를 퍼뜨리는 것이 왜 문제입니까?" 가짜 뉴스는 소문이나 홍보 광고를 정보로 둔갑시키기 때문에 문제입니다. 미디어의 최고 조작자는 바로 미디어 그 자체입니다!

Q. ―― 그래도 보도에 진지하게 임하는 미디어들도 꽤 있습니다!

A. ―― 그렇기는 합니다. 하지만 선정적인 보도와 양심 불량 미디어의 과장 앞에서 진지한 미디어들이 어떻게 대항할 수 있을까요? 양심 없는 미디어들이 10년 전보다 훨씬 많아졌습니다. 이런 미디어들은 현실을 보면서 손익을 따집니다. 진지한 정보가 사람들의 관심을 끌려면 거짓 정보와 맞서야 하고, 휴대전화에서 클릭 한 번이면 볼 수 있는 포르노와 경쟁해서 사람들의 선택을 받아야 합

니다. 이제는 기자 대신 기사를 써주는 인공지능도 있습니다.

Q. ——— 제가 선생님과의 인터뷰를 대다수 사람들에게 윤리적으로 마케팅하려면 어떻게 해야 할까요?

A. ——— 네티즌들이 클릭하고 싶을 정도로 제목을 극단적으로 짓고 충격적인 사진만 덧붙이면 됩니다. 사람들은 전체 내용을 읽을 시간이 없기 때문에 글이 짧아야 합니다. 내용을 긴 문장이나 구문이 아니라 몇 가지 요점으로 요약하세요. 그리고 독자층의 분노를 건드리거나 반대로 감성을 건드려 감동을 주어야 합니다.

Q. ——— 그러니까 아무리 글이 좋아도 포장도 필요하다는 말씀이시군요.

A. ——— 그렇습니다. 온라인에 글 쓰는 사람들은 아침에 일어나 글의 윤리나 질이 아니라 오로지 클릭 수만 생각하거든요.

인터뷰어: 장 프랑수아 마르미옹

최악의 미디어 조종자는 누구인가

가짜 뉴스

만들기는 아주 쉽다

　　라이언 홀리데이가 가짜 사건을 만들기 위해 사용한 여러 기술 중 두 가지를 소개한다.

　　첫 번째, 전문가 행세를 한다. 정말 쉽다! "Help A Report Out"과 같은 사이트에 등록을 하면 된다. 각종 분야의 전문가들을 기자들과 연결해주는 사이트로, 덕분에 기자들이 직접 취재거리를 찾을 필요가 없다.

　　홀리데이는 수개월 동안 이 사이트에 실명으로 등록해 〈뉴욕타임스〉에는 비닐 수집가로, 〈ABC 뉴스〉에는 심각한 불면증 환자로, 〈MSNBC 24시간 뉴스〉에는 생화학 테러 피해자로 나왔다. 어떤 기자도 홀리데이의 말이 진짜인지 확인하지 않았고 그에 대해 구글 검색도 하지 않았다. 이렇게 홀리데이는 당당하게 미디어를 조작하는 인물로 활동하기 시작했다. 홀리데이가 훗날 비밀을 폭로하자 75개의 미디어 사가 관심을 보였고 네티즌들의 조회 수는 150만건을 넘었다.

두 번째, 거짓 이슈를 만든다. 홀리데이는 친한 친구 터커 맥스 Tucker Max의 B급 영화 〈터커 맥스: 그날 밤에 만난 여자들I Hope They Serve Beer in Hell〉 개봉을 알리고자 로스앤젤레스에 영화 포스터를 붙였고, 포스터 위에는 '터커 맥스의 영화, 긴장감 최고'라는 메시지의 스티커를 붙인 뒤 현지의 여러 블로그에 사진을 보냈다. 그는 블로그에서 익명을 유지하며 혹평을 즐겼다. 또한 대학 단체와 페미니스트 단체에 터커 맥스를 알렸다. 2주도 채 안 되어 이 영화는 큰 이슈가 되었고 〈폭스 뉴스〉, 〈워싱턴 포스트〉, 〈시카고 트리뷴〉에 기사로도 나왔다. 그 결과 영화는 저절로 홍보가 되었고 원작 소설은 판매순위 1위를 기록했다.

"거짓말이 이처럼 성공을 거둔 이유는 간단합니다." 홀리데이의 설명이다. "그럴듯하게 정확하면 정보로 둔갑합니다. 사실이 아니라면 기자들이 반박하는 기사를 쓸 수 있습니다. 같은 사건이어도 두 가지 기사가 나옵니다. 이처럼 기자들이 가짜 뉴스를 설명하는 기사를 써주면서 가짜 뉴스는 더욱 대중에게 알려집니다."

나중에 홀리데이는 터커 맥스의 신간을 내놓기 위해 댈러스의 가족계획 단체에 50만 달러를 기부하겠다고 하면서, 대신 터커 맥스의 이름을 단 클리닉을 열어달라고 제안했다. 제안은 거절당했고 파문이 일었다. 가족계획 단체가 50만 달러에 대해 밝히자 굴지의 유방암 예방 협회가 지원금을 중단했고, 의견이 분분했다. 동물보

최악의 미디어 조종자는 누구인가

호단체 PETA는 동물 치료를 위해 터커 맥스의 기부금을 받겠다고
했다. 200개의 미디어에 이 문제가 보도되면서 페이지 조회 수가
300만을 넘었고 터커 맥스의 신작은 베스트셀러 2위에 오른다. 초
기 투자금은 0달러였다. "미디어를 속여 반응과 토론을 이끌어내는
것이 우리의 목표였습니다. 그러면 광고비가 하나도 안 들거든요."
라이언 홀리데이가 천진난만하게 고백했다.

장 프랑수아 마르미옹

독자층의 관심을 끌기 위해 미디어가 사용하는 미끼는 지금이나 50년 전 혹은 100년 전과 똑같다. 신문을 팔거나 기사의 클릭 수를 늘리기 위해 미디어는 수단 방법을 가리지 않는다. 그래야 광고주나 사이트 인수자의 눈에 띄기 때문이다. 그런데 홀리데이에 따르면 생각보다 그럴 방법은 쉽고 아직까지 변하지 않았다. 진짜 정보지만 독자들을 낚기 위한 다음의 제목들을 보고 판단해보자.

과거의 신문 기사 제목들: 1898년에서 1903년 사이

- 15분 만에 선포될 전쟁
- 애송이, 도박가, 불량배, 과한 화장을 한 여성들 집단
- 집단 술주정, 끝없는 싸움, 악덕의 카니발
- 권총 한 발로 자살 시도한 노인: 귀를 팔지 못하다
- 부엉이 때문에 병원에서 공포에 질려 사망한 여성

최악의 미디어 조종자는 누구인가

- 소녀가 마음에 들지 않아 죽이려고 달려든 불독
- 한밤중에 세입자들을 공포에 떨게 한 고양이

요즘 온라인 뉴스 제목들

- 마약과 비혼을 주제로 나체쇼를 벌인 레이디 가가Lady Gaga
- 휴 헤프너Hugh Hefner: "더러운 맨션에 사는 성노예를 폭행한 적은 없다."
- 방귀를 뀌거나 아기 고양이들과 장난치는 아기들의 베스트 영상 9
- 저스틴 비버Justin Bieber가 매독에 걸렸다는 소문은 어디에서 시작되었을까?
- 영상: 동굴 안에서 첼시 핸들러Chelsea Handler에게 옷을 벗으라고 한 퍼프 대디Puff Daddy
- 피자 조각으로 어머니의 따귀를 때려 목숨을 구한 딸
- 상원의원 사무실에서 펭귄 똥이 발견되다

FRANÇOIS JOST

프랑수아 조스트

파리3대학 소르본 누벨 정보과학·홍보학과 명예 교수

멍청하고 못된 SNS

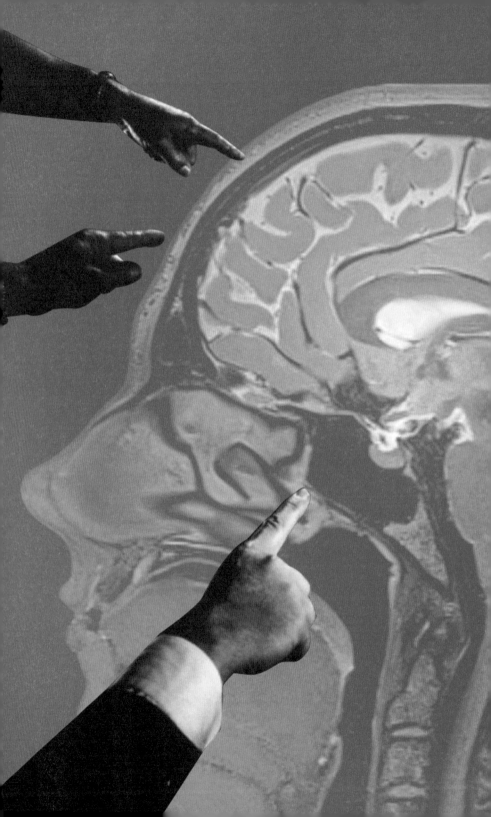

지금 SNS에서 볼 수 있는 현상은 과거에도 존재했다. 즉 아주 새로운 현상은 아니다. 최근 쓴 책《디지털 시대에 나타나는 행동의 사악함La Méchanceté en actes à l'ère numérique》에서, 나는 칸트의 말을 인용해 사악한 행위는 시대를 초월해 존재했다는 사실을 밝혔다.[1] 현재는 자기표현을 2.0 웹에서 할 수 있는 시대다.

공연장 같은
사회

자기표현을 온라인에 할 수 있는 첫 번째 조건은 정치이론가 기 드보르Guy Debord가 묘사한 것처럼 '공연장 같은 사회'여야 한다는 것이다. 공연장 같은 사회에서는 직접 경험을 해야 눈에 띄고 인간의 삶은 볼거리로 전락한다. 드보르는 이와 같은 사회를 다음과 같이 정의한다. "공연은 영상의 모음이 아니라 영상으로 표현되는 사람들 사이의 사회적 관계다."[2] 이 같은 공식은 페이스북에도 통한다. 페이스북에서는 주인의 성격과 인맥 성향이 사진을 통해 표현된다. 사진이야말로 모든 SNS의 중심이다. 트위터에서는 메시지와 함께 사진이 있어야 리트윗 수가 높아진다는 결과도 있다.[3]

두 번째 조건은 평가 범위가 넓어져야 한다는 것이다. 1980년 미셸 푸코가 이미 이런 말을 한 적이 있다. "사람들이 평가를 즐기다니 제정신이 아니다. 시간과 장소를 가리지 않고 평가가 이루어진다. 어쩌면 평가는 인간이 할 수 있는 가장 쉬운 일에 속할지도 모른다."[4] 각종 게시판과 영상 공유 사이트가 늘어나고 댓글을 남길 수 있는 곳이 많아지면서, 사람들이 앞다투어 평가를 내리는 시대가 되었다. 더구나 온라인에서는 익명이기 때문에 극단적인 글을 달아도 딱히 위험하지 않다. 누가 한가하게 글쓴이의 IP 주소를 추적해 왜 자신에게 모욕적인 댓글을 달았냐고 따지겠는가?

개인주의와 자기중심주의도 새롭지는 않다. 1980~1990년대에 텔레비전의 등장으로 이미 사람들은 자신을 표현할 기회를 많이 얻었다. 그런데 최근 디지털 2.0 시대를 맞으니, 누구나 세상을 자기중심으로 맞춰 자기표현을 할 수 있게 되었다. 페이스북 라이브에서는 누구나 뉴스 채널이 되어 자신의 스마트폰으로 보는 세상을 촬영한다. 이 같은 페이스북 라이브는 최근에 나타난 현상 중 하나에 불과하다. 이제는 누구나, 어디서나 중심이 될 수 있다 보니 중심과 주변부의 구분이 힘들어졌다. 실제로 평범한 사람이 하루아침에 온라인에서 유명인사가 될 수 있는 전략도 많이 소개되어 있다.

공연장 같은 사회, 대상을 가리지 않고 평가하는 태도 확산, 존재하기 위해 유명해지고 싶은 마음… SNS의 이 세 가지 요소가 명청함에 직접적인 영향을 끼치고 있다. 그 원리는 무엇일까? 나는 이 세 가지 요소에서 주변부는 없고 중심만 있는 세상을 발견한다.

현실?
그저 단순한 이미지

유튜브 같은 공유 사이트가 탄생하면서 1인 미디어 시대의 막이 올랐다. 1인 미디어에서는 누구나 자유롭게 좋아하는 장면을 모을 수 있다. 스스로 영상을 만들어 올리는 재미도 있다. 이렇게 해서 개인 스스로 공연을 펼치는 시대가 된 것이다.

이 중 시청자들에게 '나는 이런 행동을 할 수 있다!'고 증명하는 영상들이 특히 인기다. 이러한 영상의 시작은 '넥노미네이션 Neknomination'이라는 일종의 게임이다. 2014년 한 사람이 술잔을 여러 번 연거푸 비우는 자신의 모습을 촬영한 뒤, 페이스북 같은 SNS를 통해 세 사람을 지목하고 같은 도전을 이어가라고 제안했다. 도전에 응한 사람들은 24시간 내에 똑같이 술을 마시고 다음 사람을 지목하는 도전을 이어갔다.

이어서 나타난 것이 미국의 '아이스 버킷 챌린지'다. 친구들에게 식사를 사주는 대신 찬물을 뒤집어쓰는 도전이다. 규칙은 비슷하다. 용기 있는 많은 사람들이 얼음장 같은 물에 뛰어들었다. 유튜브에는 아이스 버킷 동영상이 1만 9,600개를 넘었다. 그러나 추락하거나 미끄러지는 가벼운 사고뿐만 아니라 대형사고도 일어났다. 영국의 젊은이 한 명이 자전거를 타고 물에 뛰어들어 익사했고 파드칼레의 또 다른 젊은이는 머리와 목에 부상을 입었다. 그런데도 많은 참가자들이 아내, 형제 혹은 자매를 다음 도전자로 지목했다.

이런 도전을 하기 위해 목숨을 내놓고 주변 사람들의 목숨까지 걸다니, 멍청한 짓이라고 생각할 것이다. 온라인 도전은 리얼리티 쇼와 비슷한 특징을 갖고 있다. 첫 번째 특징은 자기 자신을 등장시켜 공연하는 것이다. 그러지 않으면 많은 사람들이 흥미를 보이지

(⋯) 내가 어떤 악에서 탈출했는지 보는 일은 달콤하다.
_루크레티우스

않을 것이다. 실제로 이런 도전을 하는 사람은 주목받는 것을 중요하게 생각한다. 아일랜드 철학자 조지 버클리George Berkeley의 유명한 말이 떠오르는 순간이다. "존재하는 것은 지각되는 것이다." 디지털 시대를 맞아 개인의 슬로건과도 통한다.

두 번째 특징으로는 리얼리티 쇼의 기초가 되기도 하는 배우와 관객의 엄격한 구분이다. 배우는 고통받고, 관객은 그 모습을 본다. 배우가 소리 지르고 욕을 할수록 관객은 재미있어한다. 관객의 사디즘에 대해 루크레티우스가 이미 다룬 적이 있다. "물결이 일렁이는 광활한 바다에서 땅이 재난을 당하는 모습을 보면 마음이 편하다. 다른 사람의 고통이 나의 기쁨이라는 뜻이 아니라 다른 사람이 당한 불행을 내가 피할 수 있어서 안심한다는 뜻이다."

현실은 텔레비전 드라마나 코미디 프로그램처럼 이미지로 전락한다. 도전 영상 중 조회 수가 가장 높은 영상은 젊은 여자가 미끄러져 부교에 허벅지를 세게 부딪친 영상이다. 30만 2,164명이 이 영상을 보았고 1만 7,000명이 '좋아요'를 눌렀다. '싫어요'를 누른 사람은 겨우 182명뿐이었다! 377개의 댓글에서 영상 속 여성이 뛰어내리기 전에 "여성들도 물에 뛰어들 정도로 용기가 있다!"라고 외친 것에 대해 악의적인 내용을 덧붙였다.[5] 악성 댓글들을 몇 개 살펴보자.

- Sheshounet(1년 전): 허벅지가 네 멍청함을 참지 못해 자살했군.
- B14091990(3년 전): 현대 프랑스 여자는 대단하네. 웃겨!
- Crystal(1년 전): 여자는 뛰어드는 것보다 뛰어드는 남자를 받는 것을 잘하지.
- Monsieur Poptart(3년 전): 히스테리 부리는 미친 년.

- Sjdhsjd23(3년 전): 페미니스트들은 하나같이 교활하단 말이야!
- faydeurshaigu(1년 전): 여자이긴 해도 물에 뛰어드는 것은 '남자다운' 행동이라 생각해. 저 여자가 물에 직접 뛰어드는 바람에 역시 뛰어드는 것은 남자들에게 맞는 행동이라는 확신이 들었어.
- AWSMcube(1년 전): 그냥 저 여자는… 말이 필요 없이… 멍청이… 머리가 텅텅 빈 멍청이군.
- Cyril Benoit(2년 전): 저 여자는 그냥 카메라 앞에서 뽐내고 싶었던 거야. 의도가 사악하니 결과도 사악하지.
- Kevin Prudhomme(2년 전): 이런, 떨어지면서 아팠겠네. :)

이 정도의 악성 댓글만 살펴봐도 충분하다. 댓글 내용에서 보았듯이 도전을 한 여자와 도전 자체는 네티즌들로부터 멍청하다는 소리를 들었다. 그런데 이 과정에서 네티즌들은 사악함을 보여주거나 성차별 발언을 한다. 사악하고 성차별 발언을 동시에 하는 네티즌들도 있다. 네티즌들은 남을 모욕하는 것에 즐거움을 느끼고 남녀평등을 깎아내린다. 다른 사람의 모습을 보는 사람들은 상대방이 멍청한 짓을 할수록 재미있어하고, 혐오 표현도 그만큼 많이 한다(특히 여성이나 페미니즘 대상으로). 즉 관객 입장이 된 사람들은 멍청하면서도 사악해진다.

모두가 공감하는
멍청함의 의미

내가 《디지털 시대에 나타나는 행동의 사악함》이라는 책에서 분석한 텔레비전 방송이 있다. 해당 방송에 달린 댓글들의 사례를 살펴보자.

문제의 방송은 〈완벽에 가까운 저녁식사Un dîner presque parfait〉로, 이 방송의 원칙은 다음과 같다. 사람들이 차례로 초대를 받는다. 초대 손님들은 주인의 노하우와 주인의 접대 방식을 평가해야 한다. 평가 기준은 요리와 테이블 장식 등 다양하다. 그중에서도 눈에 띄는 에피소드가 있었다. 집주인이 과일 샐러드 소스에 통조림 체리를 사용하자, 초대 손님 한 명이 황당해하며 화를 내는 에피소드였다. 대화가 격렬하게 오갔고, 마침내 집주인 여자 산드라가 유리컵 속에 있는 물을 그 손님의 얼굴에 끼얹었다. 2015년 1월 17일 유튜브에 올라온 이 장면은 2018년 3월 20일 기준으로 조회 수가 367만 8,805건이었고 1만 6,000명의 네티즌들에 의해 언급되었다.[6]

이 영상에 달린 7,876개의 댓글을 전부 분석할 수는 없었지만, 초기에 올라온 700개의 댓글만 읽어봐도 논란이 된 장면을 두고 몇 년에 걸쳐 의견을 교환하는 네티즌들의 생각을 알 수 있다. 네티즌들이 생각하는 멍청함은 비슷하다.

- Game of Thrones(2년 전): 그야말로 멍청한 여자다. 나는 평소 집에서 먹는 디저트에도 과일 통조림을 사용하지 않는다. 통조림이야말로 쓰레기 음식이니까. 초대된 손님인 남자가 통조림을 초대 요리에 사용한 것이 잘못되었다고 지적하자 주인 여자라는 사람은 그 손님에게 욕을 하고 얼굴에다가 물을 끼얹어버렸다. 그리고 자신이 한 짓이 멍청한 줄도 모르고 당당하다. 방송의 출연진 선정은 아무렇게나 하는 것인가? 그냥 제비뽑기로 하나?

토론에 참가한 161명의 네티즌들은 만장일치로 이 댓글에 '좋아요'를 눌렀다. 모두 공감하는 감정을 그대로 대변하는 댓글인 듯하다. 그런데 이 댓글에 달린 댓글들 대부분이 집주인 여자 산드라의 행동보다는 외모를 비난했다는 점이 아쉽다. 몇 가지 댓글을 대표로 소개한다.

- frederic572(5개월 전): 털 나고 다리 네 개 달린 돼지 같은 면상인 이여자, 확실히 정신병자다.
- Tib Ln(6개월 전): 별 거지 같은 여자 다 봤네. 생긴 것도 꼭 뭐 같으면서.
- Jessica Martin(7개월 전): 거대하고 흉측한 민달팽이 같은 년.
- john do(7개월 전): 이렇게 못생긴 거대한 참치 같은 얼굴은 생전 처음 봤다.

멍청하고 못된 SNS

- Lolilol(1년 전): 이 여자를 보니 오늘 아침 죽여버린 민달팽이가 생각난다. 미안, 순간 철렁했네!

- ByWeapz(8개월 전, 수정된 댓글): 산드라, 나이 19살, 턱 두 겹, 흉측한 화장, 비호감 얼굴, 멍청이, 존중해줄 필요 없는 인간, 뚱땡이, 욕설을 직접 하는 저급함. 이런 인간은 산 채로 화형에 처해야 한다. 2:00 "하루 종일 짜증났다." 미안한데 산드라, 너는 과일을 가져오지 못할 정도로 엉덩이가 무겁구나. 그런 엉덩이라면 없애버려. 초대 손님 대신 내가 앙갚음을 하고 싶다. 나라면 저 뚱땡이를 실컷 팼을 것이다. 그리고 또 다른 거지 같은 여자 손님이 "거봐, 괴로울 거라고 했잖아"라고 지껄이던데, 이런 여자를 저녁 내내 참아준 남자 손님도 대단하다. 그 참을성을 진심으로 존경한다. 배가 남산만한 그 여자 손님도 일어나지 않던데. 거대한 포대 자루 같은 저 여자가 할 줄 아는 게 뭘까?

사람의 행동이 아니라 외모를 갖고 무자비하게 언어폭력이 이루어지다니, 상상도 못 했다. 악성 댓글이 늘어나면서 산드라는 졸지에 희생양이 되어버렸다. "이런 인간은 산 채로 화형에 처해야 한다."처럼 무례한 댓글을 읽으면 언어를 통한 비난이 어떻게 즉각 증오와 살인충동으로 변하는지 알 수 있다. 다른 참가자들의 댓글도 하나씩 읽어보자. 타인의 외모를 비하하는 것을 멍청하게 생각하는 의견도 있다.

- M.A.D(1년 전): 머리를 쓸 필요도 없는 이런 것을 왜 보아야 할까? 댁들도 참 딱하다. 댁들이 어떻게 생각하든 나는 '거대한 포대 자루'는 아니다. '평균적인' 외모를 지닌 우리 같은 사람들은 외모가 평균에 미치지 못하는 사람들을 놀리지 않고 존중할 줄 안다. 이것을 가리켜 지성이라고 한다. '지성이 부족하다' 할 때 말하는 그 '지성' 말이다. 많이 들어봤을 단어겠지. 더 이상 이 문제로 시간을 낭비하지 않으련다. 그럼, 이만!
- lili beyer(1년 전): M.A.D. 조금 늦었지만 나도 같은 생각이다. 댁들의 댓글은 너무 저속해서 딱할 정도다. 댁들은 남의 행동을 비판하는 것이 아니라 그저 못 돼먹은 막말을 하니, 참으로 멍청해서 불쌍할 뿐이다.
- séveras rogue(1년 전): M.A.D. 너무나도 맞는 말이다. 정상적인 댓글이라면 저녁식사에서 일어난 상황만 이야기한다. 그 외의 것은 이야기할 필요가 없다. 특히 남의 몸무게 이야기를 왜 하나? 남의 몸무게 품평을 하는 사람들이야말로 정말로 무식한 인간이다.

위의 댓글들을 읽어보면 SNS 시대에 멍청함이란 무엇인지 정확히 알 수 있다. 사람의 외모를 갖고 평가하는 것이야말로 멍청한 짓이다. 드보르가 말한 대로 '이미지로 이루어지는 인간관계'에도 엄연히 소통과 배려가 있어야 한다.

SNS의 특징 중 하나는 존재감을 누리기 위해 유명해지고 싶

멍청하고 못된 SNS

은 욕구다. 차디찬 물에 뛰어들 준비를 하며 용기를 과시하는 것은 SNS에서 존재감을 과시하기 위해서다. 그렇다면 네티즌 집단에서 빠져 나오려면 어떻게 해야 할까? 무슨 짓을 해서도 유명해지고 싶은 사람들이라면 누구나 해결해야 할 문제다.

해결책은 늘 주목을 끄는 행동에서 찾을 수 있다. 앞에서 살펴봤듯이 주변 사람들을 희생양 삼아 도전을 강요하는 사람들이 있다. 간혹 너무 심하다 싶을 정도로 도를 넘는 유튜버들도 있다. 유명해지기 위해 영상을 찍은 젊은 미국인 부모가 좋은 예다. 아내가 남편의 가슴에 권총을 겨누었다. 남편은 총알을 막기 위해 가슴에 두꺼운 백과사전을 댔다. "페드로와 함께 이제까지 본 적이 없는 최고로 위험한 영상 중 하나를 찍으려고 한다." 아내가 먼저 설명했

다. 아내는 남편에 대한 살인미수로 6개월 형을 선고받았다. 최고의 멍청한 짓을 한 대가다. 물론 또 다른 최고 멍청한 짓들도 찾아보면 있을 것이다….

인터넷에서 저지르는 멍청한 짓을 이루는 세 가지 특징이 고스란히 보이는 사례는 이외에도 많다. 온라인에서는 멍청한 본성이 그대로 나온다. 사실 우리가 상대하는 멍청이들이 어떤 존재인지 확실히 정리하기는 힘들다. 다만 댓글을 분석하며 한 가지를 예상해본다. 맞춤법 상태로 봐서는 학교에서 그렇게 성적이 좋지 않을 것 같은 청소년들이 댓글을 쓰지 않았을까? 설마 내가 10대는 멍청하다며 위험한 일반화를 하고 있는 걸까? 그럴 가능성도 있다.

샤독이 주는
깨달음

"지적인 것에 멍청함을 동원하느니 멍청함에
지성을 동원하는 편이 낫다."

_〈샤독Les Shadoks〉의 명언

나는 텔레비전에 대한 강의를 할 때 〈샤독〉(1968년 처음 방송된 프
랑스 애니메이션 시리즈-옮긴이)의 이 명언으로 시작했다. 오랫동안 그
랬다. 〈샤독〉의 명언은 매체분석과 관련된 문제를 완벽하게 다룬
다. 우선, 지식인들이 무시하는 주제에 대해 생각해볼 수 있는 기회
를 만들어준다. 지식인들은 텔레비전에 대해 잘 모르면서 텔레비전
에 대해 자랑스럽게 떠벌린다. 다음으로, 텔레비전이 시시한 주제
이긴 하지만 그것이 이를 이해하려고 노력하지 말아야 한다는 뜻은
아니라는 점을 알려준다.

그러나 〈샤독〉의 명언을 주문으로 삼기에 앞서 한 가지 사실을

자세히 짚고 넘어갈 필요가 있다. 텔레비전을 멍청하다고 일반화해 버리면 텔레비전을 쓰레기라고 부르는 사람들에게 동조하게 된다. 동시에 연구 범위를 지나치게 넓혀버리는 일이기도 하다. 드골Charles de Gaulle의 표현을 빌리자면 지나치게 '거대한 프로그램'이 되어버리는 것이다. 따라서 〈샤독〉의 명언을 일반적인 진실이 아니라 이해의 폭을 넓히는 견인차로 받아들이자.

〈샤독〉의 명언으로 멍청한 말과 멍청함을 구분하는 일부터 시작할 수 있다. 비슷하게, 철학자 블라디미르 장켈레비치Vladimir Jankélévitch는 '사악함'과 '사악한 행동'을 구분했다.[7] 우리는 멍청한 인간을 나타내는 '멍청함'과 '멍청한 말'도 구분해야 한다. 그러나 사악함은 '해치다', '더럽히다', '파괴하다' 같은 간단한 말로 그 본질을 정의할 수 있고 모두가 그에 동의하지만,[8] 멍청함은 그렇게 간단히 정의를 내리기가 힘들다. 멍청함은 문맥에 따라 의미가 달라지기 때문이다. 공화당 대표 로랑 보키에Laurent Wauquiez가 자신이 텔레비전 방송에서 하는 말은 전부 멍청하다고 공개적으로 인정했듯 당사자가 자신의 행위를 멍청하다고 인정하는 일도 있지만, 반대의 상황도 있다. 듣는 상대, 즉 독자나 청중이 대상을 보고 멍청하다고 속으로 평가하거나 공개적으로 평가를 내리는 경우다. 끝으로 멍청함은 특정 행위를 나타낼 때도 있고(시인 자크 프레베르Jacques Prévert의 표현으로 예를 들자면, '정말 멍청해, 전쟁이란!'), 물론 바보 같은 말을 나타낼 때도 있다(로버트 윈스럽의《문화 사전》을 참고해볼 수 있겠다).

멍청하고 못된 SNS

행위는 보편적 윤리에서 벗어날 때 멍청하다는 낙인이 찍힌다. 그러니까 행동이 모순될 때 멍청하다고 불린다. 말은 논리에 맞지 않아 부조리하게 들릴 때 멍청하다고 불린다. 즉, 지식과 진실의 범위에서 멍청한 말인지 아닌지 판단하는 것이다. 이에 대해서는 철학가 해리 프랑크푸르트가 다음과 같이 정의를 내렸다. "사람은 잘 모르는 주제를 다룰 때 반드시 멍청한 말을 지껄이게 된다."

프랑수아 조스트

Howard
Gardner

―――

하워드 가드너와의 만남

하버드 교육대학원 교육심리학과 교수, 다중지능 이론가

―――

우리는 인터넷 때문에 멍청해질까

Q. ── 선생님은 앞으로 인터넷 때문에 위협받을 것 같은 '세 가지 미덕'은 무엇이라고 보십니까?

A. ── 저는 1999년에 《인간은 어떻게 배우는가The Disciplined Mind》라는 책을 썼습니다. 이 책에서 답변을 찾을 수 있겠네요. 교육이 추구하는 주요 목표는 문맹 퇴치 외에도 도구를 갖추도록 도와주는 것이라고 설명했지요. 이것이 첫 번째 미덕입니다. 특히 과학 분야에서는 도구가 있으면 진짜와 가짜를 구분할 수 있습니다. 뿐만 아니라 예술, 자연 등 여러 분야에 녹아들어 있는 아름다움을 평가하고 자신이 좋아하는 것에 대해 좋아하는 이유를 설명할 수 있게 되는 것입니다. 마지막으로 도덕과 윤리를 기준으로 판단하고 행동할 수 있는 것입니다.

이 책을 썼던 당시에 저는 조금 순진했습니다. 이 같은 전통적인 미덕에 문제가 없을 것이라 생각했으니까요. 그러나 얼마 지나지 않아 저의 생각이 틀렸다는 것을 알았습니다. 이후 10년도 안 되어 저의 생각을 철학적으로 분석하고(포스트모더니즘, 상대주의) 기술 발전을 반영해(새로운 디지털 미디어 등장) 새롭게 바꾸었습니다.

Q. ——— 《새로운 형태의 진실, 아름다움, 그리고 친절Les Nouvelles formes de la vérité, de la beauté et de la bonté》이라는 책에서는 인터넷을 '전반적인 혼란'이라고 묘사하셨습니다.[1] 가뜩이나 사유가 부족한 현실에서 인터넷이 혼란을 부추긴다고요. 인터넷의 문제는 정보의 질에 있을까요, 아니면 정보의 양에 있을까요?

A. ——— 정보의 질과 양, 모두 문제입니다. 사람은 정보의 홍수 속에 허우적거리거나 선택의 폭이 너무 넓으면 판단력이 마비되어 제대로 된 결정을 내리지 못합니다. 더구나 수많은 블로그, 소셜미디어, 웹사이트가 난무하면 진위를 알기 힘든 정보가 많아져 상황이 더욱 심각해지지요. 하지만 제가 진실에 대해 내린 결론은 회의적이지 않습니다. 사실 우리는 현재 무슨 일이 일어나고 있는지 그 어느 때보다도 정확히 이해할 수 있는 시대에 살고 있거든요. 우리가 시간을 내서 신중하게 판단할 준비만 되어 있으면 됩니다.

최근의 예를 하나 들어 보겠습니다. 2013년 4월 보스턴 마라톤 경기가 끝나고 대규모 테러 사건이 일어났습니다. 매일 우리는 무슨 일이 있었는지, 왜 이런 일이 일어났는지 정보를 많이 얻었습니다. 테러를 일으킨 형제가 페이스북, 트위터, 기타 소셜미디어에 흔

우리는 인터넷 때문에 멍청해질까

적을 남긴 덕분입니다. 디지털 미디어 시대 이전에는 생각도 못했던 일입니다. 물론 테러범으로 지목된 형제가 진짜 범인이 아니라고 생각하는 사람들도 여전히 있습니다. 그러나 버락 오바마 대통령이 실제로는 아프리카에서 무슬림으로 태어났다고 줄기차게 주장하는 사람들처럼, 자신만의 세계에 갇혀서 현실을 부정하는 사람들은 어디에나 있습니다.

Q. —— 인터넷으로 인해 신뢰하기 힘든 관점이 늘어나면서 지나친 상대주의가 생겨나고 있다고 비판하고 계신데요. 하지만 인터넷 덕분에 의심하는 태도로 성장하지 않았습니까? 학문의 입장에서는 바람직한 태도이고요.

A. —— 예, 인터넷 덕분에 진실은 오직 하나라는 관점에 의문을 제기할 수 있게 되었습니다. 제가 젊었을 때는 영상 미디어의 종류가 극히 적었어요. 그러다 보니 영상 미디어는 모두 똑같은 이야기를 했고, 저와 동시대 사람들은 영상 미디어가 진실을 이야기한다고 생각했습니다. 그러나 요즘 우리는 무조건 믿지 않고 의심을 하지요. 예를 들어 전통적인 미디어는 이라크에 대량 살상 무기가 있는 것처럼 떠들었지만 우리는 이라크에는 대량 살상 무기가 없었다는 인식을 하게 되었습니다. 그렇습니다. 의심하는 태도는 나름대로 바람직합니다.

그러나 의심으로 끝나지 않고 전반적인 회의감으로 번진다면 문제입니다. 앞에서도 말씀드렸지만 우리가 조금 부지런하면 역사든 정치든 과학이든 분야와 상관없이 그 어느 때보다 진실에 다가갈 수 있을 것입니다. 예를 들어 디지털 이전 시대에는 과학적으로 허위인 주장을 밝혀내기가 힘들었는데 이제는 주기적으로 폭로되고 있으니까요.

Q. —— 다중지성 이론으로 유명하십니다. 인터넷이 지성에 긍정적인 영향을 끼친다고 보십니까, 아니면 부정적인 영향을 끼친다고 보십니까? 인터넷이 다중지성이 아니라 집단지성이라는 새로운 지성에 매개체 역할을 할 수 있을까요?

A. —— 일반적으로 새로운 디지털 미디어가 다중지성에는 더 낫다고 생각합니다. 요즘 지성을 종합적으로 강력하게 동원할 수 있는 새로운 방식의 어플리케이션, 게임, 교육 프로그램이 있습니다. 지성의 다양한 관점을 위해서는 새로운 디지털 미디어가 장점이 될 것이라고 생각합니다. 하지만 지성은 인간의 두뇌를 반영합니다. 인간의 두뇌는 수천 년에 걸쳐 느리게 진화하며 몇 년 혹은 몇십 년만 존재하는 기술과는 발전 속도가 다르고요. 따라서 저는 '인공지능'이라는 생각에 동의하지 않습니다.

다른 한편으로 새로운 '지성의 비율'이 신기술로 동원되는 것은 문제가 아닙니다. '지성의 비율'은 마셜 매클루언Marshall McLuhan이 사용한 표현입니다. 예를 들어 온라인으로 소통할 때와 사람을 직접 보고 대화하거나 소통할 때 서로 오가는 정보가 다르다는 것이지요.

집단은 어느 시대건 토론과 논쟁에 영향력을 행사했습니다. '그리스인의 합창greek chorus'이라는 표현도 이미 수천 년 전에 나왔지요. 그러나 사람들이 모여 집단 지성을 표현하기도 하지만 집단적으로 멍청한 짓을 할 수도 있습니다. 대중은 독이 될 수도 있고 약이 될 수도 있습니다. 뿐만 아니라 이제 사회와 기관도 온라인에서 평가 결과와 분류를 조작할 수 있습니다. 사람들은 더 이상 자기 의견만 이야기하지 않습니다. 특정 의견과 경험을 홍보해주는 대가로 돈을 받기도 하니까요. '좋아요' 수가 늘어나는 것도 분명 흥미롭고 배울 만한 부분이 있지만, 개인의 평가가 얼마나 진실되는지에는 더 이상 관심이 없어졌습니다. 현명한 사람이 올바로 판단합니다. 양이 많다고 질이 좋은 것은 아니지요!

Q. —— 인간은 평생 배워야 한다고 하셨습니다. 그런데 왜 평생 배우다 보면 진실, 선, 좋은 것에 대해 합의가 이루어져야 할까요? 좀 더 개인적이고 상대적인 감성으로 가야 하지 않을까요? 언제나 더 의심해야 하는 것 아닐까요?

A. —— 흥미로운 질문입니다. 많이 알수록 더 의심이 생기는 분야가 있습니다. 인간의 성향에 대해 제가 알고 있는 지식은 시간이 지날수록 복잡해졌습니다. 제가 잘 알고 있는 주제에 관해 제자들

의 연구를 평가할 때는 저의 판단에 확신이 생기지만 50년 전보다는 요즘 일기예보를 많이 듣습니다. 반대로 많이 알수록 더욱 확신하게 되는 분야도 있지요. 따라서 판단하는 대상이 어떤 분야이고, 판단 기준은 무엇인지 잘 생각해야 합니다.

저는 예전 책에서 아름다움에 관해 쓸 때, 마르미옹 씨가 내놓은 주장을 정확히 언급한 적이 있습니다. 아름다움에 대한 우리의 판단은 고정되어서도 안 되고 남의 판단과 억지로 맞출 필요도 없다고요. '취향은 토론 대상이 아니다'라는 말도 있잖아요. 무엇이 맞고 틀린지, 무엇이 불확실한지도 사람마다 생각이 다릅니다. 문화, 도덕이나 윤리 기준도 똑같은 생각을 가질 수 없습니다. 그래도 어느 정도의 합의점은 존재합니다. 기준이 되는 합의점이 없다면 사회는 계속 유지될 수가 없으니까요.

실제로 사람들은 대부분 진실과 윤리에 더 나은 합의를 낼 수 있다고 생각하는 것처럼 행동합니다. 여러 가지 이유로 이런 개념을 깨뜨리려는 시도를 하는 사람들은 보통 철학가와 인문학 저자들뿐입니다. 그래도 그들은 자기 자녀가 진실을 말하고 스스로의 확신대로 행동하기를 바랄 겁니다.

인터뷰어: 장 프랑수아 마르미옹

우리는 인터넷 때문에 멍청해질까

Sebastian Dieguez

세바스티앙 디게

신경심리학자, 프리부르대학교 인지과학·신경논리과학연구소 연구위원

멍청함과 탈진실

정말 우리는 점점 더 멍청한 인간이 되어가고 있는가? 현대사회가 흘러가는 모습을 보면 당연히 떠올릴 수 있는 질문이다. 분명히 많은 것을 배우고 자유롭게 정보를 얻을 수 있는 요즘 사람들은 백신과 기후에 관한 과학적인 권고를 거부하고, 거짓 음모론에 빠져들며, 멍청한 인간들에게 아무렇지도 않게 표를 던지고, 멍청한 계획을 세우며, 별것 아닌 일에 화를 내고, 엉뚱한 생각에 열광한다. 누가 뭐라고 해도 지구는 평평하다고 확신하는 사람들도 있다. 외교적으로 긴장이 높아지고 테러와 끝없는 전쟁이 벌어지며 환경 파괴로 기후 변화가 일어나고 경제적으로 소수의 사람들에게만 부가 독점되는 것을 보면, 우리는 완전히 멍청함이 승리를 거둔 시대에 살고 있는 것 같다.[1]

그 와중에 이 참담한 상황의 원인이 무엇인지 주장하는 사람들도 있다. 바로 미국, 사회, 농약, 탄수화물, 글루텐, 호르몬 교란, 좌파, 우파, 엘리트, 서민, 외국인과 열등한 유전자, 나태한 교수들, 관념적인 교육가들, 두뇌를 퇴화시키는 태블릿 PC, 모니터, 전자파 탓이라는 것이다.

그런데 사실은 이 모든 것이 그냥 '헛소리'라면 어떨까?

멍청함과
탈진실

멍청함이 없다는 뜻이 아니다. 현재 상황이 심각하지 않다는 말도 아니다. 다만 멍청함이 늘어난 것을 보니 세계적으로 지적 수준이 하락한 것은 맞는 듯하다.[2]

사실 멍청함은 단순히 지성의 반대가 아니다. 아주 똑똑한 사람도 놀랄 정도로 멍청할 수 있다. 아무리 지식인이라도 정치인이 되는 순간 멍청해진다. 지식인도 잘 모르는 주제에 대해 이야기를 하면 멍청해진다. 이것이 모두 멍청함이다.

철학가 해리 프랑크푸르트가 유명한 분석을 한 적이 있다. 인간은 진실에 관심 없을 때 멍청해진다는 것이다.[3] 진실을 알면서도 왜곡하거나 숨기려는 거짓말쟁이와 달리 멍청이는 진실 따위에 관심이 없다. 멍청한 인간은 생각나는 대로 입으로 내뱉으며 자신이 하는 주장이 진실이지 거짓인지에는 조금도 관심이 없다. 멍청한

멍청함과 탈진실

인간은 아무렇지도 않게 멍청한 짓을 하고 다양한 전략을 사용한다. 적당히 얼버무리거나 교묘히 주제를 바꾸거나 헛소리를 하거나 감정적으로 나오거나 과장하거나 쓸데없는 말을 한다. 멍청한 말을 하는 인간은 방법이나 배경은 상관하지 않고 이익을 얻을 생각만 한다. 그러면서 자신은 유용한 정보를 전해주는 이야기를 했다고 우긴다. 프랑크푸르트가 묘사하는 멍청이의 특징이다. 따라서 멍청함은 지식을 왜곡하는 행위다. 멍청이는 토론을 방해하고 있으면서도 오히려 자신이 토론에 기여하는 척을 한다. 결국 멍청이는 건전한 토론을 막는 존재다.

그렇다면 왜 우리는 이런 멍청한 인간들을 그대로 보고만 있는가? 거짓말쟁이는 정체가 탄로 나면 비난받고 무시당하는데, 멍청한 말을 내뱉는 사람은 아무 일 없이 그냥 넘어가는 것 같다. 프랑크푸르트는 이 질문에 따로 답을 내놓지 않고 독자의 판단에 맡겼다. 그러나 몇 가지 심리학 지식과 사회 및 문화 요소를 연결하면 의문점을 풀 수 있다.

우선 우리는 멍청함에 지나치게 자비를 베푸는 것 같다. 누군가 아무 말이나 막 하면 우리는 먼저 그 말에 의미를 찾으려 하고, 그 상황에서는 이 말이 어떻게 타당한지 생각해보는 등 필요한 해석을 하려고 한다. 멍청한 말을 들은 사람들은 이처럼 대부분 멍청이가 한 말을 꼼꼼히 분석하느라 시간을 보낸다. 그리고 멍청이는 주변의 문화를 이용한다. 명확하고 옳은 말을 하는 것보다 뻔뻔하고 자신감 있고 감정에 호소하는 것이 높이 평가되는 문화 환경이라면 멍청한 말을 해도 그대로 넘어간다. 심하면 멍청한 말을 하는 사람이 더 늘어날 수 있다.

프랑크푸르트는 분석의 결론을 이렇게 내렸다. 진짜라고 믿어달라고 감정에 호소하는 것이야말로 멍청한 짓이다. 감정에 호소하는 것, 열정을 갖고 자기표현을 하는 것, 자신의 생각을 있는 그대로 말하는 것, 인간 대 인간으로 대화하는 것, 당당하게 말하는 것. 이런 것들이 바로 현대사회에서 정확함과 신중함보다 높이 평가되는 가치다.

팩트보다는 감성이 우선인 시대다. 진짜라고 믿어달라며 감성에 호소하며 이야기하는 사람들과 이에 대해 '자비를 베풀며' 들어주는 사람들이 합심해, 엄청난 멍청이들도 공개적으로 쉽게 발언할 수 있는 환경이 만들어졌다. 이 분석이 옳다면 옥스퍼드 사전에 나온 '탈진실Post-truth'이 왜 도래했는지 알 것 같다. '객관적인 사실보다 감성적인 호소와 개인의 믿음이 여론 형성에 더 영향을 끼친다'는 의미의 '탈진실'은 2016년에 '올해의 단어'로 꼽히기도 했다.[4]

이런 상황에서는 누구든 자신의 말만 옳고 상대방의 의견은 틀렸다 생각한다. 누구든 상대방의 생각을 바꾸려 하고 상대방의 믿음은 진실이 아니라며 존중하지 않는다. 아비규환 같은 토론 분위기 속에서 각자 자기 말고 다른 사람들의 생각은 틀렸으며 자기 의견만 옳다고 주장한다. 심지어는 같은 진영에서도 각자 자신의 결

멍청함과 탈진실

심과 윤리 가치만이 맞는다고 주장한다. 이 지옥 같은 상황에서 자연히 진실과 사실은 무시당하고 의심까지 받는다.

공정한 관찰자가 이 상황을 보면 정말로 멍청하다고 생각할 것이다. 아무렇게나 하는 말, 왜곡된 사실, 가짜 뉴스, 음모론 등은 그저 멍청함, 그 이상도 이하도 아니지 않을까?

현대의 멍청함이
가지는 원칙

안타깝게도 '멍청함'이라는 표현은 너무 애매해서 우리가 생각하는 멍청함이 지닌 뉘앙스를 정확히 표현하지 못한다. 이 단어에는 철학적인 의미가 깃들어 있다. '멍청이'라는 표현은 현재 우리와 진실 사이에서 어리석음이 하는 역할이 무엇인지 관심을 갖는 데 도움을 준다. 탈진실을 보여주는 멍청한 말을 하려면 어느 정도 지식은 있어야 한다. 어느 정도는 머리가 있어야 멍청한 말을 지어내고, 맞는다고 우기고, 그 말을 퍼뜨릴 수 있다. 심지어 머리를 굴리는 전략도 있어야 한다.

따라서 아무리 머리가 좋고 아는 것이 많고 다른 사람의 실수와 잘못을 격렬히 비판하는 사람도 멍청이가 될 수 있다. 이런 사람은 구체적인 목표도 없고 진실과 지식을 구분하지 못하며, 지식을 얻으려면 정확히 무엇을 이해해야 하는지도 모르고, 지식을 제대로 사용할 줄도 모르고, 진실에 접근하는 기준과 방법에 관심이 없고, 그 기준과 방법이 왜 옳은지에도 관심이 없으며, 아는 것을 어떻게 정확히 전달해야 하는지도 모르고 왜 정확히 전달해야 하는지도 모른다.[5] 그냥 아무 생각 없이 행동하기 때문이다. 이런 백치 같은 사람이야말로 무질의 표현을 빌리자면 "머리가 멍청한 상태"다. 칸트는 이런 사람을 가리켜 판단력이 너무 부족해 치유가 안 된다고 보았다. 어떻게 보면 탈진실은 인간의 지성을 모아 최고로 멍청한 말을 만들어내고 그것이 통할 수 있게 조종하는 개념 같다.

이제 현대사회에서 멍청함을 부추기는 세 가지 요소를 살펴보려고 한다. 이 세 가지 요소를 이해하면 멍청한 말이 대규모로 나타나는 이유를 알 수 있고, 일반화된 백치 상태를 가리켜 '탈진실'이라고 부른다는 것을 알 수 있다. 답답한 사람들을 위해 바로 알려주자면 세 가지 요소는 바로 맹목적인 확신, 자아도취, 막무가내의 주장인데, 우리는 앞에서 이미 각 요소들이 어떻게 상호작용해 서로를 더 강력하게 만들어주는지 살펴보았다. 그다음에는 멍청함이 윤리적으로 미치는 영향을 간략하게 이야기한 후, 마지막으로 탈진실이 진화될 수 있는지, 탈진실에 맞설 수 있는 방법은 무엇인지 결론을 내릴 것이다.

단정적으로 생각하는
멍청이

로제는 멍청함을 날카롭게 분석하면서 멍청함은 합리성이 부족한 상태가 아니라, 반대로 논리를 과도하게 내세우는 상태라고 결론을 지었다.[6] 멍청함이란 '돈은 돈', '어쨌든 종교는 종교', '다른 사람이 나보다 멍청하지'처럼 단정적으로 하는 생각이다. 멍청함을 샅샅이 해부해보면 특이한 원칙이 성립한다. 'A=A'. 이미 이야기한 것과 생각한 것을 한 치의 의심도 없이 밀고 나가는 것이다.

멍청한 인간은 생각하는 것을 그대로 말하고, 말한 대로 생각한다. 멍청한 인간은 오로지 자신의 말과 생각만이 중요하다. 멍청한 인간은 자신이 동의하지 못하는 것은 무조건 틀렸다고 생각하거나 자신과는 관계없다고 생각한다. 멍청한 인간은 자신과 관계된 말, 자신의 취향에 맞는 것만을 이해한다. 멍청한 인간은 자신의 말과 생각에 반박하는 사람을 적이라고 생각하며 비판을 공격으로 받아들인다.

단정적으로 생각하는 멍청이는 같은 말을 반복하고 자기만족이 중요하며 매우 주관적인 입장을 견지해 틀에 박힌 생각이나 편견에서 벗어나지 못한다. 멍청한 인간에게 이성은 박제된 것이나 다름없다. 멍청한 인간은 'A=A'라고 단정적으로 확신하는데, 여기에는 논리적인 요점도 없다. 그저 생각 없이 "아무리 그래도 유대인

은 유대인이지"라고 내뱉을 뿐
이다.

　명청한 인간은 이처럼 같은
말을 반복하고 자기중심적이기
에 오직 자신의 증언, 경험과 느
낌만 중요시한다.[7] 명청한 인간
은 감성에 호소하고 주관적인
판단을 주로 하며 근거 없는 자
신감을 가진 상태에 만족한다.
명청한 인간은 자신이 무슨 이야기를 하는지 안다고 생각하지만 착
각일 뿐이다. 명청한 인간은 아무리 증거가 나와도 자신이 확신하
는 것은 계속 밀고 나가며 생각을 바꾸려 하지 않는다. 명청한 인간
은 필요한 지식이 있어도 배울 생각 없이 그저 확증 편향에 빠져 살
뿐이다. 자신의 생각과 반대되는 것을 무시하거나 교묘하게 재해석
하며 모든 상황을 자신에게 유리하게 끌고 가는 것 말이다.[8] 명청
한 인간은 웬만해서는 생각과 환경을 바꾸지 않는다. 명청함과 지
적 게으름, 자기만족, 자기도취는 함께 나타나며 직감의 역할이 커
진다. '나의 생각과 반응은 무조건 옳아.' 명청한 인간의 생각이다.

　그러나 명청한 인간도 제대로 우기지 못하거나 뻔뻔하게 자기
생각을 밀고 나가지 못하면 갑자기 자신감을 잃는다. 이때 명청한
인간은 진실에 신경 쓰고 정확함을 추구할 수 있다. 그러나 마음에

명청함과 탈진실

서 우러나오는 듯한 말이 아니라 사실과 논리만 내세우는 사람은 쉽게 주변 사람에게 신뢰를 얻지 못하는 편이다. 바로 이런 이유로 포퓰리즘이 통한다. 거짓말을 하는 후보도 우리와 공감하면 지지하거나 뽑는 것이다. 멍청이는 멍청이를 알아본다. 그리고 이것이 널리 퍼져나간다.[9]

멍청함은 머리가 얼마나 똑똑하냐와 별 관계가 없다.[10] 전반적으로 교육 수준은 낮아지지 않았는데 사람들이 점점 집단적으로 멍청해지는 이유다. 오히려 이제는 좋은 머리가 멍청한 시스템을 받쳐주는 데 이용된다.[11] 특히 자기중심적인 시각이 강해지면서 멍청한 시스템이 작동한다. 자기중심적인 시각은 지혜가 아니라 직감을 중시한다. 내가 믿는 것은 무조건 진실이라고 본능적으로 확신하며 믿는다는 의미다.

내가 멍청한지 모르는
멍청이

자신이 멍청하다는 것을 알면 멍청이가 아니다. 그런데 멍청이는 그야말로 바보천치라서 생각이라는 것을 하지 않기 때문에 자신이 멍청하다는 사실을 알 길이 없다. 이처럼 멍청이는 자기 자신을 모르니 오히려 멍청한 짓이 자신에게 도움이 된다고 생각한다. 멍청이는 합리성이라는 공격으로부터 자신을 보호하기 위해 멍청한 짓을 서슴지 않고 한다. 그야말로 비극이다.

명청이는 자기만의 세계에 갇혀 있기 때문에 상황을 다른 방식으로 보지 못한다. 즉 다른 사람의 입장에서 보면 어떤지 모르며 더 많이 알고 있는 사람의 시선을 고려하지도 못한다.[12] 심리학자들은 이를 가리켜 더닝-크루거 효과라고 부른다. 이 문제를 증명한 연구원들의 이름을 딴 것이다. 이 효과에 따르면 사람은 잘 모르는 분야에서 능력을 제대로 발휘하지 못한다. 그런데 무능력한 사람은 멋대로 자기평가를 해 자신의 현실을 무시하고 자신의 능력을 과대평가한다. 오히려 전문가는 전문 지식을 갖추고 있으며 이 전문 지식을 갖추기 위해 열심히 노력하고 비판적인 시각을 갖는다. 진정한 전문가는 전문가란 어떤 사람인지를 알기 때문에 자신의 분야를 잘 알아도 여전히 모르는 것이 있어 배울 것이 많다고 생각한다. 한마디로 전문가는 자신의 한계를 안다. 연구 결과, 진짜로 능력 있는 사람들은 자신의 능력을 약간 과소평가하는 것으로 나타났다.

반대로 명청이는 어떻게 하면 덜 명청해질 수 있을까를 전혀 고민하지 않는다. 더구나 명청이는 명청하다는 것이 무엇인지조차 모르기 때문에 자신이 명청하다는 것도 모른다. 이것이 명청한 인간의 문제다. 그러나 명청한 인간은 자기 자신을 모르기 때문에 다른 사람들을 명청하다고 하며, 주변에 계속 민폐를 끼친다.

때로 명청이는 자기중심적인 태도, 본능, 감성주의를 이용해 자

명청함과 탈진실

신의 멍청함을 숨기기도 한다. 어리석게도 자기만의 세계에 갇혀 있기 때문에 자신의 멍청함을 고칠 기회가 없다. 멍청한 인간은 자기 자신을 모르는 데서 끝나지 않고 머리를 써서 더 멍청한 짓을 한다. 멍청한 인간은 머리를 써봐야 정보의 진위를 판단하지도 못하고 자신이 믿는 것이 사실인지도 모른다. 그저 자신이 좋아하는 것과 일치하는지 평가하고 자신의 생각과 다르면 절대 믿지 않는다. 끈질기게 자기방어만 할 뿐이다.

멍청함은 해악을 끼친다. 멍청한 인간은 자신이 멍청하다는 것을 깨닫지 못하기 때문에 눈에 잘 띄지 않는다. 여기에 자신의 능력을 과대평가하기까지 한다. 그 결과 멍청한 인간은 진정한 지성을 배울 기회도 놓치고 더 멍청한 짓만 계속 한다. 진정한 믿음과 정확한 정보로 무장된 사람만이 진실을 이야기하는 법이다. 그러나 멍청한 인간이 할 줄 아는 것은 실수밖에 없기 때문에 앞으로도 그가 할 수 있는 멍청한 말과 행동은 끝이 없다. 더구나 멍청한 인간일수록 때와 장소를 가리지 않고 자기 의견을 낼 자격이 있다고 느낀다. 진실을 탐구할 수 있는 믿을 만한 방법이 있는 사람들이 멍청한 인간들의 말과 행동을 고치려 해도 시간이 부족하다. 이를 가리켜 '멍청함의 비대칭 원칙'이라고 한다.[13] 즉 멍청함은 누구에 의해서든 쉽게 나타날 수 있지만 멍청함을 몰아내기 위한 능력이 있고 실제로 이를 위해 노력하는 사람은 많지 않아서, 멍청함과 맞서려면 정말로 노력을 많이 해야 한다.

위장술에 능한
멍청이

멍청한 인간은 자아도취와 자기맹신에 빠져 있다. 이 때문에 멍청한 인간들이 쉽게 늘어난다. 이들은 근거 없는 자신감이 넘치며 신중함과 정확성을 중시하지 않는다. 한마디로 이들은 목소리를 높여 확신에 찬 목소리로 감정에 호소하며 이야기해야 주목받는다고 믿는다.

그런데 멍청한 인간이라고 다 똑같지는 않다. 이 분야도 경쟁이 치열하다. 멍청이라도 다른 멍청이들과 차별성이 있어야 한다. 이 과정에서 당혹스러운 현상이 나타나기도 하는데, 바로 멍청한 인간이 지적인 사람으로 위장하려 노력하는 것이다. 멍청한 인간은 자신감이 지나치다 못해 자신이 하는 멍청한 짓을 지혜, 통찰력, 깊은 생각의 결실이라고 소개하며 진지한 척을 한다.

이를 위해 멍청한 인간이 생각해낸 것이 '그럴듯한 논리'다. 어떤 결론을 내리기 위한 논리가 아니라 자기방어 논리다. "멍청한 인간은 결론을 내고 싶어 한다." 플로베르가 했던 말이다. 플로베르의 희극《부바르와 페퀴셰Bouvard et Pecuchet》에 등장하는 부바르와 페퀴셰도 멍청한 인간은 그럴듯한 결론을 내리기 위해 노력한다고 보았다.[14] 특이하게도 자주 일어나는 일이다. 심지어 자신을 천재이자 철학과 신경과학의 대가로 생각하는 멍청이도 있다.

멍청함과 탈진실

무늬만 과학인 가짜 학문이 그럴듯한 옷을 입고 과학 행세를 하기도 한다. 가짜 뉴스는 되레 공식 언론을 비판하며 자신들이 믿을 만하고 검증된 뉴스인 척한다. 음모론은 진실을 밝히려는 진지한 조사로 둔갑하지만 실제로는 진실 탐구에 전혀 노력을 기울이지 않는다. 멍청함도 이성, 지식, 진실 같은 거짓 모습으로 둔갑한다.[15] 이를 위해서는 어느 정도 모방술이 필요하다. 즉 멍청한 인간이 만든 논리가 진정한 철학으로 보여야 한다. 그리고 멍청한 인간은 스스로 생각하는 자신의 이미지를 계속 유지하며 내세울 수 있다. 멍청한 인간이 도덕적으로 흠 없는 사람으로 둔갑하기도 한다. 혹은 생각한 것을 가감 없이 이야기하는 독설가가 되기도 하고 아무것도 하지 않는 지식인이 되기도 한다. 최악으로 이 모든 모습이 한꺼번에 나타나기도 한다. 거만함과 속물주의가 멍청함의 실체다.

멍청함은 비겁한 모방으로 살아간다. 인간의 이성이 만들어놓은 미덕, 인간의 이성에 대한 기대를 멋대로 사용하는 것이 멍청함이다. 멍청함은 가짜 합리성으로 무장한다.[16] 로베르트 무질이 이야기한 것처럼 멍청함이란 지능이 부족한 상태가 아니다. 목적 때문에 지성을 포기하는 상태, 감성과 이성이 제대로 조화를 이루지 못한 상태다.[17] 따라서 멍청함과 맞서려면 어느 정도 지성이 필요하다. 우리는 할 말이 없으면 그럴듯한 말을 지어낸다. 이런 말들이 사회에서 통할 때 탈진실이 나타나는 것이다.

서로 통하는
멍청함과 사악함

탈진실 시대를 지탱하는 사람들은 본능과 감정을 지식으로 착각한다. 이러한 개인들의 믿음과 행동도 대부분 본능과 감정에 충실하다. 본능과 감정이 지배할 때 멍청함이 생긴다. 멍청한 인간은 맹목적인 자기중심주의에 가득 차 있기 때문에 자기비판을 할 수 없다. 그런데도 멍청한 인간은 자신이 합리적이고 정직하며 진실을 추구하는 척 연기한다. 전반적으로 봤을 때 멍청한 말, 가짜 뉴스, 음모론, 가짜 팩트가 판을 치고 이것이 공유되는 현대 사회는 과거에 비해 더욱 멍청한 사회라고 할 수 있다. 별로 놀랄 일은 아니다.

멍청함으로 나타나는 결과를 몇 가지 살펴보자. 멍청함은 지식 분야에 민폐를 끼친다. 그러나 멍청함이 윤리 분야까지 건드리지 않는다면 그리 심각한 일은 아니다. "멍청한 인간은 진실을 존중하지 않아 유죄다." 철학자 파스칼 앙젤이 했던 말이다. 멍청한 인간은 지식의 가치도 모르고 머리가 비었기 때문에 도덕심도 부족하다. 멍청한 말을 하는 사람은 정신적 가치를 존중한다고 주장하고 진실에 관심 있는 척, 이성이 있는 척하지만, 사실은 지식인으로 위장하기 위해 연기하는 것뿐이다. 아니면 돈은 별로 들이지 않고 사회에서 유명 인사가 되고 싶어 연기하는 것이다. 단순히 지식이 부족한 사람은 멍청한 것이 아니기 때문에 진실을 존중하고 지성이

멍청함과 탈진실

진실을 이끌어낸다는 사실을 인정하기도 한다. 그러나 아무 생각 없이 말하고 속물적이며 허영심에 빠진 멍청한 인간은 진실과 지성을 무시하고 자기 이익을 위해 이용한다.

멍청함 때문에 생기는 해악은 나열하기 힘들 정도로 끝이 없다. 예를 들어 멍청한 인간은 마치 새롭고 흥미로운 이야기를 하는 척하거나 대담한 생각을 이야기하는 척하지만 사실 사악한 목적을 위해 연기하는 것뿐이다. 멍청한 인간은 분노를 위한 분노를 일으키는 것이 목적이다. 분노사회는 요즘 많이 보이는 현상으로 사람들은 도덕의 화신이라도 되는 것처럼 분노의 대상을 찾아다닌다.[18]

멍청한 인간이 만들어내는 골칫거리는 무궁무진하다.

멍청한 인간은 쉽게 분위기에 동조하고, 많은 사람들에게 개인으로서 인정받고 싶어서 반대 의사를 표시하고 거부하고 분노하는 일에 동참한다. 이런 멍청한 행동이 모여 흑백논리가 생겨난다. 멍청한 인간들은 이 기회를 이용해 서로 튀려고 경쟁을 벌인다. 그 결과 소문과 멍청한 글이 '조회 수'를 더 많이 늘리기 위해 서로 경쟁을 벌이게 된다.

이뿐만 아니라 멍청한 말, 가짜 뉴스, 가짜 팩트의 영향도 살펴볼 필요가 있다. 요즘 우리는 멍청한 말과 가짜 뉴스 때문에 진실을 제대로 보지 못하고 있고 민주주의에 필요한 신뢰도 무너지고 있다. 더 이상 아무것도 믿지 못하고 더 이상 보편적인 진실에 다가갈 수 없다는 생각이 들면 좋을 것이 하나도 없다. 단순히 잘못된 것을 믿는 일보다 더 심각한 문제다. 단순히 잘못된 것을 믿는다면 언제든 고칠 수 있다는 희망이라도 있지만 멍청한 말과 가짜 뉴스로 불신의 사회가 되면 돌이킬 수 없기 때문이다.

그렇기 때문에 멍청함은 사회를 혼란스럽게 몰아가고 긍정적인 면이라고는 하나도 없다. 하지만 탈진실이 존재한다고 해도 어느 정도까지일 것이다. 위조화폐도 피해를 주지만, 어느 정도를 넘어서서 유통되는 화폐가 대부분 위조화폐면 결국 모두에게 손해다. 따라서 우리 인간의 멍청함이 어디까지 갈 수 있고 기술 플랫폼의 도움으로 어느 정도까지 퍼질 수 있을지 생각해봐야 한다. 요즘 상황을 보면 기술 플랫폼은 멍청함을 가능한 빠르고 멀리 퍼뜨리기 위해 만들어진 것처럼 보이니 말이다.

젊은 세대가 앞으로 몇 년 후에 마주하게 될 문제는 지금의 문제와는 다를 것이다. 그런데 젊은 세대에게 '비판 정신'을 키우거나 '정보 해독'하는 법을 배우라고만 하면 되는 것일까? 더구나 이미 멍청함은 진화를 거듭해 '비판 정신'으로 둔갑했고 병 주고 약 주는 식으로 문제에 대한 해결책까지 제시하려고 한다. 물론 멍청한 인간들은 자기가 문제를 일으킨 장본인이라는 사실도 모른다.

그렇다면 과학, 언론, 정의와 같은 권위 있는 지식이 과연 멍청함과 맞서는 결투에서 제 역할을 할 수 있을까? 예를 들어, 권위 있

멍청함과 탈진실

는 지식이 제대로 작동해 좀 더 투명한 데이터를 제시하고 좀 더 분명한 소통 환경을 만들고 열심히 '팩트 체크'하는 분위기를 조성해서, 가짜 뉴스를 퍼뜨리고 조작을 일삼는 멍청한 인간들을 처벌하고 규제하는 법을 마련할 수는 없을까? 여기서 한 가지 기억해야 할 것이 있다. 탈진실은 이런 노력을 방해할 것이며, 불신과 의심이 만연하고 사실 여부에 무관심한 멍청한 사회를 유지하기 위해 권위 있는 지식을 재가공해 이용할 것이다.

세 번째 접근 방식은 멍청한 말, 멍청함과 직접 게임을 하는 것이다. 멍청함과 맞서기 위해 창의력을 사용해보는 것은 어떨까? 탈진실은 포스트 픽션을 낳으니, 풍자문학과 소설을 활용하는 것도 방법이다. 조금이라도 덜 멍청한 인간이 되려면 인간 정신이 낳은 창의력에 다시 흥미를 갖고 지적인 겸손함을 보여야 한다. 지성은 지성을 부르지, 적어도 멍청함을 키우지는 않기 때문이다.

Pierre
de
Senarclens

———

피에르 드 세나르클랑

로잔대학교 국제관계학 명예교수,
전직 유네스코, 적십자 국제연맹 고위 공무원

———

국수주의라는 멍청함의 변신

사회마다 신화가 필요하다. 철학자 에른스트 카시러Ernst Cassirer 는 신화가 말도 안 되게 황당한 이유가 인간이 '원래 멍청하기 때 문'이라고 했다. 카시레의 생각은 인류학자 브로니슬로 말리노프스 키Bronislaw Malinowski의 생각과 같았다. 말리노프스키는 죽음이라는 해 결할 수 없는 문제에 답을 찾다 보니 신화가 나왔다고 해석했다. 또 한 신화가 집단의 열망을 표현하는 도구이며 사회는 신화 없이 살 아갈 수 없다고 생각했다. 다만 그는 이런 걱정을 했다. "근대 정치 철학에서 가장 중요하고도 걱정되는 부분이 있다. 바로 새로운 권 력의 등장이다. 여기서 말하는 새로운 권력이란 신화적 사고의 힘 이다." 말리노프스키가 1945년 미국에서 죽기 전에 쓴 글이다.[1]

국수주의는 신화적 사고에 속했다. 그렇기 때문에 파시즘 정권 들이 등장할 때마다 국수주의가 불길한 방식으로 탈바꿈했다. 여러 가지로 봤을 때 국수주의는 신화와 비슷했다. 그리스인들은 신화를

가리켜 "어린아이들에게 즐거움이나 공포심을 안겨주기 위해 유모가 들려준 이야기"라고 했다.[2]

민주주의,
이성에서 열정까지

계몽주의가 남긴 유산인 이상적 민주주의로 인해 이성이 발달했다. 교육과 과학이 발전하면서 미신과 애니미즘의 잔재는 사라진 것처럼 보였다. 시민들은 마침내 경험을 통해 배우기 시작했고 의견을 내놓을 때나 더 나은 정치적 선택을 할 때 경험을 내세웠다. 시민들은 교양 있는 지도자들을 뽑았다. 이들은 물질적으로 풍부해지고 아는 것이 많아지면서 스스로 자유를 행사했고 자국 역사의 흐름을 지식으로 만들어갈 수 있다고 생각했다.

하지만 이러한 확신은 일부 환상에 가까웠다. 사회마다 신성한 것을 필요로 한다. 이익 다툼을 저지하고 다양한 가치를 중재하고 정치권의 핵심인 권력 관계를 어느 정도 통제하려면 이성만으로는 안 된다. 정치권에 뛰어드는 사람들이 이성과 함께 심리적 감성을 활용하는 이유다. 정치인들이 활용하는 심리적 감성은 판타지, 욕망, 무의식적 충동, 본능이다. 사상이 영향력을 갖추려면 역사적인 당위성도 있어야 하고 감정을 동원할 수 있어야 하며 폭력적인 성

국수주의라는 멍청함의 변신

향을 그럴듯하게 부추길 수 있어야 하기 때문이다.

원래 국수주의는 자율성, 존엄성, 평등을 열망하는 시민들의 마음이 투영된 합리적 사상이었다. 그러나 국수주의는 감정적으로 왜곡될 가능성도 크다. 국수주의가 깔려 있는 국가 행사를 보면 종교 숭배와 비슷하다. 1793년 11월 10일 국민공회가 노트르담 대성당 앞에서 거행한 자유의 축제, 그리고 이후 무솔리니와 히틀러가 국가 지도자들을 기념하기 위해 거행한 대규모 행사를 생각하면 이해가 쉽다. 19세기 말에 민주주의가 발전하면서 정치는 모든 사람과 관계된 일이 되었다. 정치는 개인들과 집단의 열정, 지식인들, 정치 투사들, 대중의 열정이 표현되는 거대한 무대가 되었다. 대중은 구체적인 요구를 하고 열망과 꿈을 표현하며 공공 공간에서 막대한 영향력을 행사한다.

윤리 집단이든 종교 집단이든 국가 집단이든 개인들이 모여 집단이라는 환상을 받쳐준다. 개인들은 각종 감성을 표현한다. 그 전에 집단들은 개인들의 정체성을 부추기며 동원한다. 개인들은 국가 정체성을 받아들이며 공동체의 상을 품는다. 이런 마음가짐 자체가 문제는 아니지만, 이것에 불을 붙이는 국수주의가 부정적인 환상을 낳을 수 있으니 문제다. 자국은 대단한 역사에서 탄생했기 때문에 우월하다는 생각이 국수주의 사상에 들어가 있기 때문이다.

국가우월주의, 즉 자국이 우월하다는 생각을 갖게 되면 다른 나라를 아래로 본다. 국가우월주의는 언제나 집단적으로 표현되기 때문에 공격적이다. 대중, 군인, 혹은 정치 단체들이 절대적인 지도자를 중심으로 조직을 이루어 우월주의를 내세운다. 사실 국수주의는 개개인의 존엄성을 유지하려는 마음이 이성적으로 표출된 것이다. 그러나 동시에 국수주의에는 개개인이 마음속에 간직한 은밀한 욕망(사회적으로 출세하고 싶은 욕구, 오만함, 공격성, 지배욕)이 담겨 있기도 하다. 영광, 명예, 물리적인 힘, 씩씩함을 표현하도록 자극하는 국수주의는 앙시앙 레짐Ancien régime(구체제)의 귀족들이 지닌 열망을 담고 있다. 특히 국수주의는 힘이 약한 개인들의 열등감과 무력감을 해소하는 도구가 된다.[3]

집단의 이상과
집단의 부정

자아도취는 근본적으로 열등감에서 나온다. 마찬가지로 사회적, 경제적으로 불안하거나 심리적으로 불안한 나라일수록 국수주의를 지나치게 강조한다. 국수주의는 문화와 정치의 국경을 지켜야 한다는 피해의식을 부른다. 또한 외국인 혐오와 인종 차별을 은밀하게 부추긴다. 국수주의에서는 집단이 일치해 조화를 이룬다는 망상이 작동하므로 외국인은 조화의 열망을 방해하는 골칫거리를 상징하기 때문이다.

국수주의라는 멍청함의 변신

국수주의자들은 국가라는 집단을 위한다는 명목으로 발언권을 얻고 국가의 응집력을 방해한다고 의심되는 사람들을 배제시킨다. 국수주의자들은 자신의 정치 신념에 반대되는 모든 것을 폄하한다. 또한 뛰어난 지도자들을 숭배하고 자연이 지닌 따뜻한 이미지를 신격화해 안도감을 느낀다. 이상화된 국가의 이미지는 무의식적으로 어린 시절에 느낀 어머니의 품과 동일시된다. 따라서 이들은 딴죽을 거는 사람들을 불온한 세력으로 낙인찍어 배제한다.

국수주의가 정점을 찍을 당시 유대인들이 당했던 고통이 대표적인 예다. 프랑스와 독일에서 국수주의가 높아지자 유대인들은 국가의 조화를 좀먹는 '침입자'라는 시선을 받았다. "모든 사회는 집단 이상을 만들어낸다." 정신의학자 조르주 드브루George Devereux가 했던 말이다. 집단 이상이 생겨나면 이 이상을 해치는 부정적인 존재도 만들어진다. 프랑스와 독일은 유대인에 맞서 자기네 국경을 보호해야 한다는 국가적 망상을 가졌다. 유대인은 "집단의 이상을 해치는 존재"가 되었다. 이렇게 되자 국가 집단은 유대인 구성원들을 "어떤 대가를 치러서라도 반드시 없애야 할 불온한 존재"로 만들었다.[4]

제2차 세계대전이 끝나고 국수주의는 미국에서 명맥을 이어갔다. 그리고 이에 영감을 받아 식민지 제국주의와 맞서는 단체들이 국가 주권을 요구했지만 대부분의 유럽 국가에서는 파시즘 정권으로 비극이 발생하면서 국수주의가 일부 힘을 잃었다. 그러나 강대

국들의 국수주의 관념체계가 정치권의 토론을 여전히 지배했다. 뿐만 아니라 복지 국가와 소비 사회 시대를 맞아 새로운 자아도취 욕구가 탄생했다.

포퓰리즘에
돌아온 마법사들

요즘 포퓰리즘 운동은 '주권주의'를 내세운다. 주권주의는 세계화와 반대되며 새로운 국가주의 환상, 즉, 통일된 국가집단이라는 환상을 낳는다. 또한 주권주의는 대중의 지지, 애국가, 국기를 내세운다. 이 같은 국수주의 바람이 불면서 구성원들의 정체성이 자극받고 마법사처럼 문제를 해결해줄 지도자에 대한 열망이 생겨난다.

이러한 분위기 속에서 외국인 노동자는 인건비를 낮추고 실업률을 높이며 사회의 결속력을 해치는 존재로 낙인찍힌다. 심지어 외국 문화를 들여와 전통적인 사회 연대감을 해치는 존재가 되어버린다. 외국인 이주자는 변화하는 시대를 상징하기도 한다. 이들을 배척하면 시대의 변화를 거부하는 것 같아서 불편하고 죄책감이 들기 때문에, 오히려 그 감정에 대한 반동으로 배척하는 반응도 더 격렬해진다. 국가 통합 과정이 실패하면 각종 종교가 난립하면서 망상, 배타심, 증오가 생겨나고 왜곡된 국수주의가 나타난다.

국수주의라는 멍청함의 변신

시민들이 국가의 주권을 회복하고 싶은 마음은 원래 세계화에 대한 자성이라는 합리적인 요구로 시작되었다. 세계화가 규제를 제대로 받지 않으니 불안감이 커지고 외국인들이 대규모로 이동하면서 새롭게 빈부격차가 생기고 실업률이 높아진다는 생각이 싹튼 것이다. 경제 불황과 사회 불안이 계속되고 새로운 생산수단이 발전해 국가 사이의 상호의존성이 커지자 각국의 정부들은 정치적 통합 역할을 하기가 어려워졌으며 신자유주의와 기술 발달로 이루어진 길에서 나와 새로운 길을 모색하기가 힘들어졌다.

이러한 상황에서 주요 사상 체계가 붕괴하고 국가 이상주의가 약화되었다. 전통적인 사회화 방식도 흔들렸으며 그 결과 민주주의적인 토론 기반도 약해지고 있다. 이처럼 혼란스러운 상황에서 국가, 윤리, 종교를 회복하려는 사람들이 생겨나고 정치적·사회적으로 왜곡된 집단주의 망상도 나타났다. 국수주의자들은 자신들을 보호해줄 수 있는 환상적인 힘을 지닌 정부를 지지하려고 한다.

사회 각계각층을
끌어모으는 포퓰리즘

경제가 불안하다고 해서 반드시 포퓰리즘이 생기는 것은 아니다. 실제로 미국을 중심으로 포퓰리즘을 지지하는 사람들은 물질적으로 부족한 계층이 아니다. 포퓰리즘의 원인은 심리적인 불안에서 찾을 수 있다.

도널드 트럼프의 사례를 떠올려보자. 트럼프는 선거 운동에서 예의를 상실한 모습을 보여주었지만, 덕분에 대권에서 성공을 거두었다. 그는 자신이 정신적으로 결함이 많다는 것을 솔직하게 드러냈다. 미성숙한 정신, 자아도취로 가득한 모습을 숨김없이 보여주었고 어린아이처럼 행동하기도 했으며 도덕 의식이라고는 배운 적이 없는 사람처럼 행동했다. 트럼프의 거짓말, 자기자랑, 비논리, 불량스러운 모습이 유권자들의 마음을 사로잡았다. 사회적 지위에 관계없이 많은 미국인들이 예의 없고 증오를 부추기고, 생각이 이분법적이며, 음모론과 인종차별을 과감히 내보이고, 미국의 위대함을 강조하는 트럼프에게서 자신의 모습을 발견했다.

포퓰리스트 정당들은 주로 학식과 전문지식이 부족하고 자신의 선택으로 일어날 결과를 판단할 수 없는 사람들을 겨냥한다. 이들은 연설을 할 때 자극적인 말을 하고 적은 단어로 쉽게 말하며 비속어를 사용할 때가 많다. 또한 복잡한 현실을 제대로 이해하지 못하고 모순이 가득한 문제를 감당하기 힘들어하는 사람들의 비위를 맞춘다.

포퓰리즘을 지지하는 유권자들은 난해한 경제 문제를 참고 이해하지 않으며 정치 토론에 관심이 없다. 이들은 자신의 분노를 무능한 엘리트 지도자들에게 돌리며 엘리트 지도자들의 이익에 타격

국수주의라는 멍청함의 변신

을 줄 수 있는 프로그램을 지지한다. 포퓰리즘 지지자들이 교역의 자유화, 고용, 부채, 화폐 문제에 대해 엘리트 지도층과 다른 입장을 보이는 이유다. 이들은 민주주의 토론 절차를 잘못 사용해 되레 국가 계획의 정당성에 해를 끼친다.

이들은 과연 멍청한 것일까? 그리고 이 멍청함은 단순히 교육의 문제일까?

도널드 트럼프의 사례를 떠올려보자!

포퓰리즘이 끌어모으는 사람들에게는 공통적인 특징이 있다. 감정에 휩쓸려 판단을 제대로 못하고 정신적으로 성숙하지 않아 잘 흥분하는 탓에 인지능력이 제대로 작동하지 못한다. 포퓰리즘이 제시하는 마법적인 방법과 정신은 사회 각계각층의 많은 사람들에게 인상적으로 각인된다. 지식인들의 정치적 의견이라고 해서 완벽하지는 않다. 유럽 국가에서는 국수주의, 파시즘, 스탈린주의, 마오주의, 트로츠키주의 등 극단적인 정치 사상이 엘리트층에게 지지를 받았다. 뿐만 아니라 전문가들의 의견도 완벽한 민주적 합리주의에서 나오지 않을 때도 있다.[5] 전문가들의 의견을 기반으로 하는 유럽 정부와 국제기구들이 정당하다고 내세우는 사회 정책이 오히려 해를 끼치는 경우가 많은 것을 보면 알 수 있다.

즉 신자유주의 사회가 발달하고 시장 지배와 자아도취 문화 속에서 개인들이 박탈감을 느끼면서 포퓰리즘이 퍼져나간다고 볼 수 있다. 누구나 소비주의에서 이익을 보는 것은 아니지만, 어쨌든 소

비주의가 불러일으키는 환상에서 자유롭기는 어렵다.

도널드 트럼프, 실비오 베를루스코니Silvio Berlusconi(이탈리아 총리), 주세페 '베페' 그릴로Giuseppe Piero "Beppe" Grillo(이탈리아 오성운동 대표)가 세상을 리얼리티 쇼와 공연의 세계처럼 만들고 신화와 마법 같은 세뇌 방식을 교묘히 섞어 포퓰리즘을 부추긴 것은 우연이 아니다. 이들이 만든 거짓 세상은 진짜 세상처럼 행세하며 개인과 집단의 환상을 자극한다. 거짓 세상은 사회에 반항적인 각종 충동을 부추기면서 쾌락주의에 불을 붙인다. 그러면서도 사람들은 거짓 세상에서 자체 생산된 쾌락주의에 당혹감을 느낀다.

가족 구조가 복잡해지고 시민연대처럼 지지를 받던 전통적인 제도의 틀이 단절되면서 기존과는 다른 방식으로 사회화가 이루어

국수주의라는 멍청함의 변신

지고 있다. 이 혼란스러운 시대에 민주주의를 지키고 시민들이 무지몽매하게 변하지 않도록 노력하려면 주권국가 보호에 필요한 원칙, 틀, 제도의 균형이 있어야 한다. 뿐만 아니라 정치권이 사회 정의라는 목표를 추구할 때 민주주의가 안전하다.

Claudie
Bert

클로디 베르

인문학 전문 기자

집단의 멍청함을
어떻게 예방할 수 있을까

인사 담당 임원을 지내다가 사회학자로 변신한 크리스티앙 모렐은 2002년에 펴낸 초기 저서에서 '황당한 결정들'을 잘 보여주는 예시 여러 개를 소개했다.[1]

- 유조선 두 대가 거의 비슷한 길을 가고 있었다. 그런데 그중 한 대가 방향을 바꾸다가 다른 유조선의 길을 막아 충돌하고 말았다.
- 비행기 한 대가 착륙 준비를 하고 있었다. 그런데 조종사가 착륙장이 평평하지 않다고 생각해 주변을 계속 빙빙 돌았다. 그 동안 승무원들은 승객들에게 어려운 착륙을 위한 대비를 시켰다. 그러나 결국 비행기는 연료 부족으로 땅에 추락했다.

지나친 서열은
사람의 목숨도 앗아간다

크리스티앙 모렐은 '메타 규칙métarègles'도 소개한다. 메타 규칙이란 곧 규칙에 관한 규칙으로, 위험한 상황에서 규칙에 대한 신뢰를 점진적으로 높이려는 것이다.

메타 규칙은 본능과 반대되는 방향으로 갈 때가 많아서 흥미롭다. 예를 들어 우리는 본능적으로 지휘관 혹은 조종사를 믿는다. 조종사는 기내의 유일한 지배자다. "만일 비행기를 탔는데 위험한 상황을 맞닥뜨리면 어떻게 해야 할까요?"라는 질문을 받으면 아마도 우리는 즉각 이렇게 대답할 것이다. "조종실에서 하라는 대로 무조건 해야죠!" 아니, 틀렸다! 지나치게 권위에 순종하면 오히려 위험할 수 있다.

대한항공이 좋은 예다. 1990년대 대한항공에서는 연속된 사고로 많은 사람들이 목숨을 잃었다. 조사 결과 조종실 내의 지나친 권위의식이 사고의 원인이었다. 조종사는 부하 직원들을 무시하며 군림했다. 부조종자도, 정비사도 조종사의 실수를 감히 지적하며 고칠 수 없었다.

그런데 2000년대 초에 새로 부임한 대한항공의 대표는 1990년대 일어났던 사고에서 교훈을 얻어 한국식 전통과 문화를 완전히 깨는 새로운 방식을 도입했다. 소통이 권위보다 우선시되었고 승진

집단의 멍청함을 어떻게 예방할 수 있을까

은 연공서열이 아니라 능력 중심으로 이루어졌으며 모두 실수 방지 교육을 받았다. 그리고 실수를 해도 처벌받지 않는다는 원칙이 도입된다. 그 결과 대한항공은 현재 세계에서 가장 안전한 항공사 반열에 올랐다.

실수를 해도 처벌받지 않는다는 원칙은 언뜻 일반적인 의견과 반대되기도 한다. 보통 사고가 일어나면 '누구 책임이야?' 하면서 책임 추궁을 하는 목소리가 여기저기서 높아지기 때문이다. 그런데 미국의 항공을 관장하는 항공행정연맹도 대한항공과 마찬가지로 승무원들에게 실수가 하나라도 발견되면 익명으로 세세하게 보고하도록 하고 있다.

여러 의료 시스템도 같은 원칙을 도입했다. 병원에서 일어나는 실수를 처벌하지 않는 원칙이다. 이러한 원칙이 적용되면서 실수를 쉽게 잡아내 재발을 방지할 가능성이 높아졌다.

만장일치?
의심하라!

일반 상식에 도전하는 또 다른 내용으로 집단 내의 결정이 있다. 만장일치로 결정이 되면 좋을까?

전혀 아니다. 위험한 상황이 생기면 '거짓 합의'를 두려워하는 법을 배워야 한다. 이것은 경험으로 증명되었다. 집단의 구성원들은 지도자의 말에 반대하는 것이 두려워서, 자신들이 소수파라고 생각해서 등의 이유로 침묵을 지켰다. 그 결과 합의라고 하는 것에 도전하는 절차가 도입되었다. 이 절차에 따르면 집단의 구성원 누구나 자신의 의견을 표현할 수 있고 소수파의 의견을 변호해줄 변호사가 채용된다. 지금까지 이야기한 메타규칙은 모두 인간의 행동에 관한 것이다.

기술 교육, 조종사, 의사, 고산 안내 가이드가 받는 전문 교육뿐만 아니라 인간의 실수에 대한 교육도 생겨나고 있다. 집단 내 상호작용이 의사결정에 영향을 끼치는 요인이므로 이를 이론적, 실무적으로 연구하는 것이다. 최근에 모렐이 언급한 또 다른 연구는 실수 방지 교육의 장점을 보여준다. 미국 재향 군인 건강 관리 소속 외과 센터 74곳이 이 교육을 받았다. 그 결과 의료사고로 일어나는 사망률이 5년간 18퍼센트 낮아졌다. 이 교육을 받지 않았을 때는 의료사고로 일어나는 사망률이 34퍼센트에 달했다.

위험한 환경에 살지 않는 독자들이라면 이런 수치가 별로 와 닿지 않을 수 있다. 그러나 모렐은 책에서 일상의 예시를 하나 들었다. 어느 부부가 텍사스주에 있는 별장으로 결혼한 자녀들을 초대했다. 그날 기온은 40도에 달했다. 모두 테라스에서 시원한 음료를 마시고 있었는데, 그때 어머니가 큰소리로 말했다. "애빌린에 가서 뭐 좀 먹을까?" 이웃 도시 애빌린은 왕복 170킬로미터 거리였다.

집단의 멍청함을 어떻게 예방할 수 있을까

모두 좋다고 했다. 그로부터 네 시간 후, 모두 별장으로 돌아와 더위로 지치고 맛없는 점심식사에 실망한 채 테라스에 털썩 앉았다. 그런데 솔직하게 이야기해보니 모두 자기 빼고 세 사람이 가고 싶어 한다고 생각했던 것이다! 만일 이들 가족이 겉으로 보이는 합의는 의심부터 하라는 메타규칙을 응용했다면 어땠을까?

Emmanuelle Piquet

에마뉘엘 피케

심리치료사, 샤그랭 스콜레르Chagrin Scolaire 센터 창립자

멍청한 놈들과 맞서려면
어떻게 해야 할까

적을 알아야 상대할 수 있다. 그러므로 '멍청한 놈'이라는 용어부터 정의를 내려야 한다. '멍청한 놈'은 '멍청이'보다 애정 어리게 들리지도 않고 모욕적이기도 하다. 그래서 '멍청한 놈'이라는 말을 들으면 누구나 화를 낸다. '멍청한 년'이라는 말도 마찬가지다. 소설이나 드라마 속 주인공들이 우울한 상황에서 거울을 보며 자신을 '멍청이'라고 부르지, '멍청한 놈' 혹은 '멍청한 년'이라고 부르는 경우는 별로 없다.[1]

멍청한 놈을 보면 즉각 강한 증오심이 생길 때가 많다. 왜냐하면 그들은 자신들이 규칙이나 관례, 다른 사람들보다 우위에 있다고 생각하기 때문이다. 물론 객관적으로 거의 그들이 틀렸다. 그러나 멍청이가 우월감에 사로잡혀 자신의 그런 감정을 불쑥 표현하면 (노골적으로든 은근하게든) 그 말을 들은 상대방은 미친 듯이 화를 내거나 너무 놀라 굳어버린다. 어느 경우든 멍청한 놈은 의기양양해진다. 모욕을 당한 상대방은 분노에 몸을 떨며 멍청한 놈에게 불을 지르고 싶은 마음을 간신히 참고 있다. 그러나 정작 멍청한 놈은 아무렇지도 않다. 모욕을 당한 상대가 너무 놀라 아무 말을 하지 않아도 멍청한 놈은 아무렇지도 않다. 멍청한 놈은 자신보다 아래에 있다고 생각하는 상대가 있으면 본모습을 드러내며 괴롭힌다. 그러니까 멍청한 놈은 계속 멍청하다. 의기양양해하는 멍청한 놈은 스스로 태도를 고치지 않는다.

멍청한 놈은 눈에 띄자마자 강한 증오심을 불러일으킨다.

그러니 멍청한 놈 때문에 고통받는 사람들이 움직여야 한다. 안타깝게도 멍청한 놈이 남긴 상처는 쉽게 지워지지 않는다. 사실 당하는 사람들은 멍청한 놈보다 멍청하지 않다. 그러니 멍청한 놈에게 그대로 당하지 말고 그들을 대하는 태도를 바꿔야 한다. 멍청한 놈도 더 이상 이득이 없으면 멍청한 행동을 그만둔다. 멍청한 행동을 계속할 때 인기, 힘, 자신감에 모두 피해를 입는다면 그 행동을 하지 않을 것이다.

멍청한 10대의 예를 들어보자. 가능한 어릴 때 멍청한 짓을 그만두게 하는 것이 좋다.

멍청한 놈들과 맞서려면 어떻게 해야 할까

무식한 힘자랑을 하는
멍청이

멍청한 놈은 초등학교, 중학교, 고등학교를 가리지 않고 존재한다. 멍청한 놈은 반 아이들을 겁준다. 자신이 두려운 존재라 존경받고 인기 있다고 생각하며, 자신이 폭력을 휘두르거나 높은 위치를 이용할 때 겁먹고 아무런 반항도 못 할 대상을 찍어둔다. 사태가 더욱 심해지면 멍청한 놈은 희생양을 놀리기까지 한다(특히 희생양을 낙인찍는 모욕적인 말을 한다).[2] 그다음에는 희생양을 모욕하고 괴롭힌다. 이 세 가지 행동을 동시에 번갈아 하기도 한다. 심하면 희생양을 자살로 몬다. 멍청한 놈은 공공장소에서(현실에서든 온라인에서든) 자신이 무서운 존재라 인기가 있다고 생각한다.

더구나 멍청한 놈은 당하는 상대가 별다른 대응을 하지 않으면 한층 더 멍청한 짓을 한다. 반 아이들 앞에서 힘자랑을 하고 존경과 두려움을 혼동한다. 혹은 존경하니까 두려워하고, 두려워하니까 존경한다고 착각한다.

초등학교 3학년 모하메드는 축구를 좋아한다. 모하메드는 친하게 지내는 친구들이 있지만 같은 반의 에가르(멍청이)에게 괴롭힘을 당하고 있다. 초등학교 6학년인 에가르는 유급생이라 모하메드 반에 있다. 덩치가 큰 에가르는 축구하는 3학년 아이들이 경기하는 동안 발을 걸어 넘어뜨리는 장난을 즐긴다. 특히 에가르는 모하메드에게 장난을 치는 것을 좋아한다. 모하메드의 말에 따르면 3학년 중에서, 심지어 2학년 중에서도 자신보다 왜소한 학생이 없어서 에가르에게 괴롭힘을 당하는 것 같다고 한다.

에가르는 교묘했다. 에가르는 모하메드의 뒤로 몰래 다가갔다. 모하메드는 에가르가 다가오는지조차 느끼지 못했다. 그때 에가르는 모하메드의 겨드랑이 아래를 잡고 발을 걸어 넘어뜨렸다. 그렇게 모하메드는 축구를 하다가 운동장에 넘어졌다. 모하메드의 이야기에 따르면 쉬는 시간마다 세 번 정도 넘어졌고 매일 넘어진 횟수는 열 번이 넘는다고 했다. 모하메드는 더 이상 참을 수 없었지만 에가르의 행동을 어떻게 막아야 할지 몰랐다. 에가르 때문에 좋아하는 축구를 포기하기도 싫었다.

모하메드가 넘어지고 나서 에가르에게 무슨 짓이냐고 하면 에가르는 아무 짓도 안 했다고 대답하거나 아무 말도 하지 않았다. 모하메드는 일어서서 아무 일 없었던 듯이 계속 축구를 했다. 어차피 15분 후에 혹은 몇 시간 후에 에가르가 또 다시 장난을 칠 거라는 사실을 모하메드는 알고 있었다. 모하메드는 에가르가 더 못되게 나올까 봐 선생님에게 이야기하지 못했다고 한다. 같은 이유로 부모님께도 말하지 않았다. 부모님에게 이르면 부모님은 즉각 선생님에게 이 사실을 알릴 것이라고 생각했다. 모하메드는 그저 에가르가 더 이상 유급하지 않기만을 바랐다(더 이상 에가르는 유급할 수 없다는 소식을 듣고 기뻐했다). 그리고 모하메드는 자신이 중학교 갈 나이가 되

멍청한 놈들과 맞서려면 어떻게 해야 할까

어 키가 커지고 에가르가 다른 아이를 희생양으로 물색하기만을 바랐다.

모하메드는 우리에게 에가르가 더 이상 장난 치지 못하게 막을 방법이 없느냐고 물었다. 우리는 모하메드에게 다음과 같이 태도를 바꿔보라고 했다. 먼저 3학년 반 아이들에게 에가르의 일을 미리 알린다. 그리고 에가르가 발을 걸어 넘어지면 모하메드는 잠시 그대로 운동장 바닥에 엎드려 있다가 큰소리로 노래를 부른다. "에가르는 3학년 학생이나 괴롭힌대요!" 그리고 손으로 바닥을 쳐서 반 아이들이 이 노래를 같이 부르도록 한다. 이 방법은 성공이었다. 10여 명이 노래를 불러대자 에가르는 얼굴이 빨개진 채 그날 축구를 하지 않았고 더 이상 모하메드를 괴롭히지도 않았다.

인종 차별하는
멍청이

일곱 살짜리 딸 히키마의 아버지는 딸 때문에 무척 당혹스러웠다. 얼마 후면 축제였고, 아버지는 히키마가 축제 때 입을 가나 공주 드레스에 대해 이야기를 시작했다. 재단사인 고모가 히키마를 위해서 만들기 시작한 드레스는 정말 멋졌다. 아버지는 이렇게 말했다. "히키마가 그 드레스를 입는 모습을 보면 우리 가족 모두 즐거울 것 같았습니다. 우리 아이들이 가나 출신이라는 것을 자랑스럽게 생각하면 좋겠습니다."

그런데 축제 열흘 전, 히키마가 해적 옷은 몰라도 가나 공주 드레스는 입기 싫다고 했다. 처음에 아버지는 히키마를 잘 달래며 왜 그러냐고, 공주 드레스에서 고치고 싶은 부분이 있느냐고 물었다. 그러나 히키마는 이유를 말하지 않았고 부모가 계속 묻자 울음을 터뜨렸다. 아버지는 히키마에게 고모가 정성을 들여 만든 드레스이니 축제 때 그 옷을 입지 않으면 고모에게 예의가 아니며, 가나 출신을 자랑스럽게 생각하는 마음에서도 꼭 입어야 한다고 했다. 그러나 히키마는 싫다고 하면서 다시 울음을 터뜨렸다. 축제가 다가올수록 히키마와 아버지의 갈등은 깊어졌다.

축제를 며칠 앞둔 어느 날 저녁, 히키마의 어머니는 남편에게 딸의 이야기를 들려주었다. 같은 반 학생 그레이스(멍청이)가 수시로 히키마의 팔을 잡고 손 냄새를 맡고는 "역시 생각했던 대로야. 너 아침마다 여기저기 똥 싸지? 너희 검둥이들은 역겨워"라고 했다는 것이다. 그리고 반의 다른 아이들도 역겨워하는 표정을 지으며 히키마가 쓰레기라도 되듯이 피했다고 한다.

히키마는 못 들은 척했지만 나중에 어머니에게 흑인인 것이 싫다고 했고 피부가 밝은 색이었으면 좋겠다고 털어놓았다. 그러면서 축제 때 가나 공주 드레스까지 입으면 모두에게 놀림을 받을 것 같아 괴롭다고 했다. 히키마는 부모님, 특히 아빠가 속상해할 것 같아

멍청한 놈들과 맞서려면 어떻게 해야 할까

서 지금까지 집에서 이런 이야기를 하지 않았다고 했다.

히키마의 아버지는 내게 이렇게 말했다. "담임 선생님에게 말해봐야 소용없다고 생각하시겠죠. 그러나 정말로 마음 같아서는 담임 선생님을 찾아가 모든 학부모들에게 편지를 보내 어떤 일이 있었는지 설명하고 반 아이들을 혼내거나 벌주라고 하고 싶었습니다. 히키마가 그런 말을 듣다니 도저히 그냥 넘어갈 수가 없습니다."

나는 이렇게 말했다. "예, 그냥 넘어갈 수 없는 말이고 더 이상 그런 일이 일어나지 않게 해야 합니다. 그렇게 하려면 아버님의 편지를 받고 학부모들과 아이들이 부끄러워하면서 완전히 행동을 바꾸기 위해 스스로 노력해야 합니다. 억지로 사과를 받으면 비슷한 일이 은밀하게 계속되겠죠. 히키마가 스스로 자신을 지킬 수 있게 해주는 것이 좋을 듯합니다. 예를 들어 공주 드레스를 입지 않으면 그레이스가 머리에 왕관을 쓰고 공주 역할을 할 것이라고 말해보는 겁니다. 히키마가 그냥 물러서면 그레이스는 못된 말을 아무렇지도 않게 계속할 것이고, 결국 히키마와 가족 모두 괴로울 것이라고요. 히키마에게 공주는 그레이스같이 못된 사람 앞에서 무릎을 꿇어서는 안 된다고, 그러면 세상은 이상하게 돌아갈 것이라고 말해주십시오. 공주로 분장하면 의자에 앉아 그레이스를 내려다 볼 수 있다고 해주세요. 다음에 그레이스가 또 피부를 가지고 놀리면 이렇게 말해주라고 하세요. '그래, 맞아. 그래서 그레이스 너 같은 똥파리가 끼는 거야. 너도 똥 덩어리에 끌리잖아.'"

동성애를 혐오하는
멍청이

엘루앙은 실업고등학교 1학년으로 하루하루가 편치 않았다. 엘루앙은 동성애 성향 때문에 반 아이들 모두에게 '새끼 암고양이'라고 불리며 놀림을 당하고 있었다. 선생님들이 안 계실 때는 반 아이들이 엘루앙 앞에서 포르노 장면을 흉내 내며 놀렸다. 엘루앙에게 가장 모욕적인 놀림은 아래와 같았다.

- 모크타르(멍청이)는 엘루앙을 복도 구석으로 몰아넣고 "호모새끼들은 없어져야 해" 하면서 죽이겠다고 위협했다. 모크타르가 장난으로 하는 말이 아닌 것 같아 엘루앙은 무서웠다.
- 딜랑은 엘루앙이 놀림을 당하는 모습을 보면 얼른 달려와 옆에서 기분 나쁘게 히죽거렸다.
- 오세안은 거대한 몸으로 아이들을 닥치는 대로 밀고 욕했다. 엘루앙은 특히 오세안이 가장 만만하게 생각해 괴롭히는 대상이었다. 오세안은 엘루앙을 "계집애"라고 부르며 가슴을 꽉 눌렀다(오세안은 덩치가 커서 힘도 무지막지했다). 그러면서 오세안은 엘루앙의 성향을 고쳐줄 방법이 있다고 했다. 반 아이들 모두 깔깔 대고 웃었다.

엘루앙은 일주일 내내 힘들었다. 그러던 어느 날 프랑스어 선

멍청한 놈들과 맞서려면 어떻게 해야 할까

생님이 엘루앙에게 고민이 있으면 말해보라고 했다. "요즘 기운이 없어 보이는구나, 엘루앙. 선생님이 뭐 도와줄 일 없니?"

"괜찮아요, 선생님." 엘루앙이 말했다. 그리고 엘루앙은 눈물을 흘렸지만 혹시 반 아이에게 눈물 흘리는 모습을 들킬까 봐 애써 괜찮은 척했다.

"네가 원치 않으면 나도 억지로 무엇을 할 수는 없긴 하지. 그래도 문제가 있으면 해결책이 있을 거야."

"그런가요? 선생님은 반 아이들을 잘 모르세요. 아이들은 아무것도 신경 안 써요. 오히려 징계위원회에 한번 가보고 싶어 할걸요. 그러니까 훈계나 징계 따위는 무서워하지 않아요. 학생 한 명을 벌준다고 해도 그 뒤에는 같은 편이 열 명이나 있다고요."

"알아, 엘루앙, 알아. 그래서 더 힘껏 맞서야 해. 맞서는 것은 네가 해야 하고. 내게 생각이 있어."

일주일 후, 프랑스어 선생님이 수업을 시작했다. "발표 수업을 계속해야지. 오늘 발표는 엘루앙이 할 거야. 발표 주제는 너희들 모두 관심 많은 동성애."

반 아이들 모두 들썩이며 짓궂은 말을 하기 시작했다. 엘루앙은 동성애의 의미, 동성애와 관계된 숫자 자료와 역사를 간단히 소개했다. 그리고 잠시 말을 멈췄다가 다시 발표를 시작했다. "이제 심각한 병에 대해 이야기를 할 겁니다. 그 심각한 병은 바로 동성애 혐오증입니다. 이런 질문을 해볼 수 있죠. 왜 동성애 혐오증이라는 병이 생길까요?"

순간 반 전체가 조용해졌다.

엘루앙이 말을 이었다. "첫째, 지식이 부족해서 그렇습니다. 두 뇌가 너무 작아서 다른 성 정체성이 있는 사람 자체를 받아들이지 못하는 동성애 혐오자들이 있죠."

엘루앙은 모크타르의 눈을 뚫어지게 바라보고는 미소를 지었 다. 반 아이들은 키득거리기 시작했다. 모크타르는 이를 악물었다.

선생님이 중간에 끼어들었다. "그래, 엘루앙의 말처럼 나도 동 성애를 혐오하는 사람들을 조금 아는데, 뇌가 다른 사람들보다 작 아. 하지만 이게 그 사람들 탓은 아니지. 그냥 불쌍한 사람들이야(선 생님은 모크타르를 뚫어지게 바라봤다. 모크타르는 의자에 앉아 어쩔 줄 몰라 하며 몸을 비틀었다). 이런 정신병을 앓고 있는 사람들에게 맞는 치료법이 있을까, 엘루앙?"

"안타깝지만 동성애 혐오자들 중 일부는 두뇌가 평생 오그라들 기도 해요. 하지만 가끔 달라지는 동성애 혐오자들도 있어요. 그중 에서도 가장 사교적인 사람들이라면 말이에요…. 둘째, 동성애 성 향이 있는 자기 자신을 그대로 받아들여야 하는데 두려움 때문에 오히려 동성애자들을 괴롭힙니다. 이제 자신을 받아들이며 스스로 두려움에서 벗어나야 합니다."

엘루앙이 딜랑을 뚫어지게 바라보며 말없이 키스를 보냈다. 딜 랑은 얼어붙은 듯 그대로 움직이지 않고 시선을 아래로 떨구었다.

멍청한 놈들과 맞서려면 어떻게 해야 할까

그 순간 반 아이들은 다음 놀림 대상이 누구인지 눈치챘다.

"동성애 혐오증이라는 병이 생기는 이유를 두 번째까지 살펴봤는데, 덧붙일 말 있는 사람?" 선생님이 물었다. 교실은 쥐 죽은 듯이 조용했다.

"과학자들이 밝힌 세 번째 이유입니다. 열등감 때문입니다. 동성애 혐오증 환자는 자신의 열등감을 약한 사람에게 풀어야겠다고 생각합니다. 그리고 동성애자들을 만만한 대상으로 삼죠."

엘루앙이 오세안 쪽을 바라보았다. 오세안은 엘루앙의 시선에 불편해하며 몸을 움찔하더니 이렇게 말했다. "그냥 장난이었어…."

선생님이 마무리를 지었다. "정말 재미있는 발표였어, 엘루앙, 고맙다. 이제 우리 반을 좀먹는 동성애 혐오증이라는 병에 대해 모두 이해가 되었지?"

팰로앨토 학교의 사상가들(지금까지 소개한 세 가지 사례의 전제를 주장한 사상가들)은 질문을 통해 다음과 같은 가정을 이끌어낸다. 우리가 문제를 해결하기 위해 마련하는 방법은 실제로 문제를 해결하기보다는 악화시킬 때가 많다는 것이다. 사상가들은 필요하다면 과거에 효과가 없었던 방식을 역으로 새롭게 이용하면 문제가 해결되고 평화가 찾아온다고 결론을 내린다. 멍청한 인간들의 공격을 효과적으로 꺾을 수 있는 가정이다.

앞에서 예로 든 미성년자 세 명은 180도 방향을 바꿔 용기를 내어 악순환을 막았다. 더 이상 움츠러들지 않고, 말 없이 참지 않으며, 어떻게 넘어가겠지 하고 무기력하게 있지 않기로 한 것이다. 멍청한 인간들의 행동 때문에 계속 고통받는 것이 아니라 당당히 맞서고 반박하며 자기방어를 했다.

바로 이것이 멍청한 인간들을 가장 효과적으로 막는 방법이다.

멍청한 놈들과 맞서려면 어떻게 해야 할까

Alison Gopnik

앨리슨 고프닉과의 만남

캘리포니아대학교 버클리 심리학과·철학과 교수

아이들의 눈으로 본 멍청함

4. - Comme Grand-Père

C'est bien plus récréatif
Et grand-papa verra comme
Son petit-fils est un homme,
Puisqu'il prend l'apéritif !

Q. —— 심리학자를 비롯해 어른들이 아이들에 대해 가졌던 최고의 멍청한 생각은 무엇입니까?

A. —— 이런 말씀을 드리는 조금 그렇지만 어른들, 특히 심리학자들이 오랫동안 어린이들에 대해 이야기한 내용이 대부분 사실이 아닌 것으로 드러났습니다! 그리고 이것이 이제야 밝혀진 이유를 알기는 매우 어렵습니다.

예를 들어, 우리는 흔히 아이들이 비합리적이고 남의 입장을 이해하지 못하며 추상적인 것을 이해하지 못한다고 생각했습니다. 지그문트 프로이트와 발달심리학의 아버지로 통하는 장 피아제도 아이들은 여기와 지금이라는 개념에만 머물러 있고 도덕을 모르며 자기중심적이라고 보았습니다! 윌리엄 제임스William James는 아이들을 가리켜 아무것도 모르고 소란스러운 존재라고 했고 존 로크John Locke는 아무것도 적혀 있지 않은 석판이라고 했습니다.

지금도 우리는 아이들이 상상과 현실을 구별하지 못한다고 확신합니다. 물론 아이의 머릿속에서 무슨 일이 일어나는지는 알 수 없습니다. 그래도 심리학자들이 증거도 없이 아이들에 대해 헛소리를 해왔다니 흥미롭지요. "아이들이 자기중심적인지 아닌지, 아이들이 추상적인 것을 이해하는지 알려진 것이 없다. 우리가 이를 밝혀내야 한다." 심리학자들이라면 이렇게 이야기했어야 합니다.

그런데 아이들은 부족한 존재, 미성숙한 어른으로 알려졌지요. 최근에도 어느 신경과학자가 아이들이 동물이나 뇌 손상 환자와 비슷한 정신 상태를 가졌다고 말했습니다. 그러나 시간을 갖고 좀 더 깊이 생각해보면 말도 안 되는 이야기입니다. 확실한 증거도 없어요. 그러면서 35세의 유럽인 남성 과학자들이야말로 인간의 지성이 절정에 달한 존재라고 봅니다.

Q. —— 심리학자들도 어린 시절이 있었을 텐데 그 사실을 잊어버린 것 같다는 지적을 하시는 건가요?

A. —— 우리는 오랫동안 어리석었습니다. 우리에게도 다섯 살 미만이던 때가 있었는데 그것을 기억하지 못하는 것 같습니다. 아기들은 말을 잘 못하다가 어느 정도 시간이 흐르면 또박또박 말을 합니다. 세 살짜리 아이에게 생일날 무슨 선물을 받고 싶으냐고 물어보면 아이의 대답에는 일관성이 없습니다. 그렇기 때문에 아이들의 머릿속에는 무슨 일이 일어나는지 이해하기가 힘듭니다.

아이들의 눈으로 본 멍청함

그리고 아주 오랫동안 매일 아기들을 지켜보면서 아기들을 제일 잘 알게 된 사람들은 여성, 어머니였습니다. 이러한 여성이나 어머니들은 겉으로 보이는 것만 믿어서는 안 된다고 본능적으로 생각했지만, 이들의 의견은 합리적이지 않고 감정적이라며 무시당했습니다. 그런데 철학과 심리학 책을 쓴 저자들은 아이를 키워본 적도 없지 않습니까! 네다섯 살 때의 시절을 떠올린 시인들의 관점이 오히려 더 명확합니다. 예를 들어 영국 시인 워즈워스William Wordsworth는 젊었을 때 부유한 집안의 아이들을 돌보는 일을 하며 돈을 벌었습니다. 다윈은 자녀들을 관찰하며 흥미로운 내용을 발표했지요. 특별한 사례이지만요.

Q. —— 유명 심리학자들은 아기들을 단순한 소화기관 같은 존재로 보았습니다. 20세기 말까지도 아기들은 고통을 느끼지 못할 것이라며 마취 없이 수술이 이루어지기도 했습니다.

A. —— 그렇습니다. 여전히 철학가들은 아기들에게 의식이 없다고 주장합니다. 제가 대학생이었을 때 어느 신경과학자로부터 아기들에게는 대뇌 피질이 없고 반사적 행동만 있을 뿐이라는 설명을 들었습니다. 아주 오래된 일도 아닙니다!

Q. —— 아이들은 어른들이 멍청하다고 느끼나요?

A. —— 대답하기 어려운 질문이네요. 시스템 1과 시스템 2 이론

에 따르면 멍청해 보이는 것이 유리할 때가 있습니다!

예를 들어 제대로 생각하지 않거나 새로운 정보를 받아들이지 않음으로써, 생각을 갈고 닦지 않고 자신의 실수를 인정하지 않을 때 멍청하다고 합니다. 그런데 재빨리 결정을 내려야 할 때는 현명해질 때까지 필요한 시간과 에너지가 충분하지 않아요. 대부분은 원래 하던 대로 하는 것이 안전하지요. 매번 아예 새롭게 생각하는 것보다 훨씬 낫습니다. 그러나 아이들은 무의식적인 것보다는 직접 체험한 것을 믿습니다. 제가 최근에 한 연구에 따르면 아이들이 어른들보다 가정이나 믿음을 더 쉽게 이야기합니다. 어른들은 이론에 더 의지하지요.

결국 지능은 두 가지 종류가 있으나 서로 보완하는 관계입니다. 탄탄한 지식으로 무장된 것은 일종의 지능이 맞지만, 빠르게 변하는 세상에 적응하기 위해서는 또 다른 지능도 필요합니다! 신경과학자들은 탐구와 활용이라는 용어를 사용합니다. 아이들은 언어를 포함해 무엇이든지 배우는 데 탁월합니다. 아이들이 신발 끈을 매고 외투를 입은 후 학교에 가는 모습만 봐서는 어른들에 비해 서툴러 보여도 말이지요.

Q. —— 그렇다면 아이들은 부모가 멍청하다는 속마음 이야기를 합니까?

A. —— 아이들이 어른들을 판단하는 것에 관한 여러 연구에 따

아이들의 눈으로 본 멍청함

르면, 아이들은 서너 살부터 의심이라는 것을 하기 시작합니다. 의심을 해야 한다고 느끼는 것이지요. 만일 어른이 무슨 말을 하면, 아이들은 일단 사실이라고 생각합니다. 그러나 어른이 계속 거짓말 같은 말을 하면 아이들은 더 이상 그 어른을 믿지 않습니다.

저는 얼마 전부터 10대 청소년들을 연구하고 있는데요, 매우 흥미로운 사실을 발견했습니다. 청소년들이 부모의 말을 거역하고 스스로 판단하려고 하는 것은 두뇌가 변해서 탐구하고 비판하고 확신하는 능력이 발달했기 때문이라는 겁니다.

Q. —— 부모의 과잉보호가 멍청함으로 이어질 수 있을까요?
A. —— 제 책을 읽었다면 아시겠지만, 부모의 과잉보호는 멍청한 짓이라고 생각합니다. 탐구와 활용이라는 용어로 생각해보면, 장기적으로 과학이 탐구 능력을 길러줍니다. 예를 들어 과학은 별들의 움직임을 천천히 관찰하면서, 별을 움직이는 추진력을 발견합니다. 다른 분야도 마찬가지입니다. 의학에서는 환자들이 병을 이겨내도록 돕는 것이 급선무이므로 천천히 기존의 방식을 활용하는 것이 유리하지요. 역설적이지만 급하면 데이터를 제대로 활용할 수 없는데, 한발 물러설 여유가 있으면 활용할 수 있거든요.

부모의 과잉보호도 마찬가지입니다. 부모는 아이들이 위급한 상황을 빨리 헤쳐 나가도록 각종 방법을 찾아보지만, 그것이 오히려 아이들을 망칩니다. 부모의 과잉보호 때문에 아이들은 오히려 장기적으로 부모와 자연스럽게 관계 맺는 법을 배우지 못합니다.

Q. —— **아이들은 스마트 기기**(컴퓨터, 휴대전화 등) **때문에 멍청해집니까?**

A. —— 아주 좋은 질문입니다. 몇 년 전에는 미처 대답을 알지 못했던 질문이지요. 제 생각에는 오히려 아이들의 지능이 다른 방식으로 발전하는 것 같습니다. 스마트 기기에서 발견되는 윤리 문제를 우려하는 시각도 있지만 스마트 기기에 대해 실제로 우리가 아는 것은 별로 많지 않습니다.

기술이 발전한 이후에 매번 나오는 비판은 기술이 사람들의 지능에 안 좋은 영향을 준다는 것입니다. 유명한 예가 있습니다. 소크라테스는 독서를 하면 기억력이 발달하지 못한다며 독서를 비판했습니다. 소크라테스의 말이 맞습니다. 더 이상 호메로스의 작품을 암기하지 않으니까요! 그러나 독서에는 장점도 있습니다. 요즘 아이들은 새로운 기술에 적응하고 있어서 새로운 형태의 지능을 키울 수 있습니다. 대신 기억력은 떨어질 수도 있겠지요.

하지만 이 질문에 바로 대답해봅시다. 왜 정보를 미리 암기해야 합니까? 클릭만으로 전 세계의 정보를 사용할 수 있다면 멍청해지기 힘들 텐데요.

Q. —— **결국 선생님께서는 아이들을 믿으라는 말씀을 하고**

아이들의 눈으로 본 멍청함

싶으신 것이지요?

A. ── 진화론적 입장에서 보면 왜 아이들이 존재하는지 궁금할 수 있습니다! 우리 인간은 그 어느 생물 종보다 미성숙한 기간이 깁니다. 그런데 본능보다는 학습에 의존하는 생물 종일수록 지능이 높습니다. 나비와 까마귀가 좋은 예입니다. 요즘 아이들은 충분히 지적 능력을 갖추고 있고 배울 수 있습니다. 아이들은 어른들이 필요하다고 생각하는 것, 어른들이 알려주는 것만 배우지, 어떻게 먹고 살아갈지에 대해서는 스스로 생각하지 않습니다. 하지만 아이들은 살아가는 데 필요한 방법을 탐구하며 배울 수 있을 정도로 충분히 이성적입니다. 그러니 아이들을 믿는 것이 좋겠지요.

Q. ── **자신의 어린 시절을 잊은 어른은 멍청한 인간입니까?**
A. ── 이 질문에 대한 유용한 정보가 있습니다. 도널드 트럼프가 네 살짜리 어린이처럼 행동한다고 비판하는 〈뉴욕 타임스〉의 기사를 읽어보셨을 것입니다. 그런데 이런 비유는 진짜 네 살짜리 어린이들에게는 모욕입니다!

오히려 어린이들은 모든 가능성과 새로움을 받아들일 정도로 매우 개방적입니다. 그러나 커가면서 시각이 좁아지고 세계관도 막히게 되지요. 불교 전통을 생각해보세요. 불교 전통은 인간이 얼마나 자신의 생각, 순간적인 욕망, 자신의 고집에 빠져 바깥세상을 포용하지 못하는지 지적합니다. "나에게는 이것이 필요해, 나는 저것이 갖고 싶어. 필요하고 원하는 것을 당장 손에 넣으려면 무엇을 해야 하지?" 정확히 어른들이 이 이유로 아이들을 비판했지요!

그런데 정작 어른들도 다르지 않습니다. 특히 멍청한 인간은 자아도취가 심하고 자기목표에만 매몰되어 있습니다. 그러나 아이들은 반대입니다. 아이들은 멍청함을 치유하는 약과도 같은 존재입니다.

Q. ——— 멍청함을 다룬 이 책 이야기를 듣고 순간 도널드 트럼프를 떠올린 사람들이 많습니다. 심리학자들이 아이들을 멍청하게 생각하는 진짜 멍청한 어른을 그대로 보여주는 표본이 트럼프인가요?

A. ——— 그렇습니다. 도널드 트럼프는 모든 대화 주제에 빠지지 않습니다. 트럼프는 어른들이 얼마나 자기중심적일 수 있는지를 보여주는 표본입니다.

인터뷰어: 장 프랑수아 마르미옹

아이들의 눈으로 본 멍청함

Delphine Oudiette

델핀 우디에트

'동기, 두뇌, 그리고 행동' 팀의 두뇌 및 척수 연구소 연구위원

우리는 멍청함을 꿈꾸는가

꿈을 가리켜 기괴한 모험이라고 생각할 때가 많다. 우리는 꿈 속에서 갑자기 슈퍼맨처럼 근사한 주인공이 되어 상상의 도시 위를 날고 악당 괴물들과 용감하게 싸운다. 그러다 커다란 희망이 생긴 다. 만일 꿈을 통해 일상의 멍청함을 피할 수 있다면?

우리의 꿈은
대체로 멍청하다

여러 과학자 팀이 잠을 자는 사람들을 대상으로 실험한 내용이 다. 잠을 자는 실험자들을 매 시간 깨워 꿈속에서 무엇을 봤느냐고 물었다. 놀랍게도 참가자들이 들려준 꿈 이야기는 하나같이 평범하 고 시시해서 저녁식사 자리에서 화제로 삼았다가는 듣는 사람들이 지루해 미칠 것 같을 정도였다. 식재료로 채소를 준비하는 꿈을 꾼 사람도 있었고 복도에 갇혀 꼼짝 못하는 꿈을 꾼 사람도 있었고 사이클 선수의 아내에게 약물을 투여하는 꿈도 있었다.

나이와 성별에 관계없이 수천 명의 꿈을 분석한 결과, 분명한 사실이 나왔다. 꿈 가운데 90퍼센트는 구성이 탄탄하고 신빙성 있고 현실적이지만 놀라운 내용은 거의 없다(일상을 벗어나는 소재가 거의 없다)는 것이다. 한마디로 영화 시나리오로 쓸 만한 꿈 이야기는 없었다. 꿈의 세계가 환상적일 것이라는 사람들의 생각은 틀렸다. 우리의 기억력은 선택적이다. 우리는 대체로 가장 기묘하고 강렬하며 감정적으로 인상적인 꿈만 기억하고, 그리 인상적이지 않은 꿈은 잊는다.

일시적인 멍청이,
영원한 멍청이

꿈은 어느 정도 현실을 반영한다. 실제로 꿈 이야기 중 84퍼센트는 자신과 관계된 내용이다. 그리고 꿈 이야기의 대부분은 최근에 경험한 일과 예전에 일어났던 일이 뒤섞여 있다. 우리의 꿈은 깨어 있을 때 경험한 일상에서 영향을 받는 것이다. 그러므로 그날 멍청한 짓을 했으면 밤에도 멍청한 꿈을 꿀 가능성이 크다.

우리는 멍청함을 꿈꾸는가

그러나 속단하기에는 이르다! 꿈 이야기는 묘하게 왜곡되기 때문이다. 외설적인 내용은 검열한다든지, 놀라운 꿈속 경험을 말로 제대로 설명하기 힘들다든지, 꿈 내용의 일부 혹은 전체가 기억나지 않을 때가 있다. 어쩌면 꿈속의 중요한 내용이 잠에서 깨면 별똥별처럼 사라지는 기분일지도 모른다.

우리는 수면 장애에서 해답을 얻을 수 있다. 우리가 잠이 들 때, 어느 날은 잠이 늦게 오기도 하고 렘수면 상태에 놓이기도 한다. 렘수면은 강력한 두뇌 활동, 빠른 눈 움직임, 근육의 마비를 보이는 것이 특징이다. 렘수면 상태에서는 꿈도 자주 꾸고 꿈이 생생하게 기억난다. 그러나 렘수면 행동장애를 보이는 사람들은 근육을 움직이지 못하게 하는 두뇌의 빗장이 제 역할을 못 한다. 그래서 꿈의 일부를 아주 '생생하게' 겪는다. 적외선 카메라로 관찰하면 꿈의 내용, 행동과 말을 그대로 알 수 있을 정도다. 이 렘수면 행동장애 환자들을 통해 우리는 꿈속 이야기에 내재된 성향과 그에 따른 꿈의 내용을 조금이나마 알 수 있다.

물론 꿈이기 때문에 상상력은 들어간다. 렘수면 행동장애 환자들 중에는 밤에 보이지 않는 적과 싸우는 꿈을 꾸는 사람들이 많다. 포악한 사자를 피하는 꿈, 노로 악어들을 쫓는 꿈, 사라센 사람들과 격렬히 전투를 벌이는 꿈이 대표적이다. 꿈속에서는 하나같이 용감해진다. 이외에 좀 더 일상적인 꿈도 꾼다. 전에 담배를 피웠던 사람이라면 꿈속에서 담배를 피웠다. 군인이었던 사람은 명령을 내리고 부대를 점검하는 꿈을 꾸었다. 은퇴한 건설자라면 망치질을 해서 계단을 만드는 꿈을 꾸었다. 우리가 깨어 있는 상태에서 오랫동안 해온 습관과 일이 꿈 이야기로 나오는 것 같다. 그러니까 우리는 잠이 들어도 일상에서 벗어나기가 힘들다!

우리 안에 잠자고 있는
멍청이로부터 해방되기

멍청이의 종류도 다양하다. 집단주의적인 멍청이, 천박한 멍청이, 둔탁한 멍청이, 앞뒤 가리지 않고 직진하는 멍청이 등등. 이런 종류의 멍청이들이 우리 꿈속에서 마음껏 뛰논다!

우리가 꿈속에서 부르는 노래 가사는 욕설로 가득 차 있다.

잠꼬대하는 사람 232명이 어떤 말을 하는지에 관심을 가진 대규모 연구가 있었다. 연구 결과는 놀라웠다. 잠꼬대하는 사람들은 거절하는 말을 주로 내뱉었다. 잠꼬대 중 나온 말 361건 중 21퍼센트가 '싫어'였다. '싫어'는 잠꼬대하다가 내뱉는 모든 단어 중 5퍼센트를 차지했다. 반면에 깨어 있는 동안 사용하는 모든 단어 중 '싫어'는 0.4퍼센트만 차지했다. 이것뿐만이 아니다. 잠꼬대 중에 나온 말에는 비속어와 욕설도 상당수 있었다(잠꼬대하면서 내뱉은 말 중 7.7퍼센트 차지). 대표적인 예를 살펴보자. "이런 젠장, 빌어먹을!", "맞는다면 어쩔 건데", "입 닥쳐", "꺼져. 역겨우니까", "비열한 놈!", "그놈 가만 안 둘 거야", "꼴 보기 싫어" 등이다.

간혹 잠꼬대 중에 부드러운 말도 나왔다. 로맨틱한 성격의 남자라면 잠을 자면서 꿈속의 여자에게 이런 말을 한다. "당신이 얼마나 매력적인지 아무도 말 안 해주던가요? 뭐라고요? 젊은 남자들로부터 매력적이라는 말을 못 들었다고요?" 이 남자의 잠꼬대는 흥분하는 목소리로 바뀐다. "그 남자들 거시기가 제대로 달린 것 맞아요? 전부 호모 아니냐고요?" 이 남자가 꿈속 이야기에서 여자와 해피엔딩을 맞았는지는 안타깝게도 알 수 없다. 그러나 한 가지는 확실하다. 깨어 있는 낮 시간에 유쾌한 성격의 사람들이라도, 잠꼬대를 할 때는 180도 달라져 저속하거나 폭력적이거나 빈정거리거나 비난하는 듯한 몸짓을 할 때가 많다는 것이다.

꿈을 꾸는 사람은
무능력하고 머리가 빈 것일까

꿈속에서 하는 멍청한 짓에는 비속어 남발만 있는 것이 아니다. 우리는 꿈을 꾸는 동안에 실패 위기에 처한 무능력자가 된다.

약 700명의 의대생들을 대상으로 꿈에 대한 대규모 연구가 이루어졌다. 의대생들은 중요한 시험을 앞두고 있었다. 연구 결과 실험에 참가한 의대생 가운데 60퍼센트가 시험에 대한 꿈을 꾼 것으로 나타났다. 그 꿈 가운데 78퍼센트는 시험에 관한 악몽이었다. 잠에서 깨지 못하거나, 시험장에 지각하거나, 커닝하다가 들키거나, 하나도 이해가 안 되는 문제가 나오거나, 시간이 부족하거나 등 시험을 망칠 수밖에 없는 각종 이유가 꿈에서 재현되었다.

의대생들만 이런 일을 겪는 것은 아니다. 부정적인 감정(특히 공포, 슬픔, 분노)은 꿈에서 표출되는 감정의 80퍼센트에 해당한다. 운 좋은 내용의 꿈보다 불행한 내용의 꿈(사고, 병, 장애물)이 일곱 배나 더 많았다. 인간관계에 관한 꿈 중에서는 공격에 관한 이야기가 우정이나 성관계 이야기보다 많았다. 그래서 꿈을 자주 꾸는 사람은 비관적인 생각을 하거나 불쾌한 상황 혹은 위험한 상황을 겪고 있을 때가 많다. 그렇다고 꿈을 자주 꾸는 사람이 사회적으로 실패한 사람이라는 뜻은 아니다!

비현실적이고 믿겨지지 않을 정도로 이상한 꿈이 드물게 있다. 이런 꿈을 꾸는 사람은 비판 의식을 모두 상실하기 때문에 꿈에서 보거나 들은 것을 무조건 믿는다. 예를 들어서 꿈속에서 동료가 초등학교 6학년 친구의 모습으로 나타나거나 집안의 좁은 거실이 갑자기 무도회장으로 변해도 놀라지 않는다. 이처럼 꿈속에서 일어나는 일을 의심 없이 받아들이는 것은 렘수면 상태에서 두뇌가 평소와는 다르게 움직이기 때문이다. 즉, 깨어 있을 때 논리력을 작동시

우리는 멍청함을 꿈꾸는가

키는 전두엽 부분이 제대로 작동하지 못해서다.

뿐만 아니라 꿈의 황당한 내용은 뇌손상으로 일어나는 이상 증세(가족의 얼굴을 제대로 알아보지 못하는 증상, 우뇌 혹은 좌뇌의 전두엽이 손상되어 사람들을 알아보지 못하는 프레골리 증후군)와 비슷하다. 이처럼 꿈 내용과 뇌손상 환자의 증세가 비슷한 것을 보니 잠을 자는 동안에는 뇌의 시신경 부분과 다른 부분 사이에 연결이 잘 되지 않을 수도 있는 것 같다.

꿈은 정말
반대일까

중요한 시험을 앞두고 시험에 관한 악몽을 꾼 의대생들의 이야기를 다시 떠올려보자. 그러나 실제로 이들의 시험 점수를 봤을 때 악몽은 오히려 반대 결과를 낳는 것 같다. 시험 꿈을 꾼 학생일수록 시험을 잘 봤다!

이혼 소송 중인 여성들에 관한 예전 연구 결과도 비슷하다. 이혼에 관한 꿈을 많이 꾼 여성일수록 새로운 생활에 잘 적응했고 우울증도 적었다. 어느 이론에 따르면 위협적인 상황이나 걱정스러운 상황이 나타나는 꿈은 현실에서의 삶을 잘 헤쳐 나갈 방어막 역할을 한다. 앞으로 걸릴지 모르는 바이러스를 예방해주는 항체를 만들어내는 백신과 같은 역할을 하는 셈이다.

꿈은 가상현실이자 행동을 준비할 수 있게 돕는 방어막이다. 뿐만 아니라 꿈을 통해 감정을 잘 이해하게 되기도 한다. 꿈속에서는 감정적인 찌꺼기가 걷히고 중요한 정보만 남은 기억이 재현되기 때문이다(감정에서 해방된 기억). 캐나다의 정신의학자 토어 닐슨Tore Nielsen은 꿈을 꾸면 불안한 경험이나 트라우마로 남아 있는 경험에서 부정적인 감정을 줄일 수 있다고 말한다. 꿈속에서는 경험이 중립적으로 재현되기 때문이다.

이 과정에서 작동하는 두뇌의 부분은 두 가지다. 하나는 두뇌의 깊은 곳에 위치하는 편도체이고, 또 하나는 두뇌의 앞부분에 위치한 중간 전뇌 피질이다. 불안한 내용이 꿈에 나오면 두려움이라는 감정이 생긴다. 이때 중간 전뇌 피질로 감정적 상황을 분석할 수 있는데(그 불안한 이야기가 다른 상황, 즉 좀 더 중립적인 상황에서 일어났다면 지금처럼 불안하지는 않다), 그 과정에서 두려움은 억제된다.

이 같은 모델에 따르면 감정이 지나치게 격하거나 심리적으로 약해지면 잠을 자다가 부정적인 감정 때문에 깬다. 악몽이 이런 경우다. 따라서 잠을 자는 동안 감정 치유 과정이 실패하면 악몽을 꾼다고 할 수 있다.

우리는 멍청함을 꿈꾸는가

꿈은 멍청함,
아니면 잠을 자면서 발휘하는 지성?

수수께끼를 하나 풀어보자. 남자 두 명이 서로 몇 미터 떨어진 곳에 서 있다. 두 사람은 울타리에 묶여 있는 암소 세 마리를 보고 있다. 그 순간 울타리에 갑자기 벼락이 떨어졌고, 암소들은 화들짝 놀랐다. 남자 한 명은 암소 세 마리가 정확히 동시에 날뛰는 모습을 보았다고 말하고 다른 남자는 암소 세 마리가 차례로 날뛰었다고 말한다. 두 사람은 서로 자신이 맞는다고 우기며 말다툼을 한다. 과연 누구 말이 맞고 누구 말이 틀렸을까?

두 남자의 황당한 말다툼은 아인슈타인이 꾼 꿈 내용이다. 아인슈타인은 이 꿈이 머릿속에서 떠나지 않았고, 마침내 이 꿈에서 영감을 얻어 훗날 상대성 이론을 개발했다. 상대성 이론에 따르면 시공간은 절대적이지 않고 달라질 수 있다. 그러니까 꿈속의 두 남자는 모두 맞는 말을 하고 있는 셈이다. 꿈을 창조의 영감으로 삼은 사람은 아인슈타인뿐만이 아니다. 문학 작품(소설 《프랑켄슈타인 Frankenstein》), 전설적인 노래(비틀즈의 〈예스터데이Yesterday〉), 발명품(재봉틀), 위대한 과학적인 발견(벤젠의 화학 구조, 신경 소통에서 신경전달 물질이 차지하는 중요성) 등이 전부 꿈에서 영감을 받아 탄생했다.

우리가 깨어 있을 때 한 경험(기억)은 잠이 늦게 들 때 다시 떠오른다는 것이 여러 연구를 통해 밝혀졌다. 잠이 늦게 들면 깨어 있는 상태에서 한 경험이 강하게 기억에 남는다. 텍스트를 반복해서 내용을 잘 암기하는 메커니즘과 비슷하다. 이어서 렘수면 상태가 되면 꿈을 담당하는 두뇌 영역이 즉각 작동해 연상 작용이 차례로 일어난다. 그러면 우리가 했던 경험이 재구성되고 새로운 생각들이 떠오른다. 이렇게 떠오른 새로운 생각들은 잠에서 깨어날 때 영감 으로 활용할 수 있다.

이는 꿈을 생생하게 기억하는 여러 사람들의 증언을 통해 밝혀졌다. 이들은 꿈을 꾸는 순간에 꿈이라는 것을 알았고 중간에 꿈의 내용 전개가 일부 바뀌기도 한 사람들도 있었다. 이들 이야기를 통해 알 수 있는 사실은, 오직 꿈꿀 때만 개인의 문제를 창의적으로 해결하는 방법을 자유롭게 찾을 수 있다는 것이다.(예를 들어 복잡한 수학 문제를 풀거나 발명품을 만드는 일이 꿈에서 영감을 얻은 것이다).

꿈은 우리가 깨어 있을 때 했던 경험과 밀접하게 관련이 있다. 여기에는 다음과 같은 내용이 들어 있다. ①주변에서 보는 멍청이들의 행동에서 벗어나기 힘들다. ②낮 동안에 멍청한 인간은 밤에 꿈을 꿀 때도 멍청이로 남아 있을 가능성이 크다. 그러나 또 누가 아는가? 꿈이 주는 창의적인 영감 덕분에 멍청한 인간도 천재성을 발휘할 수 있을지….[1]

우리는 멍청함을 꿈꾸는가

Jean Claude Carrière

장 클로드 카리에르와의 만남

작가, 시나리오 작가

내가 지적이라는 망상이야말로
가장 멍청하다

Q. —— 언젠가 제게 어리석은 짓과 멍청한 짓은 다르다고 하셨는데, 그 차이는 무엇입니까?

A. —— 제가 그런 말을 했나요?

Q. —— **예, 하셨습니다! 왜 그런 소리를 하셨지요?**

A. —— 그런 말을 했을지도 모르겠군요! 어리석은 짓은 오만한 행동과 관계됩니다. 바보 같은 이야기를 확신에 차서, 필요한 모든 권위를 부리며 주장하는 사람이 어리석은 사람이지요. 반대로 멍청한 인간은 머뭇거릴 때가 있습니다. 저도 다른 사람들과 마찬가지로 매일 멍청한 말을 하곤 합니다. 그래도 지나치게 멍청한 말은 안 하려고 해요.

심지어 요즘에도, 우리는 "어떤 사람들은 나머지 사람들과는 달라"라는 말을 합니다. 어리석은 말이지요. 사실이 아니기 때문입니다. 태양이 우주에서 가장 큰 행성이라고 주장하는 사람이 있다면 그냥 무지한 것이니 멍청한 인간입니다. 증거가 있는데도 계속 바보 같은 말을 하면 정말로 어리석은 인간입니다. 심하면 멍청한 인간으로 발전할 수 있습니다. 그런데 멍청한 인간이 지적인 말을 할 때가 있는데, 그때는 정말 깜짝 놀랍니다.

Q. —— **어리석은 사람은 본인이 지식인이라고 믿나요?**
A. —— 간혹 그렇습니다. '진실'을 바로 세우겠다며 종교 공의회에 참여한 사람들이 전부 바보라고 할 수는 없습니다. 당시 이 사람들은 지식이 있었고 논리도 있었으니까요. 그러나 이 사람들은 '삼위일체'라는 표현을 만들어냈습니다. 어쨌든 멍청함에 가까운 표현이지요.

제가 쓴 《어리석음에 관한 사전Dictionnaire de la bêtise》에서 핵심이 되는 다음의 문장은 19세기 초 나폴레옹이 패배하고 나서 드 켈렝Monseigneur de Quelen이 했던 말이기도 합니다. 드 켈렝은 망명을 떠났다가 부르봉 가문과 함께 되돌아와서 노트르담 대성당에 모인 사람들에게 다음과 같이 연설했습니다. "예수 그리스도는 하느님의 아들이었을 뿐만 아니라 저희 외가 쪽 가문의 훌륭한 일원이기도 했습니다." 정말로 어리석은 말 아닙니까!

플로베르는 "결론을 지으려 하는 것이 어리석음이다"라고 했습니다. 무엇인가를 확신을 갖고 말하는 것이 어리석다고 본 것이지

내가 지적이라는 망상이야말로 가장 멍청하다

요. 우리가 사는 세상에서는 지식, 생각, 감정, 세계관, 자신을 바라보는 관점, 느낌이 끊임없이 변합니다. 그런데 "원래 그래"라고 하면서 무엇이든지 일반화시키고 단정하려는 태도야말로 어리석음입니다. 모든 것은 끊임없이 변하니까요.

Q. —— 의심이야말로 어리석음이나 멍청함을 치유하는 해독제가 될까요?

A. —— 의심은 꼭 필요합니다. 과학이 끝없이 의심하는 이유입니다. 과학자들과 일을 하면 자주 접하는 것이 의심입니다. 과학자들로부터 과학적 진실은 10여 년의 수명을 누린다는 말을 듣습니다. 그러나 신앙은 절대로 의심하지 않습니다. 그것이 신앙의 특징이기도 하지요. 성 토마스에 대한 의심은 커다란 죄악입니다. "이 진실을 믿는 집단에 들어왔으니 의심을 하는 순간 추방된다." 신앙에 대해 함부로 의심했다가는 목숨을 잃는 경우도 많습니다.

Q. —— 사도신경에 "부조리하기에 믿는다"라는 말이 나오지 않나요?

A. —— 이것은 다른 문제입니다. 삼위일체 같은 신학적 진실(하느님은 하나이자 셋이다)은 미스터리이고 황당하니까요. 인간의 정신으로는 이런 원리를 만들어낼 수 없었을 것입니다. 우리가 보기에는 부조리해요. 그런데 그래서 신성하게 느껴집니다. 이것이 진실이라

고 우긴 것은 바로 우리 인간인데도 이 사실을 잊고 있습니다. 요즘은 인정하기 힘든 논리이고요.

저의 세대에서는 신념에 찬 공산주의자들이 이런 정신과 비슷합니다. 공산주의자들은 마르크스, 엥겔스, 혹은 레닌의 말을 인용하며 이들을 굳게 믿었습니다. 1950년대에는 이것을 의심하는 사람이 공산주의자 집단에서 추방당할 정도로 심각했습니다! 이 때문에 고통에 시달리거나 슬픔을 견디지 못해 괴로워하거나 자살하는 사람들도 있었습니다.

Q. ──── 멍청한 짓은 수세기 동안 문화권을 통틀어 비슷한 모습으로 나타나나요, 아니면 시대와 문화에 따라 다양하게 나타나나요?

A. ──── 공통분모가 있기는 하지만 멍청한 짓이나 어리석은 짓에 대해 이야기할 때는 늘 조심해야 합니다. 이런 주제는 다른 사람들의 어리석은 짓이나 멍청한 짓을 이야기하는 것이니까요. 그러나 저나 마르미옹 씨나, 우리 모두 매 순간 어리석거나 멍청한 말을 할 수 있습니다. 우리 중 누구도 여기서 자유로울 수 없습니다! 어떤 사람들은 해당되고 어떤 사람들은 해당되지 않는 부분이 아닙니다. 다만 두드러지게 어리석거나 멍청한 말을 하는 사람들이 있을 뿐이지요. 그러나 자기 성격과 기질대로 행동하며 눈치를 보지 않아 심각하게 어리석거나 멍청한 짓을 하는 사람들이 있고, 좀 더 조심하

내가 지적이라는 망상이야말로 가장 멍청하다

는 사람들이 있습니다.

저도 멍청한 말을 한 적이 있습니다(지금 이 인터뷰를 하면서 멍청한 말을 했을 수도 있고요!). 그러나 무엇보다도 최고의 명청한 짓은 자신을 지적이라고 생각하는 일입니다. 자신이 세상과 인간을 전반적으로 분명하고 논리적으로 보고 있다고 착각하는 것이야말로 최고의 명청한 짓이지요. "내가 분석하는 상황은 정확해." 정말로 명청한 말입니다.

Q. ── 스스로 멍청하다고 인정하면 멍청함의 정도가 줄거나 사라질까요?

A. ── 그러기를 바라지만 확신할 수 없습니다! 어쨌든 스스로 멍청하다고 인정하는 것 자체는 별일 아닙니다. 멍청한 일에 몰두하는 것이 더 바보 같죠. 거리를 두고 비판의식을 품은 채 자신을 바라보고, 가능한 오랫동안 간직하고 싶은 모든 것을 바라보면 마음이 안정되어 상황 판단을 현명하게 할 수 있습니다.

예를 들어 텔레비전 자체가 없다면 그날 무슨 일이 일어났는지부터 서로 말이 달라 혼란만 있겠지요. 자칫 무모한 상황이 벌어질수도 있고요! 2018년 5월 1일 혁명위원들의 시위가 있었습니다. 그날 전문가들이 상황을 진단하며 설명했습니다. 저라면 설명을 못했을 것 같습니다. 시위대를 가리켜 극좌파라고 부르는 전문가들, 시위대가 극우파라고 한 전문가들, 어느 쪽에도 속하지 않고 그저 깨부수는 것을 좋아하는 무정부주의자 집단이라고 부르는 전문가들도 있었습니다.

특히 순간적으로 결정을 내려야 하는 정치인이라면 거리를 두고 상황을 지켜보기 힘듭니다. 어떻게 해야 할지 고민이 깊어지지요. 언제나 찬반 의견이 있습니다. 거리를 두고 객관적으로 상황을 보고 적당한 때에 선택을 하는 정치인들이 위대한 정치인들입니다.

드골 장군이 좋은 모델입니다. 드골 장군은 알제리에 대해 '민족자결'이라는 표현을 사용했습니다. 민족자결이란 '독립'과 비슷한 뜻입니다. 드골은 민족자결이란 표현을 수개월 전부터 언급했기 때문에 우연히 그냥 나온 말이 아니었습니다. 오랫동안 생각하고 내린 결정의 결실로 나온 말이지요.

Q. —— 1965년에 《어리석음에 관한 사전》을 펴내셨습니다. 그 후 멍청함과 관련해 가장 큰 변화가 생겼다면 무엇입니까?

A. —— 당연히 정보입니다. 저도 다른 사람들처럼 유튜브로 뉴스를 보기도 합니다. 그런데 유튜브에서 보는 뉴스가 가짜 뉴스인지 진짜 뉴스인지는 모릅니다. 미스터리가 풀렸다는 뉴스도 있고 미국에 외계인이 많다는 뉴스도 있고 미국 정부가 맨해튼 타워를 전부 부수라고 지시를 내렸다는 뉴스도 있습니다. 과거에는 정보가 부족했지만 지금 우리는 정보의 홍수 속에 살고 있습니다. 더 멀리 갈 필요도 없이 제 할아버지는 시골 마을에 사셨는데, 이탈리아에서 무슨 일이 일어났는지도 모르셨고 무솔리니에 대해서는 들어본 적이 없으셨습니다. 그러나 요즘은 모든 정보를 즉각 알 수 있지요. 확인되지 않거나 증명되지 않은 정보도 즉각 나옵니다. 가장 놀라운 점입니다. 그에 따라 엄청나게 멍청한 짓도 늘어나고 있습니다. 정치인들에게는 요즘같이 어려운 시기가 없을 것입니다. 그래서 정치인들이 애매하게 대답을 하는 거겠지요.

Q. —— 더구나 정치인들은 얼른 대답하라는 압박도 받고 있습니다!

A. —— 진짜 정치인이라면 이렇게 대답해야지요. "알아보고 생각해볼 시간을 주십시오."

Q. —— 정보의 홍수와 함께 멍청한 짓도 많아지고 있습니다. 혹시 이러한 상황 덕분에 우리가 더 지적으로 변하고 의심을 많이 하는 태도를 갖게 되지 않을까요? 가짜 뉴스에 치이고 나면 우리가 신중함을 더 배울 수 있지 않을까요?

A. —— 말씀하신 '우리'는 전체 인구 중 어느 정도나 차지할까요? 아주 적습니다. 더구나 인구의 구성원은 계속 새로워집니다. 제게는 딸 두 명이 있는데 한 명은 55살이고 또 한 명은 15살입니다. 같은 딸이지만 완전히 다른 세계에 삽니다! 두 딸은 생각 습관도 다릅니다. 딸들에게 제가 하는 이야기 내용도 다릅니다. 더구나 두 딸 모두 제 말을 듣지 않습니다!

Q. —— 따님들은 선생님께서 멍청한 이야기를 하고 있다고 생각하는 건가요?

A. —— 그렇습니다. 아니면 들을 필요가 없다고 생각하는 것일 수도 있지요. 저는 어떤 장면의 대사를 쓸 때 반드시 손으로 글씨를 씁니다. 여기저기 단어를 적고 각종 부호를 써서 옮김을 표시하거

내가 지적이라는 망상이야말로 가장 멍청하다

나 지워야 한다는 표시를 합니다. 그런데 요즘은 손으로 쓰는 사람들이 점점 사라집니다. 작가마다 선호하는 방법도 다르고요. 저도 작가지만 컴퓨터가 절대로 제게 줄 수 없는 것이 있습니다. 바로 연습장입니다. 무의식적으로 나온 글을 적은 연습장은 그 자체로 제게 소중합니다. 적힌 내용이 당연히 바보 같을 수도 있겠지요. 무의식이 꼭 지적이지는 않으니까요.

Q. —— 우리는 멍청함의 황금시대에 살고 있는 것일까요? 아니면 예나 지금이나 똑같은가요?

A. —— 희망은 있으니 안심하세요! 루이스 부뉴엘Luis Buñuel이 말한 것처럼 세상에 나쁜 사람이 60퍼센트가 있으면 좋은 사람이 40퍼센트가 있습니다. 멍청함과 폭력은 늘어나고 있습니다. 그러나 이에 반대하는 목소리도 있으니 50대 50이지요.

멍청함을 억누를 수 있는 것은 법률, 규칙, 정부와 사회의 전략과 계획입니다. 이런 문제들이 매일 제기되지만 딱 꼬집어 해결할 방법이 없습니다. "자본주의는 물러가라!"는 슬로건을 들어본 적이 있지만, 아무 의미도 없는 말입니다. 그 전에 우선 자본주의가 무엇인지 정의를 내려야 합니다. 사람마다 자본주의를 정의하는 방식이 다르기 때문에 자본주의는 매우 복잡한 말입니다. 자본주의에 대한 정의만 해도 예시가 1,000개는 나올 것입니다. 요즘만 그런 것은 아니지요. 슬로건은 빠른 속도로 전달됩니다. 여기서 이익을 얻어 돈을 버는 사람들도 있고요. 그러나 이제는 달라져야 합니다. 무조건 듣고 보는 대로 믿지 말고, 그 말과 그 상황의 이면을 생각해야 합니다.

Q. —— 악과 멍청함은 사촌관계입니까?

A. —— 당연히 그렇습니다. 물론 멍청해도 마음씨 곱고 친절한 사람들도 있습니다. 히틀러처럼 철저하게 악한 인간이 진짜 멍청한 인간이에요. 히틀러처럼 사악한 멍청이는 언젠가 더 사악한 멍청이에게 당하게 됩니다. 본인도 알고 있었지요. 세상을 지배하고 유대인을 제거해 3,000년 동안 빛나는 나치의 제3제국을 건설하려고 했던 히틀러는 완전히 멍청한 인간입니다. 멍청함이 구체적인 행동으로 나타난 사례이지요. 하지만 이런 멍청한 광기로 나라가 물들어가는데도 가만히 보고만 있던 교양인들이 있어 더 문제입니다. 늘 신중해야 합니다. 전화 설문 응답을 하게 되더라도 그대로 끌려가면 안 됩니다.

인터뷰어: 장 프랑수아 마르미옹

내가 지적이라는 망상이야말로 가장 멍청하다

STACEY CALLAHAN

스타세 칼라앙

툴루즈2대학 장조레스대학교 임상심리학·심리치료학 교수,
심리치료와 건강심리학 연구센터CERPPS 연구원

멍청함과 평화롭게 공존하기

"신들도 멍청함과 맞서 싸우지만 소용없다."

_프리드리히 폰 실러Friedrich von Schiller

우리 모두 인간이기에 멍청함에서 자유롭지 않다. 멍청한 짓은 우리가 하는 행동과 말의 결과다. 멍청함에 맞서는 것도 우리가 할 일이다.

'멍청함'의 동의어는 어리석음, 바보 같은 짓, 어리숙함 등 여러 가지다. 어떻게 표현되든 하나같이 공통점은 '실수'다. 다른 사람에게 황당한 짓을 했을 때 멍청한 실수라고 한다. 다른 사람들을 웃기려고 했는데 분위기가 썰렁해졌다면 결국 멍청한 짓을 한 셈이다. 일부러 멍청한 짓을 하는 경우는 드물다.

자기 자신에 대한
무한한 관용

"무한한 것은 두 가지뿐이다. 하나는 우주고,
또 하나는 인간의 멍청함이다. 그러나 우주는
인간의 멍청함에 비하면 무한할지 모르겠다."
_알베르트 아인슈타인

비록 우리가 실수투성이에 한계가 있지만 우리가 저지른 멍청
함을 받아들이려면 어떻게 해야 할까? 수용은 심리학에서 많이 사
용하는 용어다. 정신을 집중하는 명상에서는 자신의 느낌을 있는

멍청함과 평화롭게 공존하기

그대로 받아들인다.

ACT 치료 요법에서도 치료사의 안내에 따라 환자는 자신의 문제, 타인과의 문제, 주변 환경 문제 등 자신에게 문제가 되는 요인들을 받아들인다. 그 과정에서 여러 방법을 통해 최적으로 유연한 심리를 얻는다. 심리학에서 자신을 있는 그대로 수용하는 것은 미국의 앨버트 엘리스Albert Ellis가 인지-감정-합리 심리치료 이론 (PCER)에서 내세운 것이다.[1]

엘리스는 인지 치료의 선구자로 통한다. 엘리스는 고대 그리스의 에픽테토스나 세네카 같은 스토아 철학자들에게 영감을 받았다. 스토아 철학자들은 모든 것을 있는 그대로 받아들여야 행복해질 수 있다고 주장했다. 엘리스는 임상 관찰을 통해 인간에게는 타고난 기질과 교육으로 얻은 기질(부모와 타인)이 있어 자기 자신을 받아들일 수 있는 능력이 있다는 사실을 알았다. 대신 이때 조건을 정하면 개인이 이룬 성취나 개인이 한 활동만 갖고 받아들임 여부를 판단하게 되므로, 조건을 정해서는 안 된다고 보았다. 즉 조건을 정하면 인간은 자신의 행동만을 기준으로 자기 정체성을 발견할 위험이 있기 때문이다.

그러나 인간은 행동으로만 판단하기 힘든 존재다. '하다'가 곧 '존재하다'는 아니기 때문이다. 이처럼 엘리스는 인간마다 장단점이 있지만(장점과 단점도 구분이 애매하기는 하다) 개인의 행동과 성격이 그 개인의 '존재'를 그대로 반영하지는 않는다고 주장한다. 존재는

좋은 것도 아니고 나쁜 것도 아니다. 그냥 존재할 뿐이다.[2]

이 같은 원칙을 출발점으로 삼아 엘리스는 자기 자신을 있는 그대로 받아들임으로써 자신의 존재와 자신의 행동을 분리할 수 있다고 보았다. 개인의 행동은 평가 대상이 될 수 있으나 행동이 개인 자체의 가치를 평가하는 수단이 되어서는 안 된다는 것이다. 엘리스는 이러한 개념을 가리켜 '무조건적 자기수용'이라고 했다.

자기자비를
향하여

> "천재성은 한계에 부딪힐 수 있으나 멍청함은
> 그럴 염려가 없다."
>
> _알베르트 아인슈타인

무조건적 자기수용은 인간이 존재 자체로 가치 있으며 인간의 행동이 곧 인간의 정체성은 아니라는 개념이다. 따라서 멍청한 행동을 하는 사람을 '멍청한 인간'이라고 낙인찍어서는 안 된다. 행동은 우리의 경험일 뿐 우리의 정체성은 아니다. 그러나 이 생각에 동의한다고 해도, 멍청한 행동을 하면 아무리 소소한 것이라 해도 마음이 불편하다. 자기수용 과정을 극대화하려면 자기자비의 태도를

멍청함과 평화롭게 공존하기

지니는 것이 좋다.[3] 우리는 보통 다른 사람에게 자비롭고 연민을 품지, 자신에 대해서는 연민을 잘 품지 않는다. 자기자비 교육 모델이 부족해서다.

오스틴 텍사스대학교에서 교육심리학을 강의하는 크리스틴 네프Kristin Neff는 자기자비를 이루는 중요한 요소가 크게 세 가지라고 했다.[4] 첫 번째 요소는 요즘 심리학 분야에서 큰 인기를 얻고 있는 '마음챙김'이다. 자신의 경험을 있는 그대로 의식하는 능력으로, 불안한 마음을 다스리는 데 도움이 된다. 마음챙김 덕분에 현재의 고통이 무엇인지 있는 그대로 인식하고 고통도 지나갈 것이라고 생각한다면 자신에게 조금 더 너그러워질 수 있다. 두 번째 요소는 자신의 인간적인 면을 인정하고 우리가 다른 사람들과 연결되어 있다는 것을 인정하는 일이다. 그러면 어려운 처지에 놓인 친구나 지인에게 친절을 베푸는 것처럼 우리 자신에게도 친절을 베풀 수 있다.

무조건적 자기수용과 자기자비가 만나면 앞서 소개한 두 가지 요소가 단단해져 멍청함 앞에서도 꿋꿋하게 버틸 수 있다. 자기자비는 우리 자신을 무조건 있는 그대로 받아들이는 태도이기 때문에 일상에서 쉽게 연습할 수 있다.

사과의
미덕

> "사과는 마치 은은한 향수와 같다. 가장 어색
> 한 순간을 훌륭한 선물로 바꿔준다."
>
> _마거릿 리 런벡Margaret Lee Runbeck

멍청한 짓을 저질렀을 때 사과를 하면 어색했던 상황이 누그러
진다. 집주인의 새하얀 양탄자에 레드 와인을 쏟았다고 해보자. 정
말로 멍청한 짓이라서 후회를 넘어 마음이 불편하고 죄책감이 든
다. 그러나 곧바로 미안하다고 사과를 하면 모든 사람이 좀 더 편해
질 수 있다. 인간의 멍청한 실수로 벌어지는 행동이라도 모두 사과
를 통해 어느 정도는 용서받는다.

그러나 사과하는 일이 쉽지는 않다. 미국의 심리학자 해리엇
골드호 러너Harriet Goldhor Lerner도 했던 말이다. 러너는 우리가 한 일
을 후회하고 그 마음을 상대방에게 진심으로 전하고 싶을 때 사과
를 쉽게 할 수 있다고 주장한다.[5] 일상에서 멍청한 짓을 했을 때(다
른 사람을 밀치거나 다른 사람에게 말실수를 했을 때, 혹은 유리컵을 깨거나 요리를
쏟는 것처럼 물질적인 민폐를 끼쳤을 때) 상대방에게 사과할 줄 안다면 삶
이 좀 더 편해진다. 멍청한 실수를 했을 때 사과하면 분위기가 누그
러진다. 사과하면 내가 실수했다는 것을 인정할 수 있고 상대방에

멍청함과 평화롭게 공존하기

게도 내가 후회하고 있다는 마음을 보여줄 수 있다.

그러나 심각한 잘못을 저질렀다면 사과하기가 더욱 힘들다. 사과하기가 껄끄러울 때도 있다. 혹은 사과하면 관계를 유지하기가 힘들어질 거라고 느낄 때도 있다. 하지만 사과하지 않으면 상황이 더 심각해질 수 있다! 어떤 상황이라도 사과는 이제까지 가보지 않은 미지의 길처럼 느껴진다. 그러나 우리 자신에게 솔직하면 제대로 된 길을 찾을 수 있다.

잘못된
사과의 방식

"사과를 하면서 자신의 인생에 분노한다. 이로 인해 모든 것이 완전히 달라질 수 있다."

_린 존스턴Lynn Johnston

사과가 제대로 통하지 않을 수도 있다. 우리가 사과를 어설프게 하거나 상대방이 사과를 받아들이지 않을 때가 그렇다. 상대방이 사과를 거절할 때는 상황을 있는 그대로 받아들여야 한다. 현실을 받아들이기 힘들겠지만 사과를 해도 받아들여지지 않을 때가 있다는 것을 인정할 수밖에 없다.

스타세 칼라앙

그러나 사과가 제대로 전해지려면 피해야 할 함정이 여러 가지다. 러너가 이 함정들을 소개했다. 예를 들어 변명을 하는 듯한 단어('그런데', '하지만' 등)를 사용하면 사과에 진정성이 없어 보인다("양탄자에 와인을 쏟은 것은 잘못했어. 그런데 흰색 양탄자는 파티에서는 불안하긴 하지"). 이런 식의 사과는 결국 사과를 가장한 비난에 지나지 않는다. 이런 말과 같다. "파티인데 흰색 양탄자를 깔아놓고는, 실수로 쏟은 와인 가지고 예민하게 구니까 당황스럽네." 자신이 한 바보 같은 실수를 감싸주지 못하는 상대방을 탓하는 말이 된다!

상대방이 사과를 쉽게 받아주지 않아서 당혹스럽다고 말해도 사과는 의미 없어진다("와인을 쏟아서 미안하다고 했잖아! 더 이상 어떻게 해야 해?"). 물론 이미 더럽혀진 양탄자를 다시 깨끗하게 돌려놓을 수는 없다. 하지만 당사자가 실망한 기분을 누그러뜨릴 수 있도록 시간을 주어야 한다. 러너는 그 외에도 잘못된 사과 방법을 소개했지만 가장 중요한 내용은 이것이라고 했다. 상대방에게 진심이 전해져야 제대로 된 사과다. 변명이 들어가서는 안 된다.

멍청한 실수를 했다면 그대로 인정해야 교훈을 얻어 같은 실수를 하지 않는다. 우리가 멍청한 실수를 했다는 사실 자체를 받아들이고 멍청한 실수를 해서 괴로웠을 자신에 대해 연민을 표현하고 상대방을 배려해 진심으로 사과하는 법을 배울 수 있다. 그러면 멍청함에서도 뭔가를 얻는 것이 있지 않을까?

멍청함과 평화롭게 공존하기

수치심을
넘어서

"어리석음은 신이 주신 능력이다. 그러나 남용
해서는 안 된다."

_교황 요한 바오로 2세

휴스턴대학교의 브르네 브라운Brené Brown은 취약함의 힘에 관한
연구에서 불편함, 죄책감, 수치심 사이의 차이점을 다루었다.[6] 이
세 가지는 멍청한 실수를 했을 때 우리가 전형적으로 느끼는 감정
이다.

불편함은 쉽게 해소될 때가 있다. 불편함이 지나가면 우리는
자신이 저지른 멍청한 실수를 생각하며 웃을 수 있다. 죄책감은 좀
더 오래간다. 실수는 다른 사람에게 폐를 끼치는 일이기 때문이다.
다른 사람들에게 폐를 끼치고 싶지 않은데 멍청한 실수를 하는 바
람에 민폐를 끼친 것이다. 따라서 죄책감을 통해 우리가 잘못했다

는 것을 인정하고 실수를 반복하지 않기 위해 노력한다. 불편함과 죄책감은 상대적으로 해소가 되는 감정이다.

그러나 수치심은 극복이 힘들고 트라우마가 될 수도 있다. 수치심은 감정적, 인지적, 심리적으로 감당하기 힘들기도 하지만 자존감에 타격을 주기도 한다. 그래서 오래간다. 심지가 굳은 사람은 수치심이 생겨도 꿋꿋하게 이겨나간다. 이것이 여러 단계로 발전한다. 그중 가장 중요한 변화는 자기 자신을 잘 파악해 수치심을 느낄 상황을 만들지 않도록 조심하는 태도다. 그다음에 자기 자신은 받아들이는 법을 배운다. 우리는 수치심을 통해 우리 자신의 취약한 부분을 극복하며 우리의 약점과 실수를 그대로 인정하고 받아들일 수 있다.

스타세 칼라앙

멍청함과 평화롭게 공존하기

무조건적 자기수용

무조건적 자기수용, 즉 자신을 무조건 있는 그대로 받아들인다는 생각은 우리가 마음속 깊은 곳에 가지고 있는 믿음과 충돌할 수 있다. 자신이 이룬 성과의 가치와 자기 자신의 존재 가치를 동일시할 때 그렇다.

때로는 무조건적 자기수용이 자존심과 혼동되기도 하는데, 결코 그렇지 않다. 자존심은 성과를 기준으로 하기 때문에 시간에 따라 변할 수 있는 불안한 개념이다.[7] 성과란 우리가 아무리 노력해도 충분히 나타나지 않을 수 있기 때문이다. 그러나 무조건적 자기수용은 언제나 일정하다.

더불어 무조건적 자기수용은 체념, 수동적인 태도, 자기만족, 이기주의, 중요한 목표 앞에서 느끼는 권태와 혼동되기도 한다. 그러나 무조건적 자기수용은 우리의 부족한 점을 부정하는 것이 아니라 있는 그대로 받아들여 더 나은 자기 자신이 되겠다고 결심하는

일이다. 자신의 존재를 있는 그대로 받아들이는 따뜻한 태도인 것
이다.

스타세 칼라앙

멍청함과 평화롭게 공존하기

멍청한 인간에 관하여 세르주 시코티

1 R.C. Schank et R.P. Abelson, *Scripts, Plans, Goals and Understanding: an Inquiry into Human Knowledge Structures* (Chap. 1-3), L. Erlbaum, Hillsdale, NJ, 1977.

2 D.J. Simons et D.T. Levin, "Failure to detect changes to people during a real-world interaction", *Psychonomic Bulletin & Review*, 5(4), 644-649, 1998.

3 E.J., Langer, "The illusion of control", *Journal of Personality and Social Psychology*, Vol 32(2), 311-328, 1975.

4 L. Montada et M.J. Lerner, Préface, in L. Montada et M.J. Lerner (sous dir.), *Responses to Victimizations and Belief in a Just World*, (pp.vii -viii), Plenum Press, 1998.

5 Sciencesetavenirs.fr, "TRANSPORTS. Moto fantôme de l'A4: une Harley peut-elle rouler sans pilote sur plusieurs kilomètres?", F. Daninos le 21.06.2017 à 20 h 00.

6 M. Zuckerman, J. Silberman, J.A. Hall, "The Relation Between Intelligence and Religiosity: A Meta-Analysis and Some Proposed Explanations", *Personality and Social Psychology Review*, 17(4):325-354, 2013.

7 G. Brassens, "Le temps ne fait rien à l'affaire", 1961.

8 S.T. Charles, M. Mather, L.L. Carstensen, "Aging and emotional memory: The forgettable nature of negative images for older adults", *Journal of Experimental Psychology*: General, 132(2), 310, 2003.

9 E.J. Langer, "The illusion of control", *Journal of Personality and Social Psychology*, 32(2), 311-328, 1975.

10 S.E. Taylor et J.D. Brown, "Illusion and well-being: A social psychological perspective on mental health", *Psychological Bulletin*, 103(2), 193 -210, 1988.

11 F. Verlhiac, "L'effet de Faux Consensus: une revue empirique et théorique", *L'Année psychologique*, 100, 141-182, 2000.

12 D. T. Miller et M. Ross, "Self-serving biases in the attribution of causality. Fact or fiction?", *Psychological Bulletin*, 82, 213-225, 1975.

13 J. Kruger, D. Dunning, "Unskilled and Unaware of It: How Difficulties in Recognizing One's Own Incompetence Lead to Inflated Self-Assessments", *Journal of Personality and Social Psychology*, 77(6): 1121 -34, 1999.

14 S. J. Heine, S. Kitayama, et D.R. Lehman, "Cultural differences in selfevaluation: Japanese readily accept negative self-relevant information", *Journal of Cross-Cultural Psychology*, 32, 434-443, 2001.

15 E.R. Greenglass et J. Julkunen, "Cynical Distrust Scale", *Personality and Individual Differences*, 1989.

16 P. Rozin, E.B. Royzman, "Negativity bias, negativity dominance, and contagion", *Personality and Social Psychology review*, 5(4), 296 -320, 2001.

17 L. Ross, "The intuitive psychologist and his shortcomings: Distortions in the attribution process", *Advances in Experimental Social Psychology*, vol.10, p.173-220, 1977.

멍청이에는 어떤 종류가 있을까 장 프랑수아 도르티에

1   Entretien dans *L'Obs*, 2016/08/26. https://www.nouvelobs.com/rue89/rue89-le-grand-entretien/20160826.RUE7684/gerard-berry-l-ordinateurest-completement-con.html

2   A와 B선 중 실제로 B선이 더 길지만, 집단이 A선이 더 길다고 주장하면 피실험자도 집단의 의견에 따라 A선이 더 길다고 응답하게 되는 실험. 집단의 동조 경향을 측정한 실험이다.

어떤 사람이 멍청이일까 에런 제임스와의 만남

1   R. Sutton, *No Asshole Rule*(Warner Books, 2007). 이 책에서 로버트 서튼은 전문적인 환경에서 또라이, 특히 다른 사람을 괴롭히는 이들을 몰아내야 한다고 주장했다.

인간, 크게 착각하다 장 프랑수아 마르미옹

1 Kathryn Schulz, *Cherchez l'erreur! Pourquoi il est profitable d'avoir tort*, Flammarion, 2012.

2 Daniel Kahneman, *Système 1/Système 2. Les deux vitesses de la pensée*, Flammarion, 2012.

3 S. Danziger, J. Levav et L. Avnaim-Pesso, *Extraneous factors in judicial decisions*. *Proceedings of the National Academy of Sciences*, 2011.

4 Jean-François Bonnefon, *Le raisonneur et ses modèles*, PUG, 2011.

바보 같은 짓에서 쓸데없는 짓까지 파스칼 앙젤

1 R. Musil, *Uber die Dummheit*, 1937, traduction française in *Essais et conférences*, Seuil, 1984.

2 K. Mulligan, *Anatomie della Stoltezza*, Jouven Milano, 2016.

3 H. Frankfurt, *On Bullshit*, Princeton UP, 1992.

4 A. Roger, *Bréviaire de la bêtise*, Gallimard, 2008.

5 H. Broch, "Quelques remarques sur le kitsch", in *Création littéraire et connaissance humaine*, Gallimard, 1985.

뇌 속의 멍청함 피에르 르마르키

1 최근 한 기사가 우연히 신경학자, 특히 대학 부속 병원 신경학자들의 모임에서 화제에 올랐다. 빨리 은퇴하면 알츠하이머에 걸릴 위험이 15퍼센트 높아진다는 기사였다. 이 신경학자들과 연대하는 차원에서 기사의 출처를 언급하지는 않겠다. 혹여 그 기사가 악용되거나 아그네스 뷔쟁Agnes Buzyn 보건부 장관의 부처를 통해 잘못 해석될까 봐 두렵기 때문이다.

2 이 소설을 원작으로 만들어진 영화에서 '배스커빌의 윌리엄' 역할을 맡았고, 초창기에는 제임스 본드를 연기했던 그 유명한 배우의 이름을 좀 알려줄 사람 없는지?

알고도 하는 멍청한 짓 이브 알렉상드르 탈만

1   R. J. Sternberg et al., *Why Smart People Can be So Stupid*, Yale University Press, 2003.

2   K. E. Stanovich, *What Intelligence Tests Miss: The Psychology of Rational Thought*, Yale University Press, 2009.

3   S. Brasseur et C. Cuche, *Le Haut potentiel en questions*, Mardaga, 2017.

4   K. E. Stanovich, R. F. West et M. E. Toplak., *The Rationality Quotient: Toward a Test of Rational Thinking*, MIT Press, 2016.

5   T. Sharot, *The Optimism Bias: A Tour of the Irrationally Positive Brain*, Vintage, 2012.

왜 똑똑한 사람들이 이상한 것을 믿을까 브리지트 악셀라드

1   Gérald Bronner, *La Démocratie des crédules*, Puf, 2013, p.296.

2   M. Zuckerman, J. Silberman, J. A. Hall, *Personality and social psychology review*, "The Relation Between Intelligence and Religiosity: A Meta-Analysis and Some Proposed Explanations"(trad. "La relation entre l'intelligence et la religiosité"), université de Rochester, 2013/08.

3   H. A. Butler, "Why Do Smart People Do Foolish Things? Intelligence is not the same as critical thinking and the difference matters", *Scientific American*, 2017/10/03.

4   La Tronche en biais, *Les Lois de l'attraction mentale*, 2017/11.

5   J. Stachel, D.C. Cassidy, R. Schulmann(eds.), *Collected papers of Albert Einstein, the early years 1899-1902*, Princeton University Press, 1987.

모든 것에 겁 없이 도전하는 동물, 인간 로랑 베그

1   A. Jougla, *Profession: Animal de laboratoire*, Autrement, 2015.

2   T. Lepeltier, *L'Imposture intellectuelle des carnivores*, Max Milo, 2017.

3   A.J. Bouglione, *Contre l'exploitation animale*, Tchou, 2018.

4 M. Bekoff, *Les Émotions des animaux*, Payot, 2009.

5 Y. Christen, *L'animal est-il une personne?*, Flammarion, 2009.

6 F. Burgat, *L'Animal dans les pratiques de consommation*, Puf, 1998.

7 M. Gibert, *Voir son steak comme un animal mort*, Lux, 2015.

8 R. Larue, *Le Végétarisme et ses ennemis. Vingt-cinq siècles de débats*, Puf, 2015.

멍청함의 언어 파트리크 모로

1 Georges Picard, *De la connerie*, Éditions Corti, 2004.

2 George Orwell, *1984*, Gallimard, 1950, p.405. 여기서 오웰이 말한 '신어'는 국민 전체의 사고를 지배하기 위해 현대 영어에서 쓰이는 어휘나 문법 중 필요 없는 요소를 줄이거나 없애 지극히 단순화시킨 언어이다.

3 É. Chauvier, *Les Mots sans les choses*, Éditions Allia, 2014, p.76.

4 다음의 자료에 따르면 이것은 "진실에 대한 무관심"이다. Harry G. Frankfurt, "l'essence même", de la connerie (이 자료도 참고하라. *De l'art de dire des conneries*, Mazarine/Fayard, 2017, p.46).

5 C. Hagège, *L'Homme de paroles*, Fayard, 1985, p.202.

6 Cf. J. Dewitte, "La lignification de la langue", *Hermès, La Revue*, 2010/3, n°58, p.48-49.

7 자기 자신을 "탈중심화"하지 못하고 "다른 사람의 눈으로 자신을 바라보지" 못하는 현상이라는 주제를 헛소리로 이끌어간 다음 인물의 책을 참고하라. R. Zazzo, "Qu'est-ce que la connerie, madame?", dans *Où en est la psychologie de l'enfant?*, Denoël, 1983, p.52.

8 독일의 철학자 아도르노는 이런 글을 썼다. "멍청한 말과 단정적인 표현에는 아무리 재갈을 물려도 소용없는 것 같다. 이것들은 군중과 함께 노래하기 때문이다." 이처럼 멍청한 말과 단정적인 표현은 군중을 사로잡는다. *Jargon de l'authenticité*, Payot & Rivages, 2009, p.60.

9 어떤 그룹이든 멍청이가 심각할 정도로 멍청해서 우스갯소리와 멍청한 소리를 나누는 보이지 않는 선을 넘어버리면 이렇게 된다. 멍청한 소리는 남을 철저하게 무시하는 소리에서부터 맹목적으로 찬양하는 소리에 이르기까지 그 종류가 다양하다. 《1984》에 나오는 'canelangue'라는 단어가 좋은 예다. 이중 의미를 지닌 이 단어는 야당 인사를 비아냥거릴 때 사용되기도 하고, 당의 강성 위원을 떠받들 때 사용

되기도 한다. G. Orwell, *1984*, p.405.

멍청함과 자기도취 장 코트로

1 *Où en est la psychologie de l'enfant?*, Denoël, 1983.

2 DSM-5, *Manuel Diagnostique et Statistique des Troubles Mentaux*, Masson, 2015.

3 J. Kay, "Toward a clinically more useful model for diagnosing narcissistic personality disorder" in *Am J Psychiatry*, 2008, 165, 11, 1379-1382.

4 F.S. Stinson, D.A. Dawson, R.B. Goldstein et al., "Prevalence, correlates, disability, and comorbidity of DSM-IV narcissistic personality disorder: results from the wave 2 National Epidemiologic Survey on Alcohol and Related Conditions" in *J Clin Psychiatry*, 2008; 69:1033-1045.

5 J.M. Twenge et W.K. Campbell, *The Narcissism Epidemic*, Atria Paperback, 2009.

6 E. Russ, J. Shedler, R. Bradley, D. Westen, "Refining the construct of narcissistic personality disorder: diagnostic criteria and subtypes" in *Am J Psychiatry*, 2008, 165, 11, 1473-81.

7 C. Lasch, *The Culture of Narcissism*, Norton, 1979.

8 D.N. Jones, D.L. Paulhus, "Introducing the short Dark Triad(SD3): a brief measure of dark personality traits", *Assessment*, 2014, 21, 1, 28-41.

9 E.H. O'Boyle, D.R. Forsyth, G.C. Banks, M.A. McDaniel, "A meta-analysis of the Dark Triad and work behavior: a social exchange perspective" in *J Appl Psychol*, 2012;97(3):557-79.

10 Extrait de l'échelle: "Êtes vous un sale con certifié?", Sutton, 2007.

11 C.J. Carpenter: "Narcissism on Facebook: Self-promotional and anti-social behavior" in *Personality and Individual Differences*, 52, 2012, 482-486.

12 J.A. Lee et Y Sung, "Hide-And-Seek: Narcissism And "Selfie"-Related Behavior" in *Cyberpsychology, Behavior, and Social Networking*, DOI: 10.1089/Cyber.2015.0486.

13 S. Casale, G. Fioravanti, L. Rugai, "Grandiose and Vulnerable Narcissists: Who Is at Higher Risk for Social Networking Addiction?" in *Cyberpsychology, Behavior, and Social Networking*, 2016, 19, 8, 510-515.

14 Pew Research center, 2014/10/22, http://www.pewinternet.org/files/2014/10/PI_OnlineHarassment_102214_pdf1pdf

15 E.E. Buckels, P.D. Trapnell, D.L. Paulhus: "Trolls just want to have fun, Personality and Individual Differences", 2014, 67, 97-102.

멍청하고 못된 SNS 프랑수아 조스트

1 F. Jost, *La Méchanceté en actes à l'ère numérique*, CNRS Éditions, 2018.
2 *La Société du spectacle*, Folio, 1996.
3 https://www.blogdumoderateur.com/twitter-images-engagement/
4 "Le philosophe masqué" (entretien avec C. Delacampagne, 1980/02), *Le Monde*, n°10945, 1980/04/06. *Dits et Écrits*, tome IV, coll. "Quarto", Gallimard, texte n°285.
5 https://www.youtube.com/watch?v=TwIuTLBmEkE, consulté 2018/03/24.
6 https://www.youtube.com/watch?v=M7trhwLQ3QQ
7 V. Jankélévitch, *L'Innocence et la Méchanceté*, Flammarion, coll. Champs, 1986.
8 A. Van Reth et Michaël Fossel, *La Méchanceté*, Plon-France culture, 2014, p.95.

우리는 인터넷 때문에 멍청해질까 하워드 가드너와의 만남

1 H. Gardner, *Les Nouvelles formes de la vérité*, de la beauté et de la bonté, Odile Jacob, 2013.

멍청함과 탈진실 세바스티앙 디게

1 A. Farrachi, *Le Triomphe de la bêtise*, Actes Sud, 2018.
2 S. Dieguez, *Total Bullshit! Au coeur de la post-vérité*, Puf, 2018.
3 H. Frankfurt, *On Bullshit*, Princeton UP, 2005.
4 https://en.oxforddictionaries.com/word-of-the-year/word-of-the-year-2016
5 P. Engel, "The epistemology of stupidity", in M.A. Fernández Vargas(ed.), *Performance Epistemology: Foundations and Applications*, Oxford UP, pp.196-223, 2016.
6 A. Roger, Bréviaire de la bêtise, Gallimard, 2008. 다음의 자료도 참고하라. M.

Adam, *Essai sur la bêtise*, La Table Ronde, 2004.

7 B. Cannone, *La Bêtise s'améliore*, Pocket, 2016.

8 R. Nickerson, "Confirmation bias: a ubiquitous phenomenon in many guises" in *Review of General Psychology*, 2, 175-220, 1998.

9 O. Hahl, M. Kim et E.W.Z. Sivan, "The authentic appeal of the lying demagogue: proclaiming the deeper truth about political illegitimacy" in *American Sociological Review*, 83, 1-33, 2018.

10 K. Stanovitch, "Rationality, intelligence, and levels of analysis in cognitive science: is dysrationalia possible?" in R. Sternberg (Ed.), *Why smart people can be so stupid*, Yale UP, pp.124-158, 2002.

11 B. Hofer et P. Pintrich, (Eds.), *Personal Epistemology: the Psychology of Beliefs about Knowledge and Knowing*, Lawrence Erlbaum Associates, 2002.

12 똑똑하고 이성적인 사람에게도 멍청이의 정신세계가 어떨지 상상하는 일은 어렵기 그지없다. 이 현상은 '지식의 저주'라고도 불린다. S. Birchet, P. Bloom, "The curse of knowledge in reasoning about false beliefs" in *Psychological Science*, 18, 382-386, 2007.

13 http://ordrespontane.blogspot.ch/2014/07/brandolinis-law.html

14 S. Dieguez, "Qu'est-ce que la bêtise?" in *Cerveau & Psycho*, 70, 84-90, 2015.

15 S. Blancke, M. Boudry, M. Pigliucci, "Why do irrational beliefs mimic science? The cultural evolution of pseudoscience" in *Theoria*, 83, 78-97, 2017.

16 A. Piper, "Pseudorationality", in B. McLaughlin et A. Rorty (Eds.), *Perspectives on Self-Deception*, University of California Press, pp.173-197, 1988.

17 R. Musil, *De la bêtise*, Allia, 1937.

18 J. Tosi et B. Warmke, "Moral grandstanding" in *Philosophy and Public Affairs*, 44, 197-217, 2016; Crockett, M., "Moral outrage in the digital age" in *Nature Human Behaviour*, 1, 769-771, 2017.

국수주의라는 멍청함의 변신 피에르 드 세나르클랑

1 B. Malinowski, *The Myth of the State*, Yale UP, 1966, p.3.

2 J.-P. Vernant, *Mythe & Société en Grèce ancienne*, La Découverte, p.201.

3 P. de Senarclens, *Nations et nationalismes*, Sciences Humaines, 2018.

4   G. Devereux, "La psychanalyse appliquée à l'histoire de Sparte", in *Annales. Histoire, Sciences Sociales*, 20e Année, N°1 (1965/01-02), p.31-32.

5   F. Hourmant, *Le Désenchantement des clercs*, PUR, 1997; T. Wolton, *Histoire mondiale du communisme*, vol.3 Les complices, Grasset, 2017.

집단의 멍청함을 어떻게 예방할 수 있을까 클로디 베르

1   *Les Décisions absurdes*, Gallimard, 2002. Ont suivi, *Les Décisions absurdes II. Comment les éviter*, Gallimard, 2012, et *Les Décisions absurdes III. L'enfer des règles, les pièges relationnels*, Gallimard, 2018.

멍청한 놈들과 맞서려면 어떻게 해야 할까 에마뉘엘 피케

1   글에 나오는 '멍청한 놈connard'이라는 단어는 프랑스어에서 일반적으로 사용될 때 여성도 포함한다.

2   범위를 구체적으로 좁히면 이런 표현들이 앞 다투어 나온다. "그 사람은 어떻게 피해의식에 사로잡히는가?" "피해자 코스프레는 그만." 그중 가장 다듬어진 표현은 이것이다. "심각한 피해의식."

우리는 멍청함을 꿈꾸는가 델핀 우디에트

1   더 읽어볼 거리: I. Arnulf, *Une fenêtre sur les rêves*, Odile Jacob, 2014; M. Jouvet, *Le Sommeil, la conscience et l'éveil*, Odile Jacob, 2016; S. Schwartz, *La Fabrique des rêves*, Le Pommier, 2006; I. Arnulf, *Comment rêvons-nous?*, Le Pommier 2004; M. Walker, *Pourquoi nous dormons*, La Découverte, 2018.

멍청함과 평화롭게 공존하기 스타세 칼라앙

1   A. Ellis, *Reason and Emotion in Psychotherapy*, Citadel, 1994.

2   A. Ellis, R.A. Harper, *A Guide to Rational Living*, Wilshire Book Company, 1975.

3   C. Germer, *L'Autocompassion*, Odile Jacob, 2013.

4   K. Neff, *S'Aimer*, Belfond, 2013.

5   H.G. Lerner, *Why Won't You Apologize?: Healing Betrayals and Everyday Hurts*, Touchstone, 2017.

6   B. Brown, *Le Pouvoir de la vulnérabilité*, Guy Trédaniel, 2015.

7   H. Chabrol, A. Rousseau, S. Callahan, *Preliminary results of a scale assessing instability of self-esteem*. Canadian Journal of Behavioural Science/Revue canadienne des sciences du comportement, 38 (2), 136-141, 2006.

이 책에 참여한 학자들

니콜라 고브리
심리학자이자 수학자. 프랑스 북부 릴 지역 교육전문대학원에서 수학을 가르치고 있으며 인간두뇌·인공두뇌대학 연구소의 회원으로 있다. 저서로는 《평범한 천재들Les Surdoués ordinaires》이 있다.

대니얼 카너먼
프린스턴대학교의 심리학 명예교수. 동료 아모스 트버스키와 실시한 판단과 결정에 관한 연구로 2002년 노벨경제학상을 수상했다. 저서로는 《생각에 관한 생각》이 있다.

댄 애리얼리
MIT(캠브리지, 매사추세츠) 행동경제학과 교수이며 MIT 알프레드 P. 슬론 펠로십 프로그램 학과장. 저서로는 《상식 밖의 경제학》, 《거짓말하는 착한 사람들》이 있다.

델핀 우디에트
두뇌와 척수 연구소의 '동기, 두뇌, 행동' 팀의 연구원이다. 수면과 꿈이 기억과 창의력 같은 주요 인지 기능에 미치는 영향에 관심을 갖는다. 저서로는 《우리는 어떻게 자는가?Comment dormons-nous?》가 있다.

라이언 홀리데이
아메리칸어패럴 사에서 마케팅 팀장을 지냈고 〈뉴욕 옵서버New York Observer〉에 글을 기고하고 있다. 27세에 이미 스토아학파에 영감 받은 마케팅 작업을 했고 자기계발에 관한 베스트셀러 《그로스 해킹》, 《돌파력》, 《나는 미디어 조작자다》 등을 출간했다. 특히 세 번째 책에서는 고객들을 속이는 것이 얼마나 쉬운지 설명한다.

로랑 베그
프랑스 대학 연구소 위원, 알프스 인간과학관 관장. 저서로는 《도덕적 인간은 왜 나쁜 사회를 만드는가》, 《사회심리학 개론Traité de psychologie sociale》, 《인간의 공격 L'Agression humaine》이 있다.

보리스 시륄니크
툴롱대학교 학장이자 신경정신의학자·비교행동학자. 다수의 저서를 집필했으며 대표작으로는《불행의 놀라운 치유력》,《만취한 천국Ivres paradis》,《영웅적인 행복bonheurs héroïques》,《상처받은 영혼Les Ames blessées》이 있다.

브리지트 악셀라드
철학·심리학 명예교수. 저서로는《거짓 기억 혹은 조작된 기억이 가져오는 피해The Ravages of False Memories or Manipulated Memory》가 있다. 그르노블 진리탐구 관측소의 회원이며 프랑스 과학정보협회에서 발행하는 〈과학과 유사과학Science et pseudosciences〉의 편집 위원회 회원으로 정기적으로 글을 기고하고 있다.

세르주 시코티
프랑스 남브르타뉴대학교 객원 연구원. 심리학의 대중화를 이끌기 위한 저서를 다수 발표했다. 대표작으로는《내 마음속 1인치를 찾는 심리실험 150》이 있다.

세바스티앙 디게
프리부르대학교 인지과학·신경논리과학 연구소 연구위원. 저서로는《예술가들의 악행Maux d'artistes》,《전부 헛소리!Total bullshit!》가 있다.

스타셰 칼라앙
툴루즈2 대학교의 임상심리학·정신병리학 교수. 정신병리학·건강심리학 연구소의 연구원으로 있다. 저서로는《행동과 인지 요법Les Thérapies comportementales et cognitives》,《자기비하는 그만! 위선자 증후군에서 벗어나기Cessez de vous déprécier! Se libérer du syndrome de l'imposteur》,《방어와 스트레스 대응 메커니즘Mécanismes de défense et coping》이 있다.

안토니오 다마지오
두뇌와 창의력 연구소 소장(로스앤젤레스 서던캘리포니아대학교). 저서로는《데카르트의 오류》,《느낌의 진화》가 있다.

앨리슨 고프닉
버클리 캘리포니아대학교의 심리학·철학 교수. 저서로는《우리 아이의 머릿속》,《아기들은 어떻게 배울까?》(공저),《정원사 부모와 목수 부모》가 있다.

에런 제임스
어바인 사우스캘리포니아대학교의 철학 교수. 저서로는《그들은 왜 뻔뻔한가》,《또라이 트럼프》가 있다.

에바 드로즈다 센코프스카
파리 데카르트대학교 사회심리학과 교수. 단행본《논리의 덫Les Pièges du raisonnement》,《사회와 환경의 위협Menaces sociales et environnementales》을 총괄했다.

엠마뉘엘 피케
팔로알토 학파에서 나온 간단한 전략적 테라피 대표 가운데 하나다. 팔로알토 학파의 가정을 적용해 괴롭힘을 예방하는 방법에 대한 이론적 모델을 최초로 세웠다. 샤그랭 스콜레르Chagrin Scolaire 센터와 180° 센터(프랑스, 스위스, 벨기에)를 세웠다.

이브 알렉상드르 탈만
자연과학 전공으로 박사학위를 받았으며 스위스 프리부르 생미셸대학에서 심리학을 가르치고 있다. 저서로는《긍정적인 생각 2.0Pensée positive 2.0》,《두뇌를 이끌어가는 법을 배우자Apprenez à conduire votre cerveau》,《언제나 행복해질 기회는 또 온다On a toujours une seconde chance d'être heureux》,《왜 똑똑한 사람들이 어리석은 결정을 할까?Pourquoi les gents intelligents prennent-ils aussi des décisions stupides?》가 있다.

장 코트로
종합병원 명예 정신과 의사이며 리옹1대학교에서 강의를 했다. 필라델피아 인지치료학회 창립 회원이다. 저서로는《인생 시나리오 리허설La Répétition des scénarios de vie》,《누구에게나 창의력이 있다À chacun sa créativité》가 있다.

장 클로드 카리에르
《마르탱 게르의 귀향》,《바야돌리드 논쟁》,《현자들의 거짓말》,《믿음Croire》등을 쓴 작가. 시나리오 작가로도 피에르 에테Pierre Etaix, 루이 말Louis Malle, 루이스 부뉴엘Luis Buñuel, 밀로스 포만Milos Forman 등의 감독들과 작업했다. 1965년 프랑스 역사학자 기 베슈텔Guy Bechtel과 공저로 발표한《어리석음과 판단 오류 사전Dictionnaire de la bêtise et des erreurs de jugement》이 있다.

장 프랑수아 도로티에
프랑스 인문학 잡지 〈인문학Sciences Humaines〉 창립자이자 편집장.

장 프랑수아 마르미옹
심리학자, 잡지〈심리학 서클〉의 편집장.

클로디 베르
인문학 전문 기자.

토비 나탕
파리8대학(뱅센 생드니대학)의 명예교수이자 민족정신의학 대표 학자이며 작가이자 외교관으로 활동하고 있다.《로마 민족Ethno-roman》,《타인의 광기La Folie des autres》,《방황하는 영혼Les Ames errantes》이 있다.

파스칼 앙젤
사회과학고등연구원 학과장. 저서로는《진실의 기준La Norme du vrai》,《말다툼La Dispute》,《정신의 법칙Les Lois de l'esprit》이 있다.

파트리크 모로
몬트리올 아웃트시크대학의 문학 교수이자 잡지〈아르귀망〉의 편집자다. 저서로는《왜 아이들은 아무것도 모른 채 학교를 졸업하는가?Pourquoi nos enfants sortent-ils de l'école ignorants?》,《우리 입장에서 생각하는 단어들Ces mots qui pensent à notre place》가 있다.

프랑수아 조스트
파리3대학(소르본 누벨) 명예교수이며 미

디어 이미지와 소리 연구소의 명예 대표다. 스물다섯 권이 넘는 저서를 발표했다. 대표작으로는 《로프트 제국L'Empire du loft》, 《평범함에 대한 숭배Le Culte du banal》, 《디지털 시대의 짓궂음La Méchanceté à l'ère numérique》이 있다.

피에르 드 세나르클랑

로잔대학교의 국제관계학 교수. 사상의 역사, 현재 국제관계의 역사와 사회학에 관한 여러 저서를 발표했다. 대표 저서로는 《세계화, 주권, 그리고 국제관계 이론Mondialisation, souveraineté et théorie des relations internationales》, 《재앙의 인도주의L'Humanitaire en catastrophe》, 《세계화에 대한 비판Critique de la mondialisation》, 《국가와 내셔널리즘Nations et nationalismes》이 있다.

피에르 르마르키

신경학자이자 수필가. 저서로는 《음악가의 두뇌를 위한 세레나데Sérénade pour un cerveau musicien》이 있다.

하워드 가드너

하버드 교육대학교 교육심리학과 교수, 다중지능 이론가. 교육 분야에서 상당한 영향력을 발휘하고 있으며 1990년에 교육 부문에서 그로마이어상을 수상했다. 저서로는 《다중지능》, 《미래 마인드》, 《지능과 학교L'intelligence et l'école》가 있다.

﴾ !!! ﴿

내 주위에는 왜 멍청이가 많을까

초판 1쇄 발행일 2020년 2월 20일
초판 8쇄 발행일 2024년 1월 10일

지은이 장 프랑수아 마르미옹
옮긴이 이주영

발행인 윤호권
사업총괄 정유한

편집 최안나 **디자인** 서윤하 **마케팅** 윤아림
발행처 ㈜시공사 **주소** 서울시 성동구 상원1길 22, 7-8층(우편번호 04779)
대표전화 02-3486-6877 **팩스(주문)** 02-585-1755
홈페이지 www.sigongsa.com / www.sigongjunior.com

글 ⓒ 장 프랑수아 마르미옹, 2020

이 책의 출판권은 (주)시공사에 있습니다. 저작권법에 의해
한국 내에서 보호받는 저작물이므로 무단 전재와 무단 복제를 금합니다.

ISBN 978-89-527-5687-9 03180

*시공사는 시공간을 넘는 무한한 콘텐츠 세상을 만듭니다.
*시공사는 더 나은 내일을 함께 만들 여러분의 소중한 의견을 기다립니다.
*잘못 만들어진 책은 구입하신 곳에서 바꾸어 드립니다.

WEPUB 원스톱 출판 투고 플랫폼 '위펍' __wepub.kr
위펍은 다양한 콘텐츠 발굴과 확장의 기회를 높여주는
시공사의 출판IP 투고·매칭 플랫폼입니다.